utb 6502

utb.

Eine Arbeitsgemeinschaft der Verlage

Brill | Schöningh – Fink · Paderborn
Brill | Vandenhoeck & Ruprecht · Göttingen – Böhlau · Wien · Köln
Verlag Barbara Budrich · Opladen · Toronto
facultas · Wien
Haupt Verlag · Bern
Verlag Julius Klinkhardt · Bad Heilbrunn
Mohr Siebeck · Tübingen
Narr Francke Attempto Verlag – expert verlag · Tübingen
Psychiatrie Verlag · Köln
Ernst Reinhardt Verlag · München
transcript Verlag · Bielefeld
Verlag Eugen Ulmer · Stuttgart
UVK Verlag · München
Waxmann · Münster · New York
wbv Publikation · Bielefeld
Wochenschau Verlag · Frankfurt am Main

Claus Braunecker, Laura Thanos

Hypothesen richtig formulieren und prüfen

Ein How to do

facultas

Claus Braunecker, Mag. Dr., arbeitet seit mittlerweile vier Jahrzehnten als Instituts- und Betriebsmarktforscher in Österreich und lehrt seit vielen Jahren empirische Methoden sowie statistische Datenanalyse an den Universitäten Wien, Krems und diversen Hochschulen.

Laura Thanos, MA, war während ihres Studiums mehrere Jahre als Tutorin an der Universität Wien tätig. Heute gestaltet sie als Corporate Communications Managerin die interne und externe Kommunikation internationaler Unternehmensgruppen.

Als digitale Ergänzung erhalten Leser:innen Audioabstracts, Quick-Use-FAQ sowie eine eigene Coaching-Checkliste. Erhältlich über hypothesen.at sowie utb.de.

https://www.utb.de/doi/suppl/10.36198/9783838565026

https://www.hypothesen.at

Bibliografische Information der Deutschen Nationalbibliothek

Die Deutsche Nationalbibliothek verzeichnet diese Publikation in der Deutschen Nationalbibliografie; detaillierte bibliografische Daten sind im Internet unter http://d-nb.de abrufbar.

facultas Verlag, Stolberggasse 26, 1050 Wien, Österreich
www.facultas.at, office@facultas.at

Umschlag: siegel konzeption | gestaltung, Stuttgart
Umschlagabbildung & Piktogramme: d-licious Grafikdesign und Signaletik, Wien
Druck und Bindung: Friedrich Pustet, Regensburg

Printed in Germany

utb-Nummer 6502
ISBN 978-3-8252-6502-1 (Print-Ausgabe)
ISBN 978-3-8385-6502-6 (Online-Leserecht, erhältlich unter utb.de)

Inhalt

Der Inhalt dieses Buchs in 75 Sekunden:

www.utb.de/do/10.36198/9783838565026-m01

Audioabstract

hypothesen.at/audio/kapitel-0.mp3

Vorwort

Zum Thema Hypothesen gibt es zahlreiche Informationen, auffindbar über künstliche Intelligenz (z.B. ChatGPT), viele andere Online-Quellen und wissenschaftliche Literatur. Was jedoch fehlt, ist ein ganzheitlicher Ansatz, der – im Sinne theoretischer Ansprüche – richtige Formulierung UND korrekte Hypothesenprüfung bei der Datenanalyse zum Ziel hat.

Die **Alleinstellungsmerkmale dieses Buchs** gegenüber KI und anderen stückhaften Quellen sind des **ganzheitliche, leichte Vermitteln** der Zusammenhänge (erste Hälfte) UND **explizite Handlungsempfehlungen** (zweite Hälfte). Der Hauptanspruch an die Inhalte: kurze Ausführungen, eng miteinander verknüpft (auch verweistechnisch) und leicht fassbar.

Das Werk wendet sich an alle Studierenden der sozial- und wirtschaftswissenschaftlichen Fächer. Bei quantitativen empirischen Übungs-, Seminar-, Bachelor- oder Masterarbeiten sowie bei Dissertationen ist das wissenschaftliche Vorgehen immer dasselbe: Studierende definieren Thema und Erkenntnisinteresse, aus dem sie Forschungsfragen und Hypothesen ableiten. Was bei Forschungsfragen noch (recht) gut gelingt, ist beim Aufstellen wissenschaftstauglicher, empirisch überprüfbarer Hypothesen oft nicht mehr gegeben: Ähnliche Unschärfen treten zutage, die korrekte Hypothesenformulierung bereitet Schwierigkeiten.

Dieser Leitfaden nimmt die Lesenden symbolisch „an die Hand“. Er bietet ein umfassendes „Hypothesencoaching“ in Form einer klar strukturierten Checkliste. Alle Inhalte wurden rund um ein **Prüfraster** entwickelt, das **10 Hauptdimensionen (potenzielle Fehlerquellen)** beleuchtet, aufgesplittet in **50 spezifische Aspekte**. Alle Details basieren auf den langjährigen Erfahrungen der Autorin und des Autors mit typischen studentischen Fehlern. Hunderte Hypothesenbeispiele wurden dazu gesammelt, analysiert und ihre Problembereiche systematisch aufgearbeitet – stets orientiert an den Forderungen der Hypothesenliteratur.

Die Doppelautorenschaft vereint zwei Sichten: Die Studierendensicht der Autorin Laura Thanos (Masterstudentin, Begleittutorin) und die Vortragendensicht des Autors Claus Braunecker (langjähriger Dozent). **Das Werk zeigt Möglichkeiten auf, ohne belehrend sein zu wollen. Immer sind die Ansprüche und Regeln der verschiedenen Bildungseinrichtungen vorrangig zu befolgen.** Die Inhalte können im Bedarfsfall auch Lehrenden Inputs bieten, welche Themen mit Studierenden (vorrangig) zu besprechen sind.

Was dieses Buch auszeichnet:

- Flexibler Einstieg: dank sehr vieler Querverweise an jeder Stelle möglich
- Schnelles Zurechtfinden: gute Übersichtlichkeit durch starke, thematische Gliederung
- Umsetzbarkeit: zahlreiche Praxisbeispiele und Tipps, direkt anwendbar
- Prägnanz und Vollständigkeit: kompakte, verständliche Inhalte ohne Informationsverlust, vereint Theorie und Praxis
- Zusatzmaterial: ergänzende Website **hypothesen.at**

In seiner wissenschaftlichen Umgebung konnte der Co-Autor dieses Buchs beinahe zehn

Jahre lang mit den beiden erfolgreichen „How to do"-utb-Bänden (Braunecker, 2023a; 2023b) eine kleine Art „Markenbegrifflichkeit" schaffen. Es lag daher nahe, „How to do" auch in den Titel dieses Werks mitaufzunehmen.

Ganz besonderer und ausdrücklicher Dank soll an dieser Stelle (in alphabetischer Reihenfolge) ausgesprochen werden an

*• Selina-Elisabeth **Bartsch**, BA, Studentin des Studiengangs Consumer Research & Data Driven Marketing an der FH Wiener Neustadt Campus Wieselburg (für ihre dortige Jahrgangskohorte) und Arbeitskollegin des Autors • Mag. Jennifer **Braunecker**, Juristin und Tochter • FH-Prof. Dr. Dr. Sebastian **Eschenbach**, FHWien der Wirtschaftskammer Wien, Head of Department of Digital Economy, Deputy Chair of the Academic Board • Prof.[in](FH) Mag.[a] Dr.[in] Silvia **Ettl-Huber**, Departmentleiterin, Studiengangsleiterin, Kollegiumsmitglied Department Wirtschaft, Hochschule für Angewandte Wissenschaften Burgenland, Campus Eisenstadt • Mag. Edith **Hallbauer**, Arbeitskollegin und langjährige berufliche Wegbegleiterin des Autors • Mag. Dr. Petra **Herczeg**, Privatdoz., Universität Wien, Studienprogrammleiterin Bachelor / Master Publizistik- und Kommunikationswissenschaft • Julia **Krall**, BA MA, Fachhochschule Wiener Neustadt, Campus Wieselburg, Leiterin Masterstudiengang Consumer Research & Data Driven Marketing • Mag. Rosemarie **Nowak**, Ph.D., Universität für Weiterbildung Krems, Studienleitung am Department für Wissens- und Kommunikationsmanagement • Rubina **Rauter**, BA, Studentin an der FH Kufstein Tirol, Masterstudiengang Energie- & Nachhaltigkeitsmanagement und Arbeitskollegin des Autors • Prof.(FH) Mag. Dr. Michael **Roither**, MBA, Vizerektor für Internationales, Studiengangsleiter, Kollegiumsmitglied Department Informationstechnologie, Hochschule für Angewandte Wissenschaften Burgenland, Campus Eisenstadt • Katharina **Spielvogel**, BA, Universität Wien, Studienassistentin und Tutorin am Institut für Publizistik- und Kommunikationswissenschaft • Tatjana **Thanos**, Diplom-Ökonomin und Mutter • Philipp **Weichselbaum**, BA MA, Absolvent des Studiengangs Consumer Research & Data Driven Marketing an der FH Wiener Neustadt Campus Wieselburg (für seine dortige Jahrgangskohorte).*

Das wertvolle Feedback der angeführten Personen zum Manuskript war sehr hilfreich für uns. Ihre Anregungen haben uns inspiriert, motiviert und wirklich wertvolle Impulse für die Finalisierung des Buchs gegeben. Die nahezu durchwegs positiven Rückmeldungen haben uns in dem Gefühl bestärkt, mit dem Werk eine Marktlücke zu bedienen. *Danke dafür!*

Herzlichen Dank auch an *• MMag. Nina **Walter-Broskwa**, Inhaberin von* **frauenstimme.at**, für das Sprechen der Audioabstracts und die dafür nötige Auseinandersetzung mit diesem Werk. Ihre Stimme lässt die zentralen Inhalte und Botschaften unseres Buches auf inspirierende Art und Weise hörbar werden.

Den allergrößten Dank sprechen wir *• Mag. Sandra **Illibauer-Aichinger**, der früheren Verlagslektorin,* aus! Sie begleitet alle How to do-Bücher und das gesamte Rundherum dazu seit mittlerweile 10 Jahren, war und ist wesentlicher Teil deren positiver Genese und Entwicklung. Obwohl sie mittlerweile nicht mehr bei facultas tätig ist und sich anderen beruflichen Herausforderungen stellt, hat sie dieses Buch dennoch lektoriert und wie immer mit ihren zahlreichen und wertvollen Tipps versorgt. *DANKE, Sandra!*

Die Autorin über den Autor

Mein Co-Autor, Claus Braunecker, ist ein passionierter Marktforscher und Lehrbeauftragter an verschiedenen Hochschulen und Universitäten, der es versteht, sein umfassendes Wissen und seine Erfahrung auf eine inspirierende Weise zu vermitteln. Ich hatte das Privileg, ihn während meines Studiums an der Universität kennenzulernen. Zuerst als Studentin in seinen Lehrveranstaltungen und später als seine Tutorin. Diese Zusammenarbeit hat mir neue Perspektiven auf die Welt der Forschung und Kommunikation eröffnet.

Claus Braunecker bringt eine Kombination aus akademischer Tiefe und jahrzehntelanger praktischer Erfahrung mit. Seine Lehrtätigkeit umfasst sowohl die empirische Markt- und Sozialforschung als auch statistische Datenanalyse. Dabei vermittelt er nicht nur theoretisches Wissen, sondern auch wertvolle Einblicke in die praktische Anwendung. In der Wirtschaft hat er ebenfalls große Anerkennung erlangt. Als Marktforscher beherrscht er die Kunst, empirische Daten in wertvolle Erkenntnisse umzuwandeln. Was ihn jedoch besonders auszeichnet, ist seine Fähigkeit, komplexe Sachverhalte verständlich und zugänglich zu machen. Er verfügt über die Gabe, komplexe, theoretische Literatur so zu erklären, dass sie greifbar und verständlich wird – durch anschauliche Beispiele, die selbst schwierige Konzepte leicht nachvollziehbar machen. Diese Fähigkeit hat er bereits in seinen How to do-Lehrbüchern zur empirischen Sozialforschung und zur Anwendung von Statistik eindrucksvoll unter Beweis gestellt. Seine Lehrtätigkeit ist von Hingabe und konsequenter Einsatzbereitschaft geprägt – er versteht es, seine Studierenden zu begeistern und ihnen die notwendigen Werkzeuge für ihre eigene Forschung an die Hand zu geben.

Für mich persönlich war und ist Claus Braunecker ein Mentor. Die Zeit als seine Tutorin war eine wertvolle Erfahrung, die mir tiefe Einblicke in die Praxis der wissenschaftlichen Forschung und Durchführung quantitativer Forschungsarbeiten ermöglichte. Sein Engagement und seine Expertise sind eine Bereicherung für jeden, der die Möglichkeit hat, von ihm zu lernen. Dieses Buch, das wir gemeinsam verfasst haben, spiegelt nicht nur sein profundes Wissen wider, sondern auch seine Leidenschaft für die Lehre und die Wissenschaft, und ich schätze die Möglichkeit sehr, dieses Projekt gemeinsam mit ihm realisieren zu dürfen.

Der Autor über die Autorin

Laura Thanos besuchte unter vielen anderen Studierenden eine meiner Statistik-Vorlesungen an der Uni Wien. Ihre herausragende wissenschaftliche Arbeitsweise erstmals kennenlernen durfte ich im Rahmen weiterer Lehrveranstaltungen. In einem Masterseminar verfasste sie die beste Arbeit der Seminarkohorte. Damals war ich gerade auf der Suche nach einer neuen Tutoriums-Unterstützung. Was lag näher, als die Seminarbeste zu fragen?

So wurde Laura Thanos für mehrere Jahre Begleittutorin meiner Statistikvorlesung (und später auch Übung) der Studieneingangsphase mit in Summe Hundertschaften von Studierenden. Ein sehr zentrales Thema und viele Übungen im Rahmen dieser Vorlesung stellten (und stellen) die Auseinandersetzung mit gut formulierten wissenschaftlichen Hypothesen und deren Überführung in eine korrespondierende statistische Datenanalyse dar. Im Rahmen unzähliger Hypothesenformulierungsversuche von Studierenden mit immer identen

Unschärfen gab es dazu sehr viel an gemeinsamem Austausch. Die diesbezüglichen Erfahrungen deck(t)en sich mit meinen alleinigen Erfahrungen an anderen Bildungsinstitutionen. Irgendwann fiel zwischen uns beiden der Satz: „Da könnte man ein Buch d'rüber schreiben."

Laura Thanos befand sich zum Zeitpunkt der Buchentwicklung gerade mitten im Erstellen ihrer eigenen Masterarbeit, hatte also neben den vielen Perspektiven anderer auch ihre eigenen, studentischen Blickwinkel. Wir haben die unzähligen studentischen Hypothesenübungen wiederholt sondiert, viel dazu diskutiert, die Problembereiche identifiziert und daraus gemeinsam ein Coachingschema entwickelt. Ich habe diese fachliche Auseinandersetzung mit meiner Co-Autorin immer sehr geschätzt. Sie besitzt großes Themeninvolvement, ihre unglaubliche Strukturiertheit, ihr thematisches Vernetzungsvermögen und die Fähigkeit, auch komplexe Inhalte klar und verständlich auf den Punkt zu bringen, zeichnen sie besonders aus. Ihre jungen, studentisch gefärbten Gedanken sowie ihr kreatives, dennoch auch wissenschaftlich brillantes schriftliches Ausdrucksvermögen sorgen in diesem Buch für genau jenen Elan, den es für die Kernzielgruppe benötigt. Das bezieht auch die frische und übersichtliche grafische Gestaltung mit ein, die fast zu 100 Prozent aus ihrer Feder stammt. Ich bin sehr dankbar für diese Zusammenarbeit!

In der finalen Phase dieses Buchs arbeitet Laura Thanos – mittlerweile mit abgeschlossenem Masterstudium – als Kommunikationsmanagerin in der Wirtschaft, wo sie ihr bemerkenswertes inhaltliches Strukturierungsvermögen sowie ihr Formulierungstalent nun auch in internationalem Rahmen unter Beweis stellt und alltäglich anwendet. Damit findet auch professionelle Berufskommunikation ihren Weg in dieses Buch.

Feedback

Wir würden uns über Meinungen und Anregungen möglichst vieler Leser:innen sehr freuen und haben deshalb zu diesem Buch und den begleitenden Zusatzmaterialien auf **hypothesen.at** ein **Feedback-Formular** ins Netz gestellt.

Sie helfen uns bei der Weiterentwicklung unserer Inhalte!

Feedback

hypothesen.at/feedback

Gebrauchsanleitung für dieses Buch

Wer dieses Buch – ohne theoretische Begründungen – **rein zur praktischen Unterstützung von Hypothesenformulierungen verwenden möchte, kann direkt mit den Coachings auf Seite 73 beginnen.** Das Buch enthält an dieser Stelle ein dunkelblaues Zwischenblatt.

Hinweise zum **Gebrauch des Hypothesencoaching-Teils dieses Buchs** finden sich zu dessen Beginn auf Seite 74.

Das Werk gliedert sich in zwei Hauptbereiche. **Der erste Teil** beleuchtet die theoretischen Grundlagen, auf denen die zweite Hälfte basiert. Die theoretischen Ausführungen bieten jeweils einen prägnanten Kurzüberblick und verweisen auf die fachspezifische Literatur.

In der zweiten Hälfte steht der Praxis- und Coachingteil im Fokus. Hier spricht ein eigens entwickelter Prüfraster – unterteilt in zehn Hauptdimensionen (potenzielle Fehlerquellen) – 50 essenzielle Aspekte präziser Hypothesenformulierung und -prüfung an. Jeder Aspekt wird durch eine kurze thematische Erläuterung sowie durch negative und darauf aufbauende positive Praxisbeispiele beleuchtet und präzisiert. Den Abschluss bildet jeweils ein farblich hervorgehobener Coachingtipp mit Impulsen für die praktische Umsetzung.

Der Einstieg in diesen Band ist durch **zahlreiche** (in der digitalen Version klickbare) **Querverweise** an jeder beliebigen Stelle möglich. Ein **schlagwortoptimiertes Verzeichnis** am Ende des Buches erleichtert zusätzlich die Navigation.

Einzelne Passagen dieses Buchs sind farblich markiert. Die **Farbcodierungen** haben folgende Bedeutungen:

- Abstracts | Zusammenfassungen
- potenzielle Fehlerquellen (50 Aspekte) | nicht ideale, weniger gute oder schlechte Hypothesenformulierungen
- passable, bessere oder gute Hypothesenformulierungen
- Coachingtipps zu jedem der 50 Aspekte

Viele Themen sind miteinander verbunden und werden dann wie folgt gekennzeichnet – hier beispielhaft angeführt:

Verweise im Text der Kapitel 1 bis 5 **auf Subkapitel von Kapitel 6**:

Check: mögliche Fehlerquelle (Aspekt)

[Hypothesencoaching, Punkt ⏩6.n.n ab Seite 76]

Verweise auf Textstellen, die sich (aus anderer Perspektive) demselben Thema widmen:

⏩ Das Thema „**[...]**" hängt eng mit dem Hypothesencoaching-Punkt [⏩6.n.n ab Seite 12 (Theorie) bzw. ab Seite 76 (Coaching)] zusammen.

„(Theorie)" verweist auf Kapitel 1 bis 5 ab Seite 16, „(Coaching)" auf Kapitel 6 ab Seite 73.

Das Buch verfügt über die begleitende Website **hypothesen.at**. Dort sowie auf **utb.de** finden Sie digitales **Zusatzmaterial** und weitere Detailinformationen:

www.utb.de/doi/suppl/10.36198/9783838565026

Zusatzmaterial

hypothesen.at/downloads

Wichtige Anmerkungen zu Beginn

Viele setzen beim Entwickeln von Forschungsfragen und Hypothesen auf künstliche Intelligenz wie ChatGPT und ähnliche Produkte. KI (AI) erweist sich dabei als wertvolles, unterstützendes Werkzeug, doch die eigentliche kreative und analytische Leistung und Entscheidungsfindung bleiben zutiefst menschliche Aufgaben. Forschungsfragen und Hypothesen sind keine „KI-durchschnittlichen", standardisierten, „idealen" Produkte – sie waren, sind und bleiben das Ergebnis individueller Eigenleistung und Reflexion, die die Persönlichkeit, das Denken und die Methodik der Forschenden widerspiegelt.

KI kann den Rechercheprozess erleichtern, ähnlich wie Wikipedia oder Suchmaschinen, doch sie ersetzt nicht eigenständiges Denken. **Die Verantwortung für die Überprüfung, Bewertung und Verteidigung der Ergebnisse liegt stets beim Menschen.** Wissenschaftliches Arbeiten erfordert deshalb eine persönliche, individuelle und selbstverantwortliche Eigenleistung – das ist die essenzielle Qualität, an der jede Forschung letztlich gemessen wird.

Wozu braucht es aber überhaupt Hypothesen?

Grundsätzlich helfen Hypothesen dabei, wissenschaftliche Fragen zu klären. Sie sind eine wichtige Stütze, aber keine Voraussetzung für ein strukturiertes, ganzheitliches und fokussiertes Verstehen von Problemstellungen.

Rund um Hypothesen ranken sich verschiedene Mythen:

- „Sie machen die Arbeit wissenschaftlicher."
- „Sie werden IMMER gebraucht, in jeder wissenschaftlichen Arbeit."
- „Hypothesen sind Annahmen des Forschenden (ohne wirklich formalen Anspruch)."
- „Es braucht mindestens drei (oder fünf oder sieben ...) Hypothesen."
- „Qualitative Methoden sind genau so wie quantitative hypothesenprüfend."
- „Ziel ist es, die Hypothesen zu verifizieren. Falsifizierte Hypothesen sind schlechtere."

(M. Roither & C. Braunecker, persönliche Kommunikation, 13. Februar 2025)

Dieses Buch versucht, derartige Unklarheiten zu beseitigen. Nicht jede wissenschaftliche Arbeit muss Hypothesen enthalten, viele (z.B. explorative, interpretative oder theoretische) Arbeiten kommen auch ohne Hypothesen aus. Werden Hypothesen formuliert, dürfen sie keinesfalls aus dem Bauch heraus entstehen. Ihre Anzahl hängt von der konkreten wissenschaftlichen Problem- bzw. Fragestellung ab, und qualitatives wissenschaftliches Arbeiten besitzt einen ganz anderen Konnex zu Hypothesen als quantitative Forschung.

Hypothesen werden in der Wissenschaft nicht „bestätigt" oder „bewiesen", sondern höchstens durch Daten gestützt. Wissenschaftlicher Fortschritt entsteht vielmehr durch das Widerlegen falscher Hypothesen: Dieses Buch orientiert sich in vielen seiner Ausführungen an diesen Prinzipien des **Kritischen Rationalismus**, die nach wie vor in Studierendenprojekten breite Anwendung finden. Eine Diskussion über kritische Stimmen dazu (Döring, 2023, S. 37–38; Hogrefe Verlag, n.d.) würde den Rahmen sprengen und die Verständlichkeit beeinträchtigen.

Wichtig: Statistische Signifikanz allein reicht nicht aus. (Sehr) große Stichproben können selbst kleinste Zusammenhänge signifikant erscheinen lassen (Döring, 2023, S. 849), ohne inhaltliche Relevanz zu besitzen (z.B. Prozentwertunterschiede rund um 1% oder Mittelwertsunterschiede von ein paar Zehnteln). Auch Faktoren wie (z.B. psychologische, soziale) Rahmenbedingungen, Erhebungsinstrumente, die Zusammensetzung und Größe von Stichproben sowie die Art der Datenanalyse beeinflussen Hypothesenprüfungen (K. Lojka & C. Brauneckers, persönliche Kommunikation, 11. März 2019). **Neben der berechneten Signifikanz müssen immer auch die inhaltlichen Ergebnisse in die Interpretation der Daten mit einfließen!**

Die **Hypothesenbeispiele** im theoretischen Teil (Kapitel 1 bis 5) zielen auf das an der jeweiligen Stelle beschriebene Kernthema ab: Sie erheben deshalb nirgends den Anspruch, rundum vollwertige Hypothesen darzustellen, die wissenschaftlichen Anforderungen gerecht werden. Die angeführten Beispiele stellen wegen ihres Bezugs zum entsprechenden Kontext ganzheitlich betrachtet meist **Simplifizierungen** dar. Ebenso sollen auch die Beispiele in Kapitel 6 die potenziellen Fehlerquellen bei der Hypothesenformulierung möglichst plakativ, vereinfacht und auf den jeweiligen Fehler fokussiert darstellen.

Die Buchinhalte beziehen sich vor allem auf sozial- und wirtschaftswissenschaftliche Hypothesen in der studentischen Forschungspraxis. Hypothesen sind zwar ebenso individuell wie empirische Erhebungen selbst, basieren jedoch auf klar definierbaren Kriterien. Dennoch gibt es keine universellen Vorgehensweisen. IMMER müssen alle Schritte an das jeweilige Vorhaben angepasst werden (Atteslander et al., 2023, S. 51). Die Beispiele in diesem Buch zeigen einzelne von vielen möglichen Umsetzungsvarianten. **Jedes Forschungsprojekt ist eine „Maßanfertigung", bei der unterschiedliche Wege zum Ziel führen können.**

1 | Hypothesen im Forschungsprozess

Den Einstieg in dieses Buch bildet ein zusammenfassendes „Big Picture" zu seinen Inhalten – Hypothesen im Gesamtablauf empirischer Vorhaben: Empirische Forschung jeglicher Art, ob in Wirtschaft oder Wissenschaft, sollte immer eine klare Ablaufstruktur besitzen.[1]

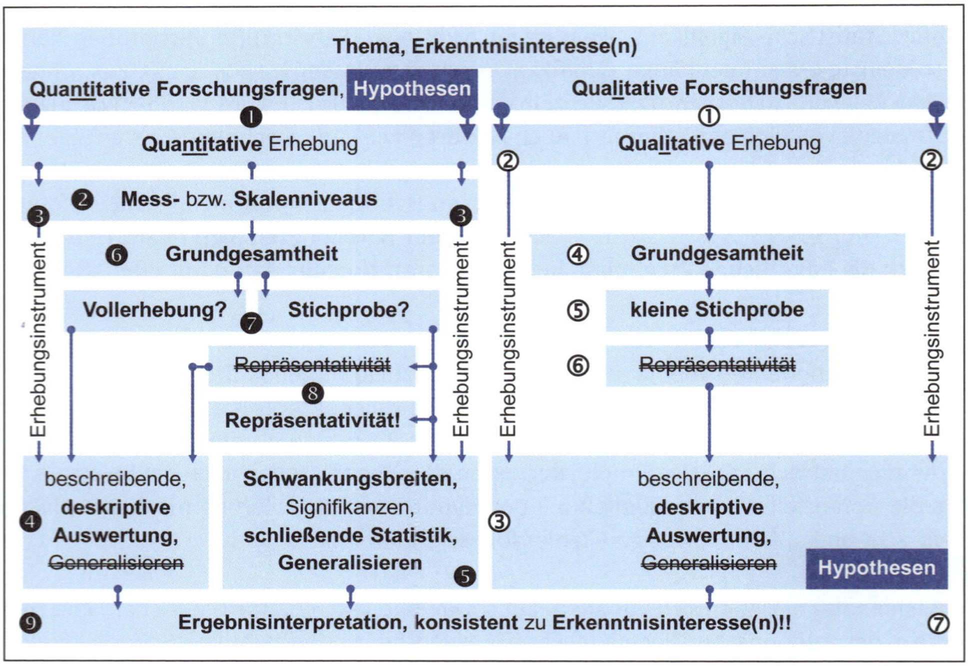

Abbildung 1: Hypothesen im Forschungsprozess (nach Braunecker, 2023a, S. 157, modifiziert)

Im empirischen Forschungsprozess haben – vor allem in der Wissenschaft – Hypothesen einen ihnen zugewiesenen, fixen Platz. Dieser ist bei quantitativen Datenerhebungen (vgl. Kapitel 4.1.1 ab Seite 50) ein völlig anderer als bei qualitativen (vgl. Kapitel 4.2.3 ab Seite 55). „Hypothesen sind Aussagen, und keine Fragen" (Ebster, 2016). Hypothesen sind vermutete Antworten auf Forschungsfragen (Ebster & Stalzer, 2017, S. 156; Herczeg & Wippersberg, 2021, S. 93).

Bei quantitativen Erhebungen stehen Hypothesen ganz am Anfang, sie werden aus der Literatur, Sekundärquellen oder qualitativen Vorstudien entwickelt und mit den Erhebungsdaten GEPRÜFT. **Bei qualitativer Empirie stehen Hypothesen ganz am Ende** des Forschungsprozesses. Hier werden sie aus den Erhebungsdaten erst ENTWICKELT.

---

[1] Im Jahr 2023 erschienen die Zweitauflagen der beiden Bücher Braunecker, C. (2023). *How to do empirische Sozialforschung. Eine Gebrauchsanleitung* (2. Auflage). facultas/utb und Braunecker, C. (2023). *How to do Statistik und SPSS. Eine Gebrauchsanleitung* (2. Auflage). facultas/utb. Beide Bände behandeln alle Aspekte der empirischen Sozialforschung und spannen den roten Faden von der ersten Forschungsidee bis zur statistischen Datenanalyse. Das vorliegende Buch fokussiert stark auf einen dort sehr wichtigen, während des empirischen Forschungsprozesses immer wiederkehrenden Teilaspekt: das richtige Formulieren und Prüfen von Hypothesen.

Abbildung 1 veranschaulicht die gesamte, unterschiedliche Ablaufstruktur quantitativer und qualitativer empirischer Forschung: Den Beginn jedes Vorhabens bilden Thema, Erkenntnisinteresse(n) und Forschungsfragen bzw. Hypothesen. Sie sind dafür verantwortlich, ob das empirische Setting in Richtung quantitativer oder qualitativer Forschung läuft (vgl. ❶ bzw. ① in Abbildung 1 auf Seite 16).

1.1 | Hypothesen im Ablauf quantitativer Erhebungen

Bei quantitativen Erhebungen stellen die **Mess- bzw. Skalenniveaus** den wichtigen nächsten Schritt dar (vgl. ❷ in Abbildung 1 und Kapitel 3.1 ab Seite 42): Bestimmt durch die Forschungsfrage(n) (und Hypothesen) werden sie in einem **Erhebungsinstrument** (vgl. ❸ in Abbildung 1 und Kapitel 4.1.2.4 ab Seite 53) – z.B. einem Fragebogen, dem Codierschema einer Inhaltsanalyse oder einem Beobachtungsprotokoll (Braunecker, 2023a, S. 25–44) – angewendet (operationalisiert).

Sind die Erkenntnisinteressen einer Erhebung derart definiert, dass die Forschungsfragen ausschließlich Aussagen über die erhobenen Daten anstreben, erfolgen die **Analysen** beschreibend, **deskriptiv** (❹). Die Ergebnisermittlung „bleibt" innerhalb der erhobenen Daten, „verlässt diese nicht", geht nicht darüber hinaus. Deskriptive Erhebungen bieten eigentlich keinen Platz für Hypothesen. Wohl wäre es möglich, auch hier „Hypothesen" zu formulieren: Diese wären aber keine „richtigen" Hypothesen zum Prüfen und Verallgemeinern der Ergebnisse im Sinne der schließenden Statistik (❺). Sie würden bloß Annahmen über Merkmalsverteilungen oder Erwartungen an bestimmte Aspekte innerhalb der zu gewinnenden Daten darstellen.

Hypothesen haben ihren Platz bei der **schließenden Statistik** (❺). Sie hat den Anspruch, die vorhandenen Daten zunächst zu analysieren, dann aber darüber hinauszugehen: auf die hinter den Daten stehende(n), durch sie repräsentierte(n), notwendigerweise gut definierten **Grundgesamtheit**(en) (vgl. ❻ und Kapitel 4.1.2.2 ab Seite 51) zu schließen. Also von den wenigen, erhobenen Datensätzen (in der Regel 100 bis zu maximal ein paar tausend) einer Stichprobe (❼) auf eine durch sie repräsentierte Gesamtmenge von (mehreren) Tausend(en) oder gar Millionen zu schließen. Derartiges Schließen wird auch **Generalisieren** (vgl. ❺ und Kapitel 4.1.3 ab Seite 54) genannt.

Wenn in einer Stichprobe aus einer Grundgesamtheit 10% ein Produkt kennen, dann bedeutet das für eine dahinterstehende Grundgesamtheit von 1 Mio. Personen 100.000 Leute, die dieses Produkt kennen.

Natürlich sind es nicht genau 100.000 Personen, aber – mit einer gewissen Unschärfe – ungefähr so viele. Diese Unschärfe wird als statistische **Schwankungsbreite** (vgl. Kapitel 5.2.2 ab Seite 60) bezeichnet.

Die in der quantitativen Forschung bei der Datenanalyse übliche Prüfung von Hypothesen hängt mit dem soeben genannten Generalisieren zusammen: Dabei wird geprüft, ob ein in den Daten gefundenes Ergebnis, das die Hypothese stützen würde, auf eine dahinterstehende Grundgesamtheit generalisiert werden kann (= Schließen von Wenigen auf Viele).

Dazu braucht es aber gewisse Voraussetzungen. Zunächst müssen die Daten einer **Stichprobe** entstammen (vgl. ❼ in Abbildung 1) und keiner Vollerhebung. Bei einer Vollerhebung

(Braunecker, 2023a, S. 47–48) gibt es naturgemäß kein Generalisieren auf eine Grundgesamtheit und keine statistischen Schwankungsbreiten: Die Grundgesamtheit wurde ja bereits voll erhoben, ein Schließen auf sie ist nicht erforderlich. Daten von Vollerhebungen werden deshalb immer rein deskriptiv analysiert (❹).

Liegen Daten aus einer Stichprobe vor, muss diese für die Grundgesamtheit **repräsentativ** sein (vgl. ❽ und Kapitel 4.1.2.3 ab Seite 51), um aus ihnen auf die Grundgesamtheit schließen, Hypothesen sinnvoll prüfen und generalisieren zu können.

Je nach Messniveau ergibt sich eine andere Form der Ergebnisanalyse und Interpretation (vgl. ❾ und Kapitel 5.2.3 ab Seite 61).

Besonders wichtig und unerlässlich bei der Ergebnisinterpretation (❾) ist die Konsistenz zu den anfänglichen Erkenntnisinteressen (❶)! Beantworten die Ergebnisse nicht die Fragestellungen, ist das gesamte empirische Vorhaben zu hinterfragen.

1.2 | Hypothesen im Ablauf qualitativer Erhebungen

Bei qualitativen Erhebungen (Braunecker, 2023a, S. 25–26) besitzen **Mess- bzw. Skalenniveaus** (vgl. ❷ in Abbildung 1 auf Seite 16) keinen Stellenwert. Die Forschungsfragen (①) sind hier eher breit formuliert und zielen auf inhaltliche Ergebnisse ab.

Es gibt keine quantitativen Hypothesen, an denen sich die genaue Art der Fragestellung bei der Erhebung orientieren muss. Das **Erhebungsinstrument** (②) trägt diesem Umstand Rechnung und zielt auf verbalisierte Ergebnisse ab (Braunecker, 2023a, Abbildung 2, S. 28).

Die Datenanalyse erfolgt hier **ausschließlich deskriptiv**, aus den vorhandenen Daten (vgl. ③ in Abbildung 1). Generalisieren der Ergebnisse auf eine hinter der Erhebung stehende, gut definierte Grundgesamtheit (④) ist – mangels größerer Stichproben (⑤) und in der Regel wegen fehlender Repräsentativität (⑥) – ein No-Go (Braunecker, 2023b, S. 36).

Hypothesen im qualitativen Umfeld formulieren höchstens Erwartungen an bestimmte Aspekte der zu gewinnenden Daten. Qualitative, deskriptive Ergebnisanalysen führen aber oft zur Erstellung NEUER Hypothesen, die in einem anschließenden weiteren empirischen Vorhaben – oft in quantitativem Rahmen – geprüft werden können.

Besonders wichtig und unerlässlich bei der Ergebnisinterpretation (⑦) ist auch hier die Konsistenz zu den anfänglichen Erkenntnisinteressen (①). Lassen sich die anfänglichen Fragestellungen nicht aus den erzielten inhaltlichen Ergebnissen heraus beantworten, ist das gesamte empirische Vorhaben nur noch dann brauchbar, wenn sich zumindest andere (neue) Erkenntnisse aus ihm ableiten lassen.

Ein Audioabstract dieses Kapitels findet sich auf **hypothesen.at** sowie **utb.de**:

www.utb.de/do/10.36198/9783838565026-m02

Audioabstract

hypothesen.at/audio/kapitel-1.mp3

2 | Erkenntnisinteresse(n), Forschungsfragen, Hypothesen

Abstract (in diesem Kapitel geht's um ...)

- Empirische Forschungsprozesse beginnen mit Themenstellung und Erkenntnisinteresse(n).

- **Forschungsfragen**:
Fragestellungen, die definieren, **was** genau untersucht werden soll | **VOR** dem Erhebungsinstrument | **passgenau** zu den Erkenntnisinteressen | neutrales Erkenntnisinteresse **in der dritten Person** | nicht bloß als „Ja-Nein-Fragen" | Aufteilung in Teilaspekte ratsam | nicht jede Forschungsfrage benötigt eine Hypothese

- **Hypothesen:**
vermutete **Antworten** auf Forschungsfragen | **passgenau** zu den Erkenntnisinteressen | **bei quantitativer Empirie** zu Beginn, **bei qualitativer** am Ende | **kausale** (Ursache und Wirkung) bzw. **assoziative** (Grund und Folge) „Wenn-Dann-Hypothesen" | **relationale** (Stärke) „Je-Desto-Hypothesen" | **Individualhypothesen** für Einzelpersonen, **Kollektivhypothesen** für aggregierte Daten, **Kontexthypothesen** für Gruppenmerkmale mit Einzeleigenschaften | **ungerichtete** Hypothesen für zweiseitige Prüfung, **gerichtete** Hypothesen für einseitige | **inhaltliche** Hypothesen zu Beginn, **statistische** Hypothesen (Null- und Alternativhypothese) erst bei der Datenanalyse | **unabhängige Variable(n)** UV als Ursache, **abhängige Variable** AV als Wirkung | **manifeste** Variablen sind direkt erhebbar, **latente** Variablen müssen „recherchiert" und messbar gemacht werden (Einstellungsskalen für Konstrukte) | **Drittvariablen** (intervenierende Variablen, Mediatorvariablen, Moderatorvariablen) miterheben, **Störvariablen** neutralisieren | **Forderungen an Hypothesen:** Wissenschaftlichkeit, theoretische Fundierung, Definition, Überprüfbarkeit, Logik

▶ Die Ausführungen sind **ausgerichtet auf 6.1 bis 6.5 des Hypothesencoachings** ab Seite 75.

2.1 | Erkenntnisinteresse(n)

Jedes empirische Vorhaben – vor allem in der Wissenschaft – beginnt mit Thema und Erkenntnisinteresse(n): Jeder Themenstellung folgt die zentrale Frage, welche Aspekte beleuchtet werden, was bei der Untersuchung herausgefunden werden soll (Diekmann, 2021, S. 187). Die präzise Definition dieser Fragestellung ist der Kern jeder Erhebung, da sie eindeutig festlegt, was untersucht wird. Falls das Forschungsziel noch zu ungenau oder nicht durchführbar erscheint, muss es weiter fokussiert oder gegebenenfalls angepasst werden (Diekmann, 2021, S. 189).

Erst wenn die Erhebungsziele klar definiert sind, folgt der nächste Schritt im Forschungsprozess: Die Entwicklung von Forschungsfragen und/oder Hypothesen (Braunecker, 2023a, S. 15–16; Herczeg & Wippersberg, 2021, S. 65–75; 80; Karmasin & Ribing, 2025, S. 28–32). Erst Forschungsfragen bzw. Hypothesen machen datenbasierte Projekte nachvollziehbar und in den Forschungsstand einordenbar (Ebster & Stalzer, 2017, S. 156).

Beim Formulieren von Forschungsfragen und Hypothesen geht es darum, die Erkenntnisinteressen derart zu präzisieren, dass das empirische Vorhaben nicht daran „vorbeiläuft".

Eine Kurzdarstellung von Forschungsfragen und Hypothesen (mit Literaturhinweisen) findet sich bei Braunecker, 2023a, S. 16–24. Die beiden folgenden Unterkapitel gehen kurz auf Forschungsfragen und detailliert(er) auf Hypothesen und diesbezügliche Literatur ein.

2.2 | Forschungsfragen

Forschungsfragen erkunden Sachverhalte.

Nach der genauen Definition der Erhebungsziele werden bei jeder empirischen Erhebung daraus resultierend Forschungsfragen formuliert. Sie sind in der dritten Person formulierte, übergeordnete wissenschaftliche Fragestellungen, die genau definieren, was in einem Forschungsprojekt untersucht werden soll. Damit leiten sie das gesamte Forschungsvorhaben. Sie geben also der Erhebung vor, **was** genau diese **erheben und beantworten** soll. Forschungsfragen stehen am Anfang: Oft wird der Fehler begangen, gleich mit der Umsetzung einer Erhebung zu beginnen, ohne zuvor Forschungsfragen entwickelt zu haben.

Bei einer richtig aufgesetzten empirischen wissenschaftlichen Erhebung sind ZUERST die Forschungsfragen (und in weiterer Folge unter bestimmten Umständen auch Hypothesen – vgl. Kapitel 2.3 ab Seite 21) da, und DANN erst das Erhebungsinstrument, das daraus resultiert.

Forschungsfragen müssen bzw. sollten gewissen **Regeln** folgen:

- Forschungsfragen bestimmen die Inhalte und Länge des Erhebungsinstruments (z.B. die Fragen in einem Fragebogen bzw. Gesprächsleitfaden oder die Kategorien im Codierschema einer Inhaltsanalyse). Deckt das Ehrhebungsinstrument die Forschungsfragen nicht (restlos) ab oder stehen Forschungsfragen „in der Luft", weil sie dort nicht vorkommen, verfehlt das empirische Vorhaben sein Erkenntnisinteresse – und damit sein Ziel.
- Forschungsfragen sind keine direkten Fragen AN jemanden, sondern fragen ÜBER jemanden oder etwas.
- Forschungsfragen sollten nicht als bloße Ja/Nein-Fragen gestellt werden. Das minimiert die Breite wissenschaftlicher Antworten auf sie. Ratsam ist es vielmehr, sie in offener Form zum Ausdruck zu bringen. Das vergrößert das Spektrum an möglichen Antworten um ein Vielfaches (Braunecker, 2023a, S. 17–18).

  Also anstelle „Gibt es Unterschiede zwischen ...?" besser „Welche Unterschiede gibt es ...?". Oder: „Wie unterscheiden sich ...?" bzw. „Inwiefern ...?"
- Es ist vorteilhaft, zunächst breitere Forschungsfragen an den Beginn zu stellen, diese in weiterer Folge aber enger zu formulieren.

  Also nicht (weltweit): „Wie kann Digitalisierung der Marketingkommunikation helfen?"

  Ein häufiges Problem studentischer Arbeiten besteht im Stellen enger(er) Fragen.

  Anstelle „Wie kann Recruitment zu besseren Bewerbungen führen?" ließe sich besser formulieren: „Wie kann die Integration von Statements zur Unternehmenskultur in die Stellenanzeigen österreichischer KMUs zu passenderen Bewerbungen führen?" (S. Ettl-Huber & C. Braunecker, persönliche Kommunikation, 10. Februar 2025).

  In diesem Konnex zielführend ist ein Aufspalten der Forschungsfrage in thematische Details. Dieses Vorgehen wird in der themenspezifischen Literatur nicht überall empfohlen

(Braunecker, 2023a, Fußnote 5, Seite 17). Einige Autor:innen begnügen sich mit EINER breiteren, meist eher einfach zu formulierenden Forschungsfrage. Das führt zwar zu viel Spielraum bei Erhebungsinstrument und Datenanalyse, beinhaltet aber gerade dadurch eine größere Gefahr, am Erkenntnisinteresse vorbeizuerheben. Aus den Erfahrungen der Autorin und des Autors reduziert die Aufteilung einer Forschungsfrage in Teilaspekte diese Gefahr deutlich: Die „Kleinteiligkeit" steckt den Rahmen für die konkrete Erhebung viel präziser ab, ermöglicht ein exakter abgestimmtes Erhebungsinstrument und bestimmt von Beginn an die spätere Datenanalyse (Braunecker, 2023a, S. 148–149). Die Formulierung der Sub-Forschungsfragen kann und soll dabei durchaus redundant erfolgen und nur die Teilaspekte variieren.

Also anstelle bloß breit formuliert „Wie ist das Nutzungsverhalten von Fachliteratur?" besser zusätzlich auch untergliedert: „Wie ist das Nutzungsverhalten von ... in Bezug auf die ***Gesamtlesedauer****?", „... auf die* ***Lesefrequenz****?", „... auf den* ***Leseort****?" usw.*

- Nicht jede Forschungsfrage führt zu einer Hypothese: Wenn es aufgrund von Theorie, Literaturrecherche, Sekundärstatistiken oder Vorerhebungen keine vermuteten Antworten auf Forschungsfragen gibt oder es sich um ein völlig neues Forschungsgebiet handelt, kann auf Hypothesen verzichtet werden.

Weitere Aspekte zu Forschungsfragen (deren Formulierung, Operationalisierung sowie Datenanalyse) und Literaturhinweise finden sich bei Braunecker, 2023a, S. 17–19 und S. 24.

2.3 | Hypothesen

Hypothesen prüfen Sachverhalte.

Nach der Formulierung von Forschungsfragen lassen sich in vielen Fällen auf Basis von Literaturrecherche, Sekundärstatistiken oder Vorerhebungen[2] vermutete Antworten auf sie finden. Diese vermuteten Antworten (Ebster & Stalzer, 2017, S. 156; Herczeg & Wippersberg, 2021, S. 93) – oder auch Annahmen bzw. Behauptungen – werden Hypothesen genannt.

Wie die Forschungsfragen geben auch die (quantitativen) Hypothesen der Erhebung ganz am Anfang vor, **was** genau sie **erheben** soll.

Bei einer richtig aufgesetzten empirischen wissenschaftlichen **Erhebung**, die auf **quantitative** Datengewinnung zielt (vgl. Kapitel 4.1.1 ab Seite 50), sind ZUERST die Forschungsfragen (vgl. Kapitel 2.2 ab Seite 20) und Hypothesen da, und DANN erst das Erhebungsinstrument, das daraus resultiert. Es dient dazu, die **Hypothesen zu prüfen.**

Dieses hypothesenprüfende Vorgehen ist **deduktiv**: Aus Sekundärforschung entwickelte, theoretische Zusammenhangsvermutungen werden in der Realität überprüft (Herczeg & Wippersberg, 2021, S. 98). Dabei reicht es nicht aus, einen Zusammenhang bloß zu vermuten, „sondern es muss auch gesagt werden, dass ein bestimmter theoretischer Hintergrund existiert, der genau diese Annahme stützt." (Häder, 2019, S. 42) Zum Beispiel könnten benachbarte Forschungsbereiche eine Art Vorbild für eine eigene Erhebung darstellen (Kornmeier, 2024, S. 136):

2 Aus einem „Bauchgefühl" heraus erstellte Vermutungen sind wissenschaftlich nicht zulässig.

Ein Forschungsvorhaben beschäftigt sich mit dem Leseverhalten von Fachliteratur in Österreich. Zur Hypothesenbildung wird nach ähnlichen Studien in Deutschland und der Schweiz gesucht, jedoch kein Material gefunden. Die Sekundärdatenrecherche verbreitert ihren Radius (erfolglos) auf Nordeuropa, in weiterer Folge auf Belletristik usw.

Bei **qualitativen Erhebungen** finden sich statistisch zu überprüfende Hypothesen – falls sie überhaupt auftauchen – erst ganz am Ende (vgl. Kapitel 4.2.3 ab Seite 55). Qualitative Empirie dient dazu, derartige **Hypothesen aus den inhaltlichen Ergebnissen heraus zu entwickeln**.

Hypothesen aus qualitativer Forschung basieren meist auf nur einer begrenzten Anzahl von Fällen, die tiefgehend analysiert werden (**hypothesengenerierendes Arbeiten**, Herczeg & Wippersberg, 2021, S. 93; 98): Hier wird **induktiv** aus vorhandenen Daten auf eventuelle theoretische Zusammenhänge geschlossen. Derartige Hypothesen müssten – falls ihre statistische Überprüfung stattfinden soll – erst in einem nachgeschalteten, eigenen quantitativen Ansatz getestet werden. Die meisten qualitativen Ergebnisse (vor allem studentischer Abschlussarbeiten) enden aber schon vor diesem Schritt, nämlich wenn überhaupt, mit dem Aufstellen von Hypothesen und dem Ausblick auf potenziell notwendige, weitere Empirie.

2.3.1 | Arten von Hypothesen, Zusammenhangsformen

Hypothesen können **verschiedene Arten und Zusammenhangsformen** annehmen. Ein Grundwissen darüber verleiht dem (studentischen) Forschungsprozess Struktur und Stimmigkeit, denn: Die Art der Formulierung von Hypothesen (vgl. Kapitel 3.3 ab Seite 43) hat große Bedeutung für ihre Prüfung (vgl. Kapitel 5.2.3 ab Seite 61). Im Sinne des angestrebten Erkenntnisgewinns ist meist nicht JEDE Hypothesenform umsetzbar.

Eine Klassifikation von Hypothesen berücksichtigt eine Vielzahl von Faktoren wie Ursache-Wirkungs-Beziehungen, Stärke der Zusammenhänge, Zeit, Gruppen- oder Einzelmerkmale usw. Im Folgenden werden wesentliche Typen und Arten von Hypothesen beleuchtet.

Die empirische Phase beginnt mit der Entwicklung von **Arbeitshypothesen**. Sie stützen in ihrer Kombination wie ein Mosaik eine komplexe Theorie: Ein „komplexes Problem" wird „in konkrete, überprüfbare Untersuchungsschritte" zerlegt (Brosius et al., 2022, S. 13). Von einer „fertigen" Hypothese kann dann gesprochen werden, „wenn das Untersuchungsproblem auf der Ebene einer wissenschaftlichen Theorie als zu überprüfende Aussage formuliert werden kann." (Ebster & Stalzer, 2017, S. 156)

In den Sozialwissenschaften verbreitet sind **bivariate Kausalhypothesen („Wenn-Dann")**: Sie referenzieren auf Ursache-Wirkungs-Zusammenhänge zwischen zwei Variablen[3] (vgl. Kapitel 2.3.2.1 ab Seite 26).

Wenn sich eine Ursache ändert, dann FÜHRT das wahrscheinlich zu einer bestimmten Wirkung: Die Ursache ***verursacht*** *die Wirkung.*

Den Praxiserfahrungen der Verfassenden dieses Buchs nach werden viele Kausalhypothesen eher **assoziativ** (Diekmann, 2021, S. 133; Herczeg & Wippersberg, 2021, S. 96) als kausal interpretiert.

---

[3] **Monokausale Hypothesen** beziehen sich auf EINE unabhängige Variable und EINE abhängige Variable, **multikausale Hypothesen** untersuchen MEHRERE unabhängige Variablen in Bezug auf EINE abhängige.

*Wenn es einen Grund gibt, dann gibt es WAHRSCHEINLICHER eine bestimmte Folge, als wenn es diesen Grund NICHT gibt: Die Ursache **hängt** mit der Wirkung **zusammen**.*

Kausal sind auch **relationale** Hypothesen **(„Je-Desto")**: Sie gehen bereits von vorhandener Kausalität und deren Richtung aus, interessieren sich aber für die STÄRKE des Variablenzusammenhangs (Diekmann, 2021, S. 129; Herczeg & Wippersberg, 2021, S. 97).

*Je stärker die Ursache steigt, desto stärker STEIGT auch die Wirkung. Oder: Je stärker die Ursache steigt, desto stärker SINKT auch die Wirkung: Die Ursache **steht in Wechselwirkung** mit der Wirkung.*

Stellt die Ursache-Variable eine Zeitkomponente dar, handelt es sich um eine **Entwicklungs-** oder **Trendhypothese** (Diekmann, 2021, S. 133).

*Im Laufe der Zeit lässt sich ein Trend im Auftreten der Wirkung feststellen: Die „Ursache" **verändert** die Wirkung im zeitlichen Verlauf.*

In der Literatur verbreitet ist die Forderung, dass Hypothesen eine Ursache-Wirkungs-Beziehung formulieren sollten. Enthält die Hypothese nur EINE Variable, verletzt sie dieses Kriterium. Derartige **univariate Hypothesen** haben bloß beschreibenden Charakter, ihnen mangelt es an Erklärungskraft (Kepplinger, 2023, S. 7) zu den Zusammenhängen oder Wechselwirkungen mehrerer Variablen.

*In einer bestimmten Erhebungsmenge wird ein mehrheitliches Auftreten einer „Wirkung" (eines Sachverhalts) vermutet: Die Wirkung **ist** – ohne Ursache – mehrheitlich **vorhanden**.*

Der Erfahrung der Verfassenden dieses Buchs nach setzen viele Praxisarbeiten Studierender (in ersten Entwürfen) auf derartige, einfacher zu erstellende Formulierungen.

Bilden Hypothesen eine Ursache-Wirkungs-Beziehung ab, sind sie mit zwei Variablen zumindest **bivariat.** Daneben gibt es auch die komplexeren **multivariaten Zusammenhänge.**[4]

Die meisten Ausführungen dieses Buchs referenzieren auf die – in studentischen Arbeiten verbreiteten – **Individualhypothesen**: Diese beziehen sich auf durch empirische Erhebungen messbare Eigenschaftszusammenhänge einzelner Erhebungselemente (Datensätze).

Wenn sich Personen potenziell gut mit Büchern versorgt fühlen, dann ist die Menge der von ihnen gelesenen Bücher größer, als wenn sie das nicht tun.

Im Unterschied dazu analysieren **Kollektivhypothesen** den Zusammenhang von Gruppenmerkmalen bereits aggregierter Daten.

Je größer in einem Bundesland die Anzahl an Buchläden ist, desto höher ist die dortige Akademikerquote.

Kontexthypothesen kombinieren beide Varianten: Sie analysieren den Zusammenhang von Gruppenmerkmalen mit Einzeleigenschaften. Deshalb sind sie in studentischen Einzelerhebungen nur schwer umsetzbar, weil sie sich auf unterschiedliche „Datenkosmen" beziehen.

Je größer IN EINEM BUNDESLAND die Anzahl an Buchläden ist, desto größer ist die dortige Menge an gelesenen Büchern VON PERSONEN.

---

4 Multivariate Zusammenhänge erfordern zur Überprüfung fortgeschrittene Kenntnisse multivariater statistischer Verfahren und werden in diesem Werk nicht thematisiert.

Für ihre Prüfung müssten erst mehrere Kollektive betrachtet (Diekmann, 2021, S. 137–138) und deren Ausprägungen der unabhängigen Variable auf individuelle Datenebene (auf der die abhängige Variable gemessen wird) übertragen werden (Mehrebenenuntersuchung, Diekmann, 2021, S. 194). Kapitel 2.3.2 ab Seite 25 widmet sich anfangs ausführlich dieser Problematik.

2.3.1.1 | Ungerichtete versus gerichtete Hypothesen

Ungerichtete Hypothesen wollen bloß feststellen, ob zwischen zwei Variablen (vgl. Kapitel 2.3.2.1 ab Seite 26) überhaupt ein Zusammenhang besteht (Ebster & Stalzer, 2017, S. 157; Herczeg & Wippersberg, 2021, S. 96).

Ungerichtete Hypothesen vermuten einen Zusammenhang, gehen aber nicht darauf ein, welchen (Braunecker, 2023a, S. 20).

Wenn Personen über 40 Jahre alt sind, dann unterscheiden sie sich im Belletristik-Konsum von Jüngeren. Bzw.: Es gibt einen Zusammenhang zwischen Alter und Belletristik-Konsum.

Ob Personen über 40 Jahre eher mehr oder weniger zu belletristischer Literatur tendieren, bleibt hier offen.

Ungerichtete Hypothesen werden **zweiseitig** formuliert und geprüft (vgl. Kapitel 5.2.3.3, 5.2.3.4 und 5.2.3.5 ab Seite 64).

Check: Die Hypothese ist einseitig (= gerichtet), wird aber zweiseitig geprüft (oder umgekehrt) [Hypothesencoaching, ⏩Punkt 6.9.4 ab Seite 135]

Die meisten Hypothesen in der quantitativen Forschung sind **gerichtet**. Sie vermuten – aus Sekundärforschung abgeleitet – eine bestimmte Art bzw. Richtung eines Zusammenhangs (Ebster & Stalzer, 2017, S. 157) zwischen zwei Variablen (vgl. Kapitel 2.3.2.1 ab Seite 26).

Eine Veränderung der unabhängigen Variable(n) UV in eine bestimmte Richtung bewirkt auch eine Veränderung der abhängigen Variable AV in eine bestimmte Richtung – in der Regel eine Verstärkung oder Abschwächung.

Etwa im Sinne einer Verstärkung: Wenn Personen über 40 Jahre alt sind, dann haben sie in den letzten 12 Monaten eher einen Bestseller gelesen, als wenn sie jünger sind. Bzw.: Je älter Personen sind, desto mehr Bestseller haben sie in den letzten 12 Monaten gelesen.

Gerichtete Hypothesen werden **einseitig** geprüft – also anders als ungerichtete. Die **Prüflogik** ist eine andere (vgl. Kapitel 5.2.3.3, 5.2.3.4 und 5.2.3.5 ab Seite 64).

Auch die Ergebnisinterpretation unterscheidet sich.

Methodenanfänger:innen benötigen oft (noch) gar nicht die Unterscheidung (vgl. Fußnote 21 auf Seite 64) zwischen ein- und zweiseitiger Hypothesenprüfung (Braunecker, 2023b, S. 89–92).

2.3.1.2 | Inhaltliche versus statistische Hypothesen

In diesem Kapitel wurden bislang immer Hypothesen inhaltlicher Art angesprochen. Inhaltliche Hypothesen beschreiben theoretisch begründete Annahmen über Zusammenhänge oder Unterschiede zwischen Variablen. **Statistische Hypothesen** hingegen übersetzen diese Annahmen in eine mathematisch testbare Form.

Check: Der Unterschied zwischen inhaltlichen und statistischen Hypothesen wird beim Formulieren vermischt (missachtet) [Hypothesencoaching, Punkt ⏩6.6.2 ab Seite 111]

Statistische Hypothesen sprechen in ihrem Wording die konkreten Maßzahlen an, mit denen sie geprüft werden. Damit stehen sie den inhaltlichen Hypothesen zum Zweck der statistischen Datenanalyse und dabei erfolgenden Hypothesenprüfung zur Seite: Für jede Hypothese wird das jeweils richtige „Werkzeug“ ausgewählt, das entsprechend benötigte Auswertungsverfahren (implizit) angesprochen (vgl. Kapitel 5.2.3 ab Seite 61).

Statistische Hypothesen – ob explizit angesprochen oder nicht – sind zumindest „im Hintergrund“ vorhanden. Sie bestehen aus einer **Nullhypothese H_0** und einer dieser widersprechenden **Alternativhypothese H_1** (bzw. **H_a**). Inhaltliche und statistische Hypothesen (vgl. Kapitel 3.3.2 ab Seite 45) werden in der Literatur recht divergent behandelt. Die in diesem Buch erfolgende Differenzierung ist aus Verfassendensicht nachvollziehbar, verständlich und praxistauglich. Das folgende Beispiel verdeutlicht den Wesensunterschied beider Arten. Detaillierte Formulierungsbeispiele finden sich in Kapitel 3.3.4 ab Seite 47.

> ***Inhaltliche*** *Hypothese: Wenn Personen über 40 Jahre alt sind, dann* ***unterscheiden*** *sie sich im Belletristik-Konsum von Jüngeren.*
>
> *Statistische* ***Nullhypothese****: Personen über 40 Jahre weisen im Vergleich zu Jüngeren* ***idente Mittelwerte*** *im Belletristik-Konsum auf (Mittelwertsgleichheit).*
> *Statistische* ***Alternativhypothese****: Personen über 40 Jahre weisen im Vergleich zu Jüngeren einen* ***anderen Mittelwert*** *im Belletristik-Konsum auf.*

Studierende formulieren gerne ausschließlich inhaltliche oder ausschließlich statistische Hypothesen bzw. vermischen sie. Beide Varianten klar getrennt aufzustellen ist ratsam und hilft bei der Hypothesenprüfung.

2.3.2 | Arten von Variablen

Variablen spielen eine entscheidende Rolle im Prozess der Hypothesenformulierung und deren Prüfung: Hypothesen vermuten einen bestimmten Zusammenhang von zumindest zwei Variablen (Diekmann, 2021, S. 124; Herczeg & Wippersberg, 2021, S. 94; Karmasin & Ribing, 2025, S. 89; Schnell et al., 2018, S. 47; ausgenommen sind hier bloß univariate Hypothesen, vgl. Seite 23 im Kapitel 2.3.1).

Variablen sind Merkmale von **individuellen** oder **kollektiven** (Diekmann, 2021, S. 119) Analyseeinheiten und besitzen Ausprägungen (Braunecker, 2023b, S. 20), die ein bestimmtes Messniveau aufweisen (vgl. Kapitel 3.1 ab Seite 42). Messniveaus wiederum bestimmen die Art der Hypothesenprüfung (vgl. Kapitel 5.2.3 ab Seite 61).

> *Individuell sind z.B. das Alter einzelner Menschen, die Länge einzelner Social-Media-Postings, kollektive Geburtenraten von Bevölkerungen, Mitgliederanzahl von Vereinen usw.*

Die Festlegung, ob eine Hypothese zu individuellen oder kollektiven Variablen formuliert wird, ist eine sehr entscheidende. Sie hängt eng mit der Grundgesamtheit einer empirischen Erhebung (vgl. Kapitel 4.1.2.2 ab Seite 51) zusammen.

Check: Die Hypothese bezieht sich auf unterschiedliche „Datenkosmen"

[Hypothesencoaching, Punkt ▸▸6.4.2 ab Seite 99]

Studierende mischen in ihren Hypothesen gerne – unbewusst – individuelle und kollektive Ebenen. Das bedeutet großen Aufwand für die Hypothesenprüfung oder verunmöglicht sie.

Eine Hypothese vermutet einen Zusammenhang zwischen der Buchladendichte in Wohngebieten (kollektives Merkmal) und der Lesemenge von Personen (individuelles Merkmal).

Um eine derartige Kontexthypothese analysetechnisch prüfbar zu machen, müssten z.B. klar abgegrenzte Wohngebiete definiert und müsste aus Sekundärmaterial die dortige Anzahl an Buchläden recherchiert werden. Jeder zu ihrer Lesemenge befragten Person müsste auch das Wohngebiet zugeordnet[5] und der Befragungsdatensatz mit der Buchladendichte angereichert werden. Erst dann könnte eine hypothesenprüfende Datenanalyse erfolgen.

Bezogen auf den im Beispiel angeführten wohl eigentlichen Zusammenhang zwischen Zugänglichkeit zu Büchern und Lesemenge wäre folgende reine Individualhypothese besser:

Wenn sich Personen potenziell gut mit Büchern versorgt fühlen, dann ist ihre Lesemenge höher, als wenn sie das nicht tun.

Manche Hypothesen kontextueller Art zu prüfen, ist überhaupt unmöglich:

Je höher die täglich neuen Grippe-Ansteckungszahlen ausfallen (kollektiv), desto mehr wöchentliche Homeofficetage nehmen sich Berufstätige (individuell).

Wie soll der zeitliche Entwicklungsverlauf einer Krankheitsstatistik wochenaktuell mit Individualdaten verbunden werden?

Die Verfassenden dieses Buchs empfehlen, **Hypothesen** eines einzelnen Vorhabens **ENTWEDER ganzheitlich individuell ODER ganzheitlich kollektiv** zu formulieren. Hypothesen in unterschiedlichen „Datenkosmen" sind nur schwer oder gar nicht prüfbar.

2.3.2.1 | Unabhängige versus abhängige Variablen

Davon abgesehen, ob eine Hypothese individuell oder kollektiv formuliert wird, ist zwischen unabhängigen Variablen (UV) und abhängigen Variablen (AV) zu unterscheiden. Die meisten Hypothesen leiten aus Sekundärforschung einen vermuteten Variablenzusammenhang ab: Sie nehmen an, dass die Veränderung einer oder mehrerer unabhängiger Variablen UV eine Veränderung auch bei der abhängigen Variable AV hervorruft.

Unabhängige Variablen (UV) stellen die Ursache (den Grund) eines Zusammenhangs dar, abhängige **Variablen (AV)** die Wirkung (die Folge).

Unabhängige Variablen sind „Täter", abhängige Variablen „Opfer". „Die abhängige Variable ist von der unabhängigen abhängig und verändert sich, wenn man die unabhängige Variable verändert" (Herczeg & Wippersberg, 2021, S. 99). Die (Ausprägungen der) unabhängigen Variablen sind diejenigen, die von den Forschenden gezielt variiert werden. Die abhängigen Variablen werden gemessen, um analysieren zu können, wie sich diese Variationen der unabhängigen Variablen auswirken (Brosius et al., 2022, S. 236).

[5] Hier kann es auch zu Berührungspunkten mit dem Datenschutzrecht kommen (Braunecker, 2023a, S. 51–58).

Check: Die unabhängige(n) (UV) und/oder abhängige Variable(n) (AV) ist (sind) inexakt definiert [Hypothesencoaching, Punkt ▸▸6.3.3 ab Seite 89]

Für Hypothesen ist es essenziell, die unabhängige(n) Variable(n) und die abhängige Variable (exakt, nachvollziehbar und messbar) zu definieren (Ebster, 2016; Häder, 2019, S. 35).

▸▸ Die Notwendigkeit exakter Definition der UV(s) und AV hängt eng mit dem notwendigen **Matching von Erkenntnisinteresse und Hypothese**(n) im Hypothesencoaching-Punkt [▸▸6.1.1 ab Seite 30 (Theorie) bzw. ab Seite 76 (Coaching)] sowie der allgemeinen **Forderung nach (gleichbleibend) definierten Begrifflichkeiten** in Hypothesen [▸▸6.3.1 ab Seite 34 (Theorie) bzw. ab Seite 87 (Coaching) sowie ▸▸6.3.2 ab Seite 34 (Theorie) bzw. ab Seite 88 (Coaching)] zusammen und stellt einen der meistbegangenen Fehler Studierender dar.

Die Ausprägungen der unabhängigen Variable müssen in den Daten vorliegen und im Zuge der Forschung abänderbar (wählbar, bestimmbar) sein (Diekmann, 2021, S. 203; Herczeg & Wippersberg, 2021, S. 100–101).

Bezieht sich eine Hypothese z.B. auf Unterschiede zwischen Altersgruppen (UV), müssen diese in den Daten codiert (Braunecker, 2023b, S. 40–42) vorliegen. Alle oder einzelne Gruppen können dann zum Überprüfen ihres Einflusses auf die AV ausgewählt werden.

▸▸ Die Forderung nach dem **erhebungstechnischen Zusammenspiel von Hypothesen und Erhebungsinstrument** spricht auch Hypothesencoaching-Punkt [▸▸6.7.2 ab Seite 54 (Theorie) bzw. ab Seite 121 (Coaching)] an.

Im folgenden Hypothesenbeispiel müsste aus jedem Datensatz klar erkennbar sein: Fällt eine Person in die Altersgruppe über 40 Jahre oder nicht? Was ist „Leseaffinität" – z.B.: *„= Personen, die in den letzten 6 Monaten zumindest zwei belletristische Bücher (haptisch oder digital) zumindest im halben Umfang gelesen haben"*. Außerdem wäre es grundsätzlich nötig, zu definieren, um welche Personen es sich überhaupt handelt (vgl. Kapitel 4.2.2 ab Seite 55).

Wenn Personen über 40 Jahre alt sind, dann sind sie eher leseaffin als Jüngere.

2.3.2.2 | Manifeste versus latente Variablen

Eine der allerwichtigsten Fragen bei der Definition unabhängiger und abhängiger Variablen (vgl. Kapitel 2.3.2.1 ab Seite 26) ist die Frage ihrer Messbarkeit.

Manifeste Variablen sind DIREKT messbar, beobachtbar, erfragbar.

Manifeste Variablen sind z.B. Altersgruppe, Wohnort, Leseverhalten usw.

Check: Ein latentes Merkmal wird durch selbst formulierte Aussagen (unwissenschaftlich) operationalisiert [Hypothesencoaching, Punkt ▸▸6.3.8 ab Seite 95]

Latente Variablen sind demgegenüber alle nicht direkt messbaren Merkmale.

Es würde wenig Sinn machen, in einem Fragebogen die Frage zu stellen: „Besitzen Sie eine nachhaltige Lebenseinstellung? Urteilen Sie von 1 bis 5, wobei 1 bedeutet: ‚Ich stimme voll zu' und 5: ‚Ich stimme gar nicht zu'. Dazwischen können Sie abstufen."

Einstellung zu Nachhaltigkeit kann nicht „einfach so" erfragt oder gar „von der Stirn abgelesen" werden. Nachhaltigkeit bedeutet für viele jeweils etwas anderes, es gibt dazu unterschiedlichste Assoziationen. Was kennzeichnet diese Einstellung aber ganzheitlich?

Die Erhebung latenter Merkmale ist nicht einfach: Für latente Variablen ist es erforderlich, ihre Merkmalsausprägungen erst einmal abzuklären. Sozusagen „zu finden“, zu definieren, wie sie erhoben werden könnten (Döring, 2023, S. 224–226; Herczeg & Wippersberg, 2021, S. 104).

Um ein ganzheitliches Bild eines latenten Themas (Einstellung, Konstrukt) zu zeichnen, müssen möglichst alle seiner Facetten abgedeckt sein. Dazu kann Sekundärforschung dienen:

Um z.B. persönliche Einstellung zu Nachhaltigkeit zu messen, wird ausgiebig recherchiert: Welche theoretischen Aspekte besitzt „Nachhaltigkeit“? Wie lassen sich diese Details definieren und (in einem Fragebogen) operationalisieren (empirisch messbar machen)?

Latente Variablen müssen INDIREKT – über Indikatoren – gemessen werden.

Im Falle von Nachhaltigkeit könnten dies Fragen (Aussagen) zu ihren einzelnen Aspekten sein: Ökologischen, ökonomischen, sozialen, kulturellen, politischen und technologischen Komponenten (OpenAI, 2025).

In der wissenschaftlichen Forschungspraxis finden sich zur Messung latenter Konstrukte (Themen) eine Vielzahl fertiger Einstellungsskalen. Sie wurden bereits **erprobt** und erlauben es damit, latente Merkmale wissenschaftlich korrekt zu erheben und abzubilden.

Derartige Einstellungsskalen bestehen meist aus mehreren gelisteten Aussagen, Indikatoren für die zu messende latente Eigenschaft. Durch die Mehrzahl an Indikatoren wird sichergestellt, keine wesentlichen Aspekte außer Acht zu lassen. Jede befragte Person gibt dann für jede Aussage – z.B. auf einer Schulnotenskala – das Ausmaß ihrer Zustimmung an (Braunecker, 2023a, S. 110–112). Bei der Datenanalyse lässt sich über alle Indikatoren ein individueller Gesamtscore errechnen (Braunecker, 2023b, S. 137–140), der die persönliche Eigenschaftsausprägung valid, reliabel und objektiv kennzeichnet (Braunecker, 2023a, S. 112–115).

Studierende tendieren nicht selten dazu, für latente Variablen in ihren Hypothesen selbsterstellte Eigenschaften oder Aussagen vorzulegen oder bestehende Konstrukte zu verändern. Das ist gefährlich, weil ein Konstrukt nur genau in jener Form in einem Fragebogen „funktioniert“, wie es wissenschaftlich erprobt wurde (Reinders & Bergs-Winkels, 2022, S. 294). Eigene oder adaptierte Einstellungsskalen sollten in studentischen Arbeiten nur dann zur Anwendung gelangen, wenn die Sekundärliteratur das Thema nicht oder zu wenig abdeckt.

2.3.2.3 | Drittvariablen

Mögliche Drittvariablen verhindern die direkte Wirkung der unabhängige(n) Variable(n) UV auf die abhängige AV. Sie zu kontrollieren bzw. zu vermeiden ist deshalb unabdingbar (Diekmann, 2021, S. 67–68).

Check: Mögliche Drittvariablen bleiben unbeachtet
[Hypothesencoaching, Punkt ▸▸6.3.9 ab Seite 96]

Drittvariablen jeglicher Art können einen großen Einfluss auf die Ergebnisse einer Hypothesenprüfung haben. Sind sie unvermeidbar oder aus Sachzusammenhängen zu berücksichtigen, werden sie deshalb am besten im Erhebungsinstrument miterhoben und bei der Datenanalyse auf ihren Einfluss hin kontrolliert.

Drittvariablen lassen sich in mehrere Kategorien unterteilen: **Intervenierende Variablen beeinflussen** die Wirkung der UV(s) auf die AV, lassen die Wirkung also nur unter bestimmten Bedingungen auftreten (Friedrichs, 1990, S. 94).

Eine Hypothese könnte z.B. nur für Personen über 65 Jahre gelten (Drittvariable Alter).

Friedrichs (1990, S. 95) sieht in intervenierenden Variablen eine „Erweiterung der [...] Wenn-Komponente":

Wenn Personen gerne lesen UND ÜBER 65 JAHRE ALT SIND, dann haben sie in den letzten 12 Monaten eher ein Belletristik-Buch gelesen als andere Personen.

Mediatorvariablen vermitteln die Beeinflussung der AV durch die UV (Herczeg & Wippersberg, 2021, S. 104). Ohne Berücksichtigung der Mediatorvariable wird die AV durch die UV nicht erkennbar (nicht direkt) beeinflusst:

So könnte größere Lesemenge von Büchern (AV) mit steigendem Alter (UV) durch die dann ebenfalls steigende Freizeit (Pension) „vermittelt" werden. Bei reiner Betrachtung von Alter und Lesemenge wäre kein oder wenig Zusammenhang feststellbar. Wird jedoch die Auswirkung von Alter auf Freizeit untersucht, zeigt sich ein hoher Zusammenhang, ebenso bei Betrachtung der Wirkung von Freizeit auf Lesemenge.

Moderatorvariablen modifizieren den Einfluss der UV(s) auf die AV (Maderthaner, 2021, S. 62). Sie verändern den Einfluss (Herczeg & Wippersberg, 2021, S. 104), verstärken ihn oder schwächen ihn ab.

So könnte das Bildungsniveau die Stärke einer zunehmenden Lesemenge von Büchern im Alter beeinflussen.

Störvariablen verfälschen den Variablenzusammenhang, indem sie die UV(s) oder AV unerwünscht beeinflussen. Das Bestreben muss deshalb darin liegen, sie „entweder zu neutralisieren oder aktiv in die Untersuchung einzubeziehen." (Brosius et al., 2022, S. 237)

⏩ Die Erhebung von Drittvariablen hängt eng mit der **Vollständigkeit der Datenanalyse** bei der Hypothesenprüfung im Hypothesencoaching-Punkt [⏩6.9.6 ab Seite 67 (Theorie) bzw. ab Seite 137 (Coaching)] zusammen.

2.3.3 | Forderungen an Hypothesen

Die themenspezifische sozial- und wirtschaftswissenschaftliche Literatur stellt – recht divergent – Forderungen an Hypothesen. Der folgende Abschnitt versucht, diese zu strukturieren.

2.3.3.1 | Wissenschaftlichkeit

„Am Anfang einer Untersuchung steht immer die Frage: Was genau möchte ich wissen?" (Diekmann, 2021, S. 187) Diese Begriffsbestimmung ist der zentrale Teil jeder Erhebung, wo eindeutig festgelegt wird, was untersucht wird. Damit „werden Transparenz und intersubjektive Nachvollziehbarkeit hergestellt" (Brosius et al., 2022, S. 160).

Hypothesen werden aus einem wissenschaftlichen, theoretischen Hintergrund, den Sekundärforschung liefern muss, erstellt. Dazu benötigt es ein eindeutig definiertes, fassbares und umsetzbares Forschungsziel (Erkenntnisinteresse). Ansonsten ist kein schlüssiger Aufbau des Forschungsvorhabens möglich (vgl. Kapitel 2.1 auf Seite 19 und den Beginn von Kapitel 2.3 ab Seite 21). Ist dieses Forschungsziel noch zu wenig genau oder unrealistisch, muss es präzisiert oder vielleicht teilweise sogar revidiert werden (Diekmann, 2021, S. 189). Das ist für die spätere Hypothesenerstellung sehr wichtig. Aus dem Erkenntnisinteresse werden ja Forschungsfragen abgeleitet, und aus diesen wiederum die Hypothesen.

Check: Erkenntnisinteresse und Hypothese(n) passen nicht (exakt) zusammen
[Hypothesencoaching, Punkt ▸▸6.1.1 ab Seite 76]

Hypothesen beantworten die Forschungsfragen des Erkenntnisinteresses. Deshalb müssen ihre (definierten) Begrifflichkeiten mit diesem gut in Einklang stehen (Diekmann, 2021, S. 163; 193). Dieses Matching bezieht sich insbesondere auf die Definition der unabhängigen und abhängigen Variablen (vgl. Kapitel 2.3.2.1 ab Seite 26), hat aber zusätzlich auch eine mengenmäßige Komponente: Ein wissenschaftliches Erhebungsinstrument darf weder kürzer noch länger sein, als es die Forschungsfragen bzw. Hypothesen verlangen.

Letztendlich müssen Erkenntnisinteresse(n) und Hypothese(n) **inhaltlich und mengenmäßig** matchen. **Beides zählt** zu **den meistbegangenen Fehlerquellen Studierender.** Beides stellt die Basis für das Erhebungsinstrument dar und beeinflusst wesentlich den gesamten roten Faden jeder Forschungsarbeit (vgl. Braunecker, 2023a, S. 12–14).

▸▸ Die **mengenmäßige Komponente** wird bei den Hypothesencoaching-Punkten [▸▸6.7.3 ab Seite 54 (Theorie) bzw. ab Seite 122 (*Coaching*) sowie ▸▸6.7.4 ab Seite 54 (Theorie) bzw. ab Seite 123 (*Coaching*)] detailliert ausgeführt.

Check: Die Hypothese ist keine Wahrscheinlichkeitsaussage
[Hypothesencoaching, Punkt ▸▸6.1.4 ab Seite 80]

Hypothesen vermuten – aus Sekundärforschung abgeleitet – Arten von Variablenzusammenhängen sowie die Bedingungen, unter denen sie in welcher Form auftreten (Friedrichs, 1990, S. 62; Herczeg & Wippersberg, 2021, S. 94).

Wenn Personen gerne lesen, dann lesen sie eher Fachliteratur als Personen, die nicht gerne lesen.

> Warum wird hier von Wahrscheinlichkeiten gesprochen? In der realen Welt wird es Personen geben, die gerne lesen und dementsprechend auch Fachbücher lesen. Aber auch bei Personen, die NICHT gerne lesen, wird Fachbuchkonsum feststellbar sein. Umgekehrt werden andere zwar gerne lesen, aber keine Fachliteratur: Nicht alle, die gerne lesen, müssen „automatisch" auch Fachbücher lesen – nur: Die Wahrscheinlichkeit ist einfach größer, in der Gruppe gerne Lesender Personen zu finden, die auch Fachbücher lesen. (Braunecker, 2023a, S. 20)

Das zitierte Beispiel fokussiert auf Prozentanteile. Bezogen auf LeseMENGEN wäre es wahrscheinlicher, unter gerne Lesenden einen höheren durchschnittlichen Fachbuchkonsum vorzufinden als unter anderen Personen:

Wenn Personen gerne lesen, dann lesen sie jährlich im Schnitt mehr Fachliteratur als Personen, die nicht gerne lesen.

Die probabilistischen **Hypothesen** der Sozial- und Wirtschaftswissenschaften formulieren Wahrscheinlichkeiten (Diekmann, 2021, S. 125; 151) – im Gegensatz zu den Hypothesen der Naturwissenschaften mit ihren **deterministischen**, gesetzesmäßigen **Hypothesen.**[6]

Check: Der Hypothese fehlt (fehlen) eine (oder mehrere) Vergleichsgruppe(n)

[Hypothesencoaching, Punkt ⏩6.8.5 ab Seite 130]

Hypothesen aus den Sozial- und Wirtschaftswissenschaften beziehen sich, wie soeben angeführt, auf Wahrscheinlichkeiten. Deshalb sollten sie (auch) keine bloßen Vorhersagen über mögliche Ergebniszahlen darstellen (Ebster & Stalzer, 2017, S. 158): Sie können dann wohl kaum jemals durch eine Datenerhebung (vorläufig) akzeptiert werden.

Also nicht: Es wird erwartet, dass 55% der österreichischen Wohnbevölkerung ab 40 Jahren zumindest einmal jährlich Belletristik liest.

Eine Hypothesenformulierung sollte – wenn überhaupt, dann – bloß in eine vermutete Richtung erfolgen und z.B. Mehrheitsvermutungen ansprechen.

Es wird erwartet, dass die Mehrheit der österreichischen Wohnbevölkerung ab 40 Jahren zumindest einmal jährlich Belletristik liest.

Zwar können auch Aussagen (Häder, 2019, S. 40) wie im obigen Beispiel als Hypothesen fungieren – in der Literatur werden sie auch OHNE expliziten Variablenzusammenhang als Hypothesen angeführt (Atteslander et al., 2023, S. 313; Döring, 2023, S. 178). Eine derartig formulierte **univariate Hypothese** (vgl. Kapitel 2.3.1 ab Seite 22) erfüllt jedoch die in gegensätzlicher Literatur erhobene Forderung nicht, dass wissenschaftliche Hypothesen den Zusammenhang von zumindest zwei Merkmalen ansprechen sollten. Herczeg & Wippersberg (2021, S. 97) z.B. verlangen auch bei Aussagesätzen explizit die Darstellung eines Zusammenhangs von VariableN.

Literatur und (studentische) Anwendungspraxis sind sich also uneins, ob Hypothesen ohne Vergleichsgruppen Wissenschaftlichkeitsansprüche ausreichend erfüllen. Die Verfassenden dieses Buchs empfehlen – auch bei Aussagesätzen – das Aufstellen von Vergleichsgruppen.

Es könnte ja auch sein, dass (neben der Mehrheit der Personen ab 40 Jahren) auch die Mehrheit jüngerer Personen zumindest einmal jährlich Belletristik liest.

Wenn alle mehrheitlich etwas tun, ist das kein besonderer wissenschaftlicher Erkenntnisgewinn. Die folgende Formulierung wäre deshalb wohl (wissenschaftlich) nutzbarer:

Wenn in Österreich lebende Personen 40 Jahre oder älter sind, dann lesen sie eher Belletristik, als wenn sie jünger sind.

Check: Die Hypothese ist trivial und/oder nicht wissenschaftstauglich

[Hypothesencoaching, Punkt ⏩6.1.2 ab Seite 78]

Hypothesen entstehen nicht bloß „aus einem Bauchgefühl" heraus. Eine wissenschaftstaugliche Hypothese „muss […] einen hinreichend großen Informationsgehalt besitzen"

---

[6] *„Wenn Personen einen in der Hand gehaltenen Bleistift loslassen, dann fällt er herunter"* – in 100% aller Fälle auf der Erde.

(Kornmeier, 2024, S. 139). Empirische oder hypothetische Sätze zielen darauf ab, wissenschaftlich überprüfbare Behauptungen über die Wirklichkeit aufzustellen (Brosius et al., 2022, S. 24).

Eine wissenschaftstaugliche Hypothese darf keinesfalls bloß intuitiv oder trivial sein. Es darf auch nicht implizit (und ohne weitere Hypothesenprüfung mehr oder weniger) klar sein, dass es (wohl) nur stimmen kann, was die Hypothese behauptet.

Wenn Personen mehrmals im Jahr Belletristik lesen, dann sind sie eher affin gegenüber Unterhaltungsliteratur, als wenn sie nicht mehrmals jährlich Belletristik lesen.

Ebenso wissenschaftsuntauglich sind **tautologische** Hypothesen (Atteslander et al., 2023, S. 46; Diekmann, 2021, S. 156; Häder, 2019, S. 41; Herczeg & Wippersberg, 2021, S.113). Sie sagen nichts Neues aus, sind vielmehr selbstverständlich, die Begrifflichkeiten decken einander semantisch ab.

Je mehr Belletristik Personen lesen, desto mehr Unterhaltungsliteratur lesen sie.

Auch Hypothesen, die sich nicht auf reale Sachverhalte beziehen oder Werturteile enthalten, besitzen keine Wissenschaftstauglichkeit (Herczeg & Wippersberg, 2021, S. 113).

Check: Die Hypothese ist nicht allgemeingültig
[Hypothesencoaching, Punkt ⏩6.1.3 ab Seite 79]

Eine weitere klare Forderung an Hypothesen: Sie müssen über Einzelfälle hinaus Gültigkeit besitzen (Häder, 2019, S. 42; Karmasin & Ribing, 2025, S. 89).

Eine wissenschaftliche Hypothese darf sich nicht nur auf einzelne Personen (bzw. Erhebungselemente) beziehen, sondern muss ALLE Elemente einer (Teil-)Grundgesamtheit (vgl. Kapitel 4.1.2.2 ab Seite 51) einschließen.

Wenn in Österreich lebende Personen 40 Jahre oder älter sind, dann lesen sie eher Belletristik, als wenn sie jünger sind.

Ein repräsentativer Querschnitt dieser (Teil-)Grundgesamtheit(en) wird in Form einer Stichprobe (vgl. Kapitel 4.1.2.3 ab Seite 51) „hypothesengeprüft". Aus den Ergebnissen des Samples wird auf die gesamte Grundgesamtheit geschlossen bzw. generalisiert – im Beispiel auf alle in Österreich Lebenden bis und ab 40 Jahre (vgl. Kapitel 4.1.3 ab Seite 54).

Die Autorin und der Autor dieses Buchs empfehlen, Hypothesenformulierung in der Mehrzahl vorzunehmen. Das bringt angenommene Wahrscheinlichkeiten für (Teil-)Grundgesamtheiten (= Allgemeingültigkeit) besser zur Sprache und vermeidet Missverständnisse.

Eine Formulierung wie die Folgende bezieht sich eigentlich auf Einzelpersonen:

Wenn eine in Österreich lebende Person 40 Jahre oder älter ist, dann liest sie eher Belletristik, als wenn sie jünger ist.

EINE Person kann zwar eher oder mehr Belletristik lesen oder nicht. Bei der Hypothesenprüfung mündet ein „Eher" jedoch in einen Prozentanteilsvergleich zwischen Jüngeren und Älteren, also in die Überprüfung einer wahrscheinlichen Tendenz in GRUPPEN. Anteile referenzieren nicht auf Einzelpersonen (bzw. einzelne Erhebungselemente, = Einzahl), sondern auf Personengruppen (bzw. mehrere Erhebungselemente, = Mehrzahl). Dasselbe Argument kann sinngemäß auch auf andere Hypothesen, deren Prüfung in Form von Mittelwertsvergleichen oder Korrelationen erfolgen, angewendet werden (vgl. Kapitel 5.2.3.3, 5.2.3.4 und 5.2.3.5 ab Seite 64).

In vielen Fällen folgen hypothesenspezifische Literatur und gelebte Praxis in den Sozial- und Wirtschaftswissenschaften diesen Gedankengängen nicht. Gerne werden auch in der Einzahl formulierte Hypothesen aufgestellt.

Check: Die Hypothese ist nicht widerlegbar (nicht falsifizierbar)
[Hypothesencoaching, Punkt ⏩6.1.5 ab Seite 81]

Ein in der Literatur sehr oft geäußerter Anspruch an sozialwissenschaftliche Hypothesen ist Widerlegbarkeit (Atteslander et al., 2023, S. 46; Häder, 2019, S. 42; Karmasin & Ribing 2025, S. 89; Kornmeier, 2024, S. 139; Schnell et al., 2018, S. 54–55). Widerlegen wird auch als Falsifizieren bezeichnet. „Aussagen, die immer wahr sind, sind keine Hypothesen." (Herczeg & Wippersberg, 2021, S. 113)

Für jede Hypothese ist es deshalb unbedingt erforderlich, dass sie widerlegbar ist. Es muss die Möglichkeit vorhanden sein, dass die erhobenen Daten der Hypothesenannahme entgegenlaufen, ihr bei der Prüfung widersprechen. Niemals kann EINE Hypothese ALLE in der Realität tatsächlich auftretenden Gegebenheiten abdecken bzw. dahingehend geprüft werden.[7]

Nach dem Falsifikationsprinzip des Kritischen Rationalismus[8] basieren Theorien stets auf VORLÄUFIGEN Hypothesen. Auch positive empirische Evidenz (ein „Zutreffen" von Hypothesen) in (bloß) einem oder mehreren Datenständen kann niemals einer endgültigen Verifizierung gleichkommen (Brosius et al., 2022, S. 26; Diekmann, 2021, S. 150).

In den meisten empirischen Untersuchungen werden ohnehin bloß EINmalig Daten erhoben. Mit ihnen können Hypothesen (schon gar) nicht „bestätigt", sondern immer nur höchstens „vorläufig gestützt" werden (vgl. Kapitel 5.2.4 ab Seite 68). **Der Fokus jeder Hypothesenprüfung auf die statistische Nullhypothese** (vgl. Kapitel 3.3.2 ab Seite 45) **hat hier seinen Ursprung.** „Hat sich eine Annahme als falsch erwiesen, stellt der Wissenschaftler [*sic*] neue Fragen und somit auch neue Hypothesen auf." (Ebster & Stalzer, 2017, S. 156) Dadurch entsteht Erkenntnisgewinn (Reinders & Bergs-Winkels, 2022, S. 291).

2.3.3.2 | Theoretische Fundierung, Nachvollziehbarkeit

Hypothesen müssen theoretisch fundiert sein (Kornmeier, 2024, S. 139) – mit einer wissenschaftlichen Basis und Problemstellung. Hypothesen sind „wissenschaftlich begründete Vermutungen [...]. Sie enthalten sowohl bestätigtes Wissen als auch noch unbestätigte Vermutungen [...]" und stellen „[...] Erklärungs*versuche*" dar (Häder, 2019, S. 35, Hervorhebung im Original).

Hypothesen leiten sich deshalb aus Sekundärquellen (Literatur, bereits erfolgte Erhebungen im selben oder in ähnlichem Konnex) ab.

7 Vgl. z.B. die in Kapitel 3.3.1 auf Seite 45 beschriebenen „Es gibt"-Sätze.

8 Der Kritische Rationalismus von Karl Popper wird von vielen als gegenwärtiger Stand der Wissenschaftstheorie angesehen (Brosius et al., 2022, S. 25).

Check: Die Hypothese ist aus der angeführten Sekundärforschung nicht ableitbar
[Hypothesencoaching, Punkt ⏩6.2.1 ab Seite 83]

Impulse für eigene Hypothesen sind in (kontroversieller) Fachliteratur denkbar, finden sich vielleicht in neu entstandenen Theorien oder könnten sich aus Replikationen bereits vorliegender Studien unter neuen Bedingungen ergeben (Diekmann, 2021, S. 189–190).

Eine Erhebung in Nordeuropa zeigt z.B., dass dort ältere Menschen im Vergleich der letzten drei Jahre mehr und mehr zu belletristischer Literatur greifen. Dieses Ergebnis könnte – falls sozialstatistisch argumentierbar – Basis einer Hypothese für Österreich sein.

Check: Der Hypothese liegen Quellen fraglicher Vertraulichkeit oder Qualität zugrunde
[Hypothesencoaching, Punkt ⏩6.2.2 ab Seite 85]

Immer, wenn sekundärstatistisches Material verwendet wird, sollte dessen Datenbasis möglichst gut überprüft werden.

Zu klären ist, mit welcher Methode die Daten wann wie wo und in welchem Verwendungskontext erhoben, wie sie analysiert (berechnet) wurden usw. (Braunecker, 2023a, S. 151–154).

2.3.3.3 | Definition, Eindeutigkeit

In der empirischen Sozialforschung gibt es nur wenige Begrifflichkeiten, die „sowieso" – sozusagen undefiniert – klar sind, wie z.B. (bei Befragungen) Alter oder Körpergröße.

Check: Die Hypothese enthält undefinierte Begrifflichkeiten
[Hypothesencoaching, Punkt ⏩6.3.1 ab Seite 87]

Check: Über mehrere Hypothesen hinweg werden Begrifflichkeiten variiert
[Hypothesencoaching, Punkt ⏩6.3.2 ab Seite 88]

In Hypothesen verwendete Begriffe müssen im Zusammenhang mit den spezifischen **Erkenntnisinteressen im jeweiligen Forschungsvorhaben** meist extra und exakt definiert werden (Atteslander et al., 2023, S. 47–48; Friedrichs, 1990, S. 103). Dabei geht es weniger darum, die Definition aus ALLEN möglichen theoretischen Perspektiven völlig richtig abzubilden. Viel wichtiger ist der Fokus auf das eigene Forschungsziel: Auch irrtumsbehaftete Definitionen sind dann zumindest nachvollziehbar (Reinders & Bergs-Winkels, 2022, S. 291).

Viele Probleme beim Operationalisieren (= empirisch messbar Machen) von Hypothesen in einem Erhebungsinstrument sind auf unklare Definitionen der empirisch zu erfassenden Merkmale zurückzuführen (Reinders & Bergs-Winkels, 2022, S. 292). Worauf bei richtigem und gutem Definieren zu achten ist, erläutert Kornmeier, 2024, S. 124–129.

Ein Beispiel, bei dem es an Definition mangelt:

Wenn Studierende motiviert sind, dann haben sie im letzten Jahr eher Fachliteratur gelesen, als wenn sie das nicht sind.

Worin besteht „Motivation"? Ein weiteres Negativbeispiel, bei dem nun Begrifflichkeiten über mehrere Hypothesen hinweg variiert werden, schlägt in eine ähnliche Kerbe:

Hypothese$_a$: Wenn Personen gerne lesen, dann haben sie im letzten Jahr eher Fachliteratur gelesen, als wenn sie das nicht tun.

Hypothese$_b$: Wenn Personen (fast) täglich lesen, dann haben sie im letzten Jahr eher Belletristik gelesen, als wenn sie das nicht tun.

Hier würden – wohl ungewollt – Einflüsse unterschiedlicher unabhängiger Variablen geprüft: „Gerne" und „(fast) täglich" lesen sind ähnlich, aber nicht dasselbe.

Genaue Definition aller Begrifflichkeiten sichert die Messbarkeit im Erhebungsinstrument. Werden mehrere zusammengehörige Hypothesen formuliert, gilt immer DIESELBE Definition: Bedeutungsgehalte dürfen keinesfalls – auch nicht subtil – voneinander abweichen!

Sehr oft bezieht sich genaues Definieren auf die (Ausprägungen der) unabhängige(n) und abhängigen Variable(n) (vgl. Kapitel 2.3.2.1 ab Seite 26, latente Variablen vgl. Kapitel 2.3.2.2 ab Seite 27).

Ungenaue (unpassende) bzw. uneinheitliche Definitionen sind eine der häufigsten Fehlerquellen bei der Erstellung von Hypothesen!

Check: Die Hypothese ist nicht eindeutig
[Hypothesencoaching, Punkt ⏩6.3.4 ab Seite 90]

Hypothesen sollten immer möglichst kurz (Ebster & Stalzer, 2017, S. 157) und verständlich aufgestellt werden. Nur dann ist sichergestellt, dass das Erhebungsinstrument die Prüfzusammenhänge richtig – im Sinne der Erkenntnisinteressen – messen kann.

Hypothesen müssen präzise und eindeutig sein und für das gesamte Forschungsvorhaben gelten (Kornmeier, 2024, S. 139; 129).

Personen, die häufig lesen, verfügen tendenziell über mehr Bildung als andere.

Diese Hypothese ist mehrdeutig: Was bedeutet „häufig lesen", was „tendenziell"? Was ist „mehr Bildung"? Ist das überhaupt ein (kausaler) Zusammenhang?

⏩ Die Eindeutigkeits-Forderung hängt eng mit der (einheitlichen und klaren) **Definition der Begrifflichkeiten** in den Hypothesencoaching-Punkten [⏩6.3.1 ab Seite 34 (Theorie) bzw. ab Seite 87 (Coaching), ⏩6.3.2 ab Seite 34 (Theorie) bzw. ab Seite 88 (Coaching) sowie ⏩6.3.3 ab Seite 27 (Theorie) bzw. ab Seite 89 (Coaching)] zusammen.

Check: Die Hypothese ist mehrdimensional
[Hypothesencoaching, Punkt ⏩6.3.5 ab Seite 91]

EINE Hypothese sollte immer nur EINE Dimension (EINEN Aspekt) ansprechen, sonst wird ihre Operationalisierung sowie Prüfung bei der Datenanalyse (zu) komplex. Das gilt sowohl für die unabhängige(n) als auch die abhängige Variable.

Wenn Personen gerne lesen, dann haben sie im letzten Jahr eher Fachliteratur und Belletristik gelesen, als wenn sie das nicht tun.

Dieses Beispiel ist auf der Seite der abhängigen Variable mehrdimensional: Es enthält Aussagen über zwei Arten von Literatur. Eine Prüfung dieser Hypothese hätte drei mögliche (sie stützende) Ergebnisse: Es kann (1.) Personen geben, die gerne lesen und deshalb (bloß) Fachliteratur gelesen haben. Es kann (2.) Personen geben, die gerne lesen und deshalb (bloß) Belletristik gelesen haben. Letztlich kann es (3.) auch Personen geben, die beide Arten von Literatur konsumiert haben.

Zielen Hypothesen auf eindeutige Merkmalszusammenhänge ab, sollten sie in der Regel auf ZWEI[9] klare, EINdimensionale Variablenausprägungen setzen.

In diesem Konnex gibt es wohl nur EIN Argument FÜR die Beibehaltung der obigen Beispielhypothese: Das Erkenntnisinteresse referenziert bewusst auf jene Personen, die Fachliteratur UND Belletristik gelesen haben – also beides.

Check: Die Hypothese ist zu breit (nicht konkret) formuliert – es fehlen Detailaspekte

[Hypothesencoaching, Punkt ⏩6.3.6 ab Seite 92]

Nach Friedrichs (1990, S. 105) erhöht sich die Informationstiefe einer Hypothese, wenn „zwei oder mehrere Hypothesen zu einer allgemeineren zusammengefaßt werden". Aus der Sicht der Verfassenden dieses Buchs ist es umgekehrt durchaus vorteilhaft, für ein breiteres Thema zunächst eine allgemeine Hypothese zu entwickeln, diese in weiterer Folge aber **in thematische Details aufzuspalten** (vgl. auch die vierte Regel für Forschungsfragen auf Seite 20 in Kapitel 2.2). Die dabei entstehenden Sub-Hypothesen können durchaus auch redundant formuliert sein und wirklich bloß die Teilaspekte variieren. Das reduziert zusätzlich die Gefahr, Begrifflichkeiten (unabsichtlich) zu variieren (vgl. Hypothesencoaching-Punkt [⏩6.3.2 ab Seite 34 (Theorie) bzw. ab Seite 88 (Coaching)]).

Eine gewisse „Kleinteiligkeit" steckt gegenüber breiterer Allgemeinformulierung den Rahmen für die Erhebung viel präziser ab. Die Detailaspekte ermöglichen ein genaueres Erhebungsinstrument und bestimmen die spätere Datenanalyse (Braunecker, 2023a, S. 147).

Also anstelle bloß allgemein formuliert „Wenn Personen gerne lesen, dann haben sie im letzten Jahr eher Literatur konsumiert, als wenn sie das nicht tun." besser detaillierter:

Hypothese$_a$: *„Wenn Personen gerne lesen, dann haben sie … eher **Fachliteratur (wissenschaftliche Arbeiten bzw. Texte zur Information oder Dokumentation)** gelesen, …"*

Hypothese$_b$: *Wenn Personen gerne lesen, dann haben sie … eher **Belletristik (Texte primär zur Unterhaltung)** gelesen, …" usw.*

Dieses Vorgehen wird in der themenspezifischen Literatur und gelebten wissenschaftlichen Praxis nicht übereinstimmend behandelt (Braunecker, 2023a, S. 17, Fußnote 5).

Check: Mehrere Hypothesen hintereinander besitzen keine thematische Struktur

[Hypothesencoaching, Punkt ⏩6.3.7 ab Seite 93]

Werden mehrere (Sub-)Hypothesen hintereinander formuliert, ist es ratsam, für ihre Reihenfolge eine nachvollziehbare Struktur zu entwickeln, ähnlich dem (hierarchischen) Kapitelsystem eines wissenschaftlichen Buchs. Damit wird es auch für Außenstehende wesentlich einfacher, dem empirischen Vorhaben rasch folgen zu können.

---

9 Es gibt auch Analyseverfahren für mehr als zwei Variablen. Sie zu verstehen, erfordert einiges an Einarbeitungsaufwand. Übliche studentischen Arbeiten begnügen sich deshalb mit dem Einsatz weniger komplexer Zusammenhänge.

Jeder Haupt-Hypothese eines bestimmten Themenbereichs folgen die zu ihr gehörenden Unter-Hypothesen. Erst danach wird die nächste Haupt-Hypothese formuliert, wiederum gefolgt von Sub-Hypothesen usw. Gibt es ausschließlich Haupt-Hypothesen, sollten auch sie einer thematischen Struktur folgen.

Angenommen, bei einem Forschungsvorhaben gibt es vermutete Auswirkungen der unabhängigen Variablen Geschlecht, Altersgruppe(n) und Persönlichkeitsdimensionen (Ottowitz, 2023, S. 11–16) *auf die Menge gelesener Fachliteratur und Belletristik.*

Die Hypothesen dazu ließen sich thematisch wie folgt strukturieren:

Geschlecht ▶ Fachliteratur | Geschlecht ▶ Belletristik
Altersgruppe(n) ▶ Fachliteratur | Altersgruppe(n) ▶ Belletristik

---

Persönlichkeitsaspekt 1 ▶ Fachliteratur | Persönlichkeitsaspekt 1 ▶ Belletristik
Persönlichkeitsaspekt 2 ▶ Fachliteratur | Persönlichkeitsaspekt 2 ▶ Belletristik
Persönlichkeitsaspekt 3 ▶ Fachliteratur | Persönlichkeitsaspekt 3 ▶ Belletristik
usw.

Zuerst werden jene Hypothesen formuliert, die sich auf Soziodemographie beziehen, danach geht es um die unterschiedlichen Persönlichkeitsmerkmale usw.

2.3.3.4 | Überprüfbarkeit, Testbarkeit

Eine Hypothese muss überprüfbar sein: Es ist erforderlich, die angesprochenen – manifesten (vgl. Kapitel 2.3.2.1 ab Seite 26) oder latenten (vgl. Kapitel 2.3.2.2 ab Seite 27) – Variablenzusammenhänge in der Wirklichkeit überhaupt erheben (vgl. Atteslander et al., 2023, S. 46; Häder, 2019, S. 41; Herczeg & Wippersberg 2021, S. 113), also in einem Messinstrument abbilden zu können.

Check: Die Hypothese ist mangels Messmöglichkeiten nicht überprüfbar
[Hypothesencoaching, Punkt ⏩6.4.1 ab Seite 98]

Dabei geht es nicht um das WIE – eine exakte Definition der Begrifflichkeiten –, sondern vielmehr um das OB: Nie werden individuelle biologische Zustände, individuelle psychologische Aspekte wie Gefühle, Gedanken oder wahre Motive befragter Personen messbar sein. Auch soziale Phänomene wie persönliche Beziehungen oder Vernetzungen beruflicher bzw. privater Art sind kaum erforschbar und stoßen wie vieles andere an die Grenzen jeglicher Messbarkeit.

⏩ Das Thema mangelnder Messmöglichkeiten hängt eng mit **nicht (mehr) erreichbaren Zielgruppe(n) und/oder Stichprobe(n)** im Hypothesencoaching-Punkt [⏩6.8.3 ab Seite 53 (Theorie) bzw. ab Seite 128 (Coaching)] zusammen.

Check: Die Hypothese würde mehrmalige Messung (Prüfung) erfordern
[Hypothesencoaching, Punkt ⏩6.4.3 ab Seite 100]

Testprobleme können auch bei Hypothesen entstehen, die mehrmaliges Messen erfordern.

Wenn Personen den Werbespot einer Firma sehen, der Nachhaltigkeit thematisiert, dann nehmen sie diese Firma nachhaltiger wahr als Personen, die den Spot nicht sehen.

Nachhaltigkeitsempfinden ändert sich wohl nicht in Sekunden. Außerdem handelt es sich bei „Nachhaltigkeit" um ein empirisches Konstrukt (vgl. Kapitel 2.3.2.2 ab Seite 27), das wohl kaum in EINEM Fragebogen für „davor" und „danach" direkt erhoben werden kann. Zwei Messungen – via Indikatoren – im Abstand von Tagen (oder besser Wochen) wären notwendig.

Den Erfahrungen der Autorin und des Autors dieses Buchs nach formulieren Studierende gerne Hypothesenwirkungen, die sich nicht in einer einzelnen Erhebung ermitteln lassen. Studentische Forschungspraxis setzt jedoch in der Regel auf Einmalerhebungen.

⏩ Wiederholungsmessungen stehen in Themenverbindung mit **nicht (mehr) erreichbaren Zielgruppe(n) und/oder Stichprobe(n)** im Hypothesencoaching-Punkt [⏩6.8.3 ab Seite 53 (Theorie) bzw. ab Seite 128 (Coaching)].

Check: Eine einzelne Hypothese enthält interne Widersprüche
[Hypothesencoaching, Punkt ⏩6.4.4 ab Seite 101]

Check: Bei mehreren Hypothesen widersprechen sich einzelne Annahmen
[Hypothesencoaching, Punkt ⏩6.4.5 ab Seite 102]

„In [...] Hypothesen ist [...] sowohl unbestätigtes Wissen in Form eines vermuteten Zusammenhangs als auch bereits bestätigtes, theoretisches Wissen enthalten." (Häder, 2019, S. 42) Beide Wissensarten müssen widerspruchsfrei sein (Diekmann, 2021, S. 148; Häder, 2019, S. 41). Das gilt sowohl für Formulierungen innerhalb einer einzelnen Hypothese als auch für mehrere Hypothesen, die hintereinander aufgestellt werden.

Wenn Personen gerne lesen, dann stehen sie Texten mit 1.000 Wörtern und mehr eher ablehnend gegenüber, als wenn sie nicht gerne lesen.

Diese Hypothese ist intern widersprüchlich: Mit Leseaffinität wäre wohl Offenheit für längere Texte assoziierbar. Das Beispiel ist „verkehrt" tautologisch (vgl. Hypothesencoaching-Punkt [⏩6.1.2 ab Seite 31 (Theorie) bzw. ab Seite 78 (Coaching)]) (und auch unlogisch).

⏩ Die Vermeidung von Widersprüchlichkeit hängt eng mit der Forderung nach **logischer Hypothesenformulierung** im Hypothesencoaching-Punkt [⏩6.5.1 ab Seite 39 (Theorie) bzw. ab Seite 104 (Coaching)] zusammen.

Ein weiteres Beispiel für Widersprüchlichkeit in mehreren Hypothesen: Was trifft hier zu?

Wenn Personen gerne lesen, dann steht für sie Belletristik eher an erster Stelle, als wenn sie nicht gerne lesen.

Wenn Personen gerne lesen, dann steht für sie Fachliteratur eher an erster Stelle, als wenn sie nicht gerne lesen.

Interne Widersprüche treten auf, wenn sich verschiedene (Teile einer) Hypothese(n) gegenseitig ausschließen.

Das kann (bloß) semantisch (Atteslander et al., 2023, S. 46) passieren, aber auch inhaltlich.

Studentische Einzelarbeiten sollten auf Widerspruchsfreiheit von Hypothesen setzen.[10] Das bildet die Basis für eine solide methodische Umsetzung jeder Erhebung und ermöglicht eine eindeutige Interpretation der Forschungsergebnisse – ohne falsche Schlussfolgerungen.

---

[10] Die themenspezifische Literatur ist sich uneins, ob widersprüchliche Hypothesen grundsätzlich möglich (Döring, 2023, S. 178–179), zu reflektieren (Kornmeier, 2024, S. 144) oder zu vermeiden (Atteslander et al., 2023, S. 50) sind.

2.3.3.5 | Logik, Konsistenz

Hypothesen müssen einen logischen Aufbau besitzen (Kornmeier, 2024, S. 139). Nur dann können sie als verlässliche Grundlage wissenschaftlicher Empirie dienen.

Check: Die Hypothese ist unlogisch
[Hypothesencoaching, Punkt ⏩6.5.1 ab Seite 104]

Check: Die Ursache-Wirkung-Beziehung der Variablen ist nicht vorhanden oder mehrdeutig
[Hypothesencoaching, Punkt ⏩6.5.2 ab Seite 105]

Eine logische Ursache-Wirkungs-Struktur ist entscheidend für die Formulierung sinnvoll prüfbarer Vermutungen.

Wenn Personen gerne lesen, dann nehmen sie eher an einer Weinlese teil, als wenn sie nicht gerne lesen.

Diese Hypothese referenziert – hier überzeichnet – auf keinen logischen Variablenzusammenhang. Damit Hypothesen auf logischen Grundlagen beruhen, ist (auch) die Unterscheidung zwischen Korrelation und Kausalität von großer Bedeutung (Braunecker, 2023b, S. 75).

Mehrdeutig, ebenso ohne logische Ursache-Wirkungs-Beziehung, wäre folgendes Beispiel:

Wenn Personen in den letzten 12 Monaten zumindest einmal Fachliteratur gelesen haben, weisen sie höhere Seniorität auf, als wenn sie keine Fachliteratur gelesen haben.

Was bedeutet „Seniorität" generell? In welchem Konnex – beruflich, fachlich usw.? Die folgende Hypothese hingegen wäre eindeutig:

Wenn Personen über 40 Jahre alt sind, haben sie eher in den letzten 12 Monaten zumindest einmal Fachliteratur gelesen, als wenn sie jünger sind.

Aus Sicht der Verfassenden dieses Buchs tauchen vor allem in jenen studentischen Arbeiten gerne (mehrdeutige) Annahmen ohne logischen Variablenzusammenhang auf, wenn „einfach so" – durch Sekundärforschung ungestützt – Kausalbeziehungen postuliert werden.

Um Logik in Hypothesen sicherzustellen, kann es neben der Verwendung von vermittelnden Quellen auch hilfreich sein, auf dem jeweiligen Forschungsgebiet Feedback von Expert:innen bzw. Kolleg:innen einzuholen (Peer-Review).

⏩ Logische, eindeutige Hypothesen stehen wieder in Wechselwirkung mit der **Forderung nach (gleichbleibend) definierten Begrifflichkeiten** in Hypothesen [⏩6.3.1 ab Seite 34 (Theorie) bzw. ab Seite 87 (Coaching), ⏩6.3.2 ab Seite 34 (Theorie) bzw. ab Seite 88 (Coaching) sowie ⏩6.3.3 ab Seite 27 (Theorie) bzw. ab Seite 89 (Coaching)].

Check: Die abhängige und unabhängige Variable sind vertauscht
[Hypothesencoaching, Punkt ⏩6.5.3 ab Seite 106]

Mit unabhängigen (UV) und abhängigen Variablen (AV) in Hypothesen beschäftigt sich Kapitel 2.3.2.1 ab Seite 26. Bezogen auf die Richtung eines Zusammenhangs zwischen UV und AV – was wirkt worauf? – ist in vielen Fällen nur EINE Perspektive möglich.

Wenn Personen älter werden, dann vermehrt sich ihre Lesemenge im Vergleich zu Jüngeren. Und NICHT: Wenn sich die Lesemenge von Personen vermehrt, dann altern sie im Vergleich zu weniger Lesenden.

Verweist eine Hypothese auf eine sinnfreie, nicht mögliche Ursache-Wirkungs-Beziehung der unabhängigen und abhängigen Variablen, verlässt sie die Zusammenhangslogik.

Nicht in JEDEM Fall aber sind die Rollen der UV(s) und AV logisch fixiert. Auch Wechselwirkungen sind theoretisch möglich (Braunecker, 2023b, S. 67–69):

> *Wenn Personen gerne lesen, dann lesen sie eher wiederholt Belletristik, als wenn sie nicht gerne lesen. Aber AUCH: Wenn Personen wiederholt Belletristik lesen, dann lesen sie eher gerne, als wenn sie nicht wiederholt Belletristik lesen.*

Hier führt zunächst „gerne Lesen" zum Belletristik-Konsum. Umgekehrt könnte aber auch das „wiederholte Lesen" von Belletristik die Lesefreude steigern.

Ob es einen vermuteten Zusammenhang zwischen UV und AV überhaupt gibt und in welche Richtung dieser weist, muss im Rahmen des Erkenntnisinteresses aus der jeder Hypothese zugrundeliegenden Sekundärforschung abgeleitet werden (vgl. Kapitel 2.3 ab Seite 21).

Check: Die Hypothese und ihre Überprüfungsvariablen (bzw. deren Ausprägungen) sind inkonsistent [Hypothesencoaching, Punkt ⏩6.5.4 ab Seite 107]

Auf genaue Definitionen von in Hypothesen verwendeten Begrifflichkeiten referenzieren die Kapitel 2.3.2.1 ab Seite 26 und 2.3.2.2 ab Seite 27. Doch selbst dann, wenn exakte, eindeutige, eindimensionale und strukturierte (vgl. Kapitel 2.3.3.3 ab Seite 34) Präzisierungen vorliegen, kann die Messung unscharf (oder gar falsch) erfolgen.

Für Hypothesen muss „mittels Indikatoren [...] ein Begriff operationalisiert (d. h. messbar gemacht)" werden (Brosius et al., 2022, S. 24). Matchen die Variablen und deren Ausprägungen durch (auch nur leichte) Inkonsistenz nicht exakt zu dem, was die Hypothese wirklich „meint", messen sie ungenau oder im schlimmsten Fall sogar falsch.

> *Für eine Hypothese wird allgemeine Leseaffinität (= genereller Hang zum Lesen) gut definiert, jedoch ausschließlich über das regelmäßige Lesen von Zeitungen erfasst. Oder: EINE Hypothese wird parallel mit MEHREREN ähnlichen Fragen in einem Fragebogen gemessen. Welche Antwortkombinationen einer Einzelperson führen zu ihrer Stützung, welche zu ihrer Ablehnung? Oder: Eine Hypothese thematisiert Einstellung zur Nachhaltigkeit, wirklich gemessen wird jedoch die – perfekt operationalisierte – Einstellung zum Umweltschutz.*

⏩ Das Ineinandergreifen von Hypothese(n) und ihren Prüfvariablen ist auch mit der **„technisch-inhaltlichen" Passgenauigkeit des Erhebungsinstruments** im Hypothesencoaching-Punkt [⏩6.7.2 ab Seite 54 (Theorie) bzw. ab Seite 121 (Coaching)] verknüpft.

Ein Audioabstract dieses Kapitels findet sich auf **hypothesen.at** sowie **utb.de**:

www.utb.de/do/10.36198/9783838565026-m03

Audioabstract

hypothesen.at/audio/kapitel-2.mp3

3 | Messniveaus, Formulierung von Hypothesen

Abstract (in diesem Kapitel geht's um ...)

- Hypothesenformulierung stellt Weichen für Erhebungsinstrument und Datenanalyse | Messniveau kann „schwächer" (Häufigkeiten, Prozentwerte) oder „stärker" (Mittelwerte, Korrelationen) sein
- **kategoriale** Messniveaus (Nominal-, Ordinalskala) für Häufigkeiten, Kreuztabellen | **metrische** Messniveaus (Intervall-, Rationalskala) für Mittelwerte, Korrelationen
- Forschungsfragen geben je nach Breite ihrer Formulierung dem Erhebungsinstrument mehr oder weniger Spielraum.
- Hypothesen sollten mit **„Wenn-Dann"** oder **„Je-Desto"** formuliert werden | „Es gibt"- und „Kann"-Sätze sind zu vermeiden | Orthographiefehler vermeiden! | **inhaltliche** versus **statistische** Hypothesen | **einseitige** versus **zweiseitige** Formulierung | **Null-** versus **Alternativhypothese** | Nullhypothese ist Basis der Hypothesenprüfung
- Beispielhafte Formulierungen

▶ Die Ausführungen sind **ausgerichtet auf 6.6 des Hypothesencoachings** ab Seite 108.

> „Die Wahl des Analyseverfahrens hängt [...]" mit dem „[...] maximal möglichen Skalenniveau der Variablen aus der Hypothese zusammen. [...] Die Folge bei der Wahl des falschen Auswertungsverfahrens ist schlicht die Unbrauchbarkeit der Ergebnisse im Sinne der Hypothesenprüfung." (Reinders & Bergs-Winkels, 2022, S. 293)

Bereits mit der Hypothesenformulierung zu Beginn jedes empirischen Vorhabens (vgl. den Beginn von Kapitel 2.3 ab Seite 21) wird das geeignete Erhebungsinstrument definiert.

Im Erhebungsinstrument wiederum wird die jeder Hypothese entsprechende Skalenqualität – das Mess- bzw. Skalenniveau – fixiert (Friedrichs, 1990, S. 98). Das Messniveau definiert die Merkmalsausprägungen, mit denen empirische Erhebungen die in den Hypothesen angesprochenen Variablen messen (operationalisieren). Das Messniveau kann „kleiner", „geringer", „schwächer" oder „größer", „höher", „stärker" sein.

In den meisten Fällen lautet dabei die Kernfrage: Zielt eine Hypothese bei der späteren Datenanalyse zu ihrer Überprüfung auf Häufigkeiten („schwächer", Prozentwerte) oder Mittelwerte bzw. Korrelationen („stärker")?

Eine Fragebogenfrage könnte formulieren: [a] „Haben Sie in den letzten 12 Monaten Belletristik gelesen?" oder [b] „Wie viele Belletristik-Bücher haben Sie in den letzten 12 Monaten gelesen?"

Bei einer Inhaltsanalyse von Social-Media-Postings könnte ein Kategorienschema erfassen, [c] ob in Postings gewisse Marken vorkommen oder [d] wie viele bzw. wie oft.

Die in den Beispielen angesprochenen Messungen sind von ihrer Wertigkeit her geringer – [a] bzw. [c] – oder höher – [b] bzw. [d]. Die Wertigkeit einer Messung bestimmt die Möglichkeiten der Datenanalyse bei der Hypothesenprüfung (Braunecker, 2023a, S. 103–104; 142–150).

„Schwächere" Erhebungsniveaus erlauben auch nur einfachere Datenanalysen (vgl. Kapitel 5.2.3.1 ab Seite 63 und 5.2.3.3 ab Seite 64). Wird auf einem „stärkeren" Messniveau operationalisiert, öffnet sich der Weg neben einfacheren Datenanalysen auch zu komplexeren (vgl. Kapitel 5.2.3.2 ab Seite 63, 5.2.3.4 ab Seite 65 und 5.2.3.5 ab Seite 66).

3.1 | Messniveaus (Skalenniveaus)

Welche Messniveaus sind hochwertiger, welche nicht?

Die einfacheren, **kategorialen** Messniveaus sind die sogenannten **Nominal-** und **Ordinalskalen**. Diese weisen zwar in Form von zahlenmäßigen Codierungen eine eindeutige Zuordnung von Zahlen zu Antwortkategorien auf, mit den Codierungen lassen sich aber keine (arithmetischen) Rechenoperationen durchführen. Lediglich Häufigkeitszählungen (vgl. Kapitel 5.2.3.1 ab Seite 63) und Kreuztabellen (= Prozentanteilsvergleiche für Datenuntergruppen, vgl. Kapitel 5.2.3.3 ab Seite 64) sind möglich.

Eine nominale Fragestellung könnte lauten: „Haben Sie in den letzten 12 Monaten Belletristik gelesen? – ja | nein", eine ordinale: „Wie viele Belletristik-Bücher haben Sie in den letzten 12 Monaten gelesen? – keines | 1 bis 2 | 3 bis 5 | mehr als 5".

Hochwertigere, **metrische** Skalenniveaus werden als **Intervall**- und **Rationalskalen** bezeichnet. Auch sie weisen eine eindeutige Zahlen auf, jedoch nicht bloß als Codierung von Antwortkategorien: Hier haben die Zahlen rechnerische Bedeutung und somit sind (arithmetische) Rechenoperationen wie z.B. Mittelwertsberechnungen (vgl. Kapitel 5.2.3.2 ab Seite 63), Mittelwertsvergleiche (vgl. Kapitel 5.2.3.4 ab Seite 65), Korrelationen (vgl. Kapitel 5.2.3.5 ab Seite 66) sowie weiterführende Analysen durchführbar.

Eine beispielhafte intervallskalierte Fragestellung: „Wie gerne lesen Sie Belletristik? Urteilen Sie auf einer 10-stufigen Skala von 0 = ‚gar nicht gerne' bis 10 = ‚sehr gerne'". Eine ähnliche Formulierung, rational skaliert: „Wie viele Belletristik-Bücher haben Sie in den letzten 12 Monaten gelesen? – numerische Angabe der Bücheranzahl: |__|__| Bücher".

Detaillierte Beschreibungen der einzelnen Skalenformen und ihrer Analyseoptionen finden sich bei Braunecker, 2023a, S. 102–110; Braunecker, 2023b, S. 20–24.

3.2 | Messniveaus und Formulierung von Forschungsfragen

Je nach dem Detaillierungsgrad von Forschungsfragen ist die Form des Messniveaus zu deren Beantwortung mehr oder weniger relevant.

Je offener eine Forschungsfrage formuliert ist, desto mehr Spielraum besitzen ihre Operationalisierung („Messung") in einem Erhebungsinstrument und die spätere Datenanalyse. Wenn eine Forschungsfrage – breit formuliert – z.B. lautet

Welchen Zusammenhang gibt es zwischen Alter und Affinität zu Belletristik?

kann das Erhebungsinstrument Alter und Belletristik-Konsum kategorial ODER metrisch (vgl. Kapitel 3.1 ab Seite 42) abfragen. Hier führen alle Varianten datenanalysetechnisch zu einer passenden Antwort auf die Forschungsfrage: Möglich wäre in diesem Fall sowohl eine auf einer Kreuztabelle, einem Mittelwertsvergleich oder einer Korrelation basierende Auswertung.

Artikuliert die Forschungsfrage ihr Erkenntnisinteresse hingegen wie folgt enger

Welchen durchschnittlichen Altersunterschied gibt es zwischen Belletristik-Affinen und Nicht-Affinen?

MUSS Alter metrisch erfasst werden, um zu einer einwandfreien Antwort – hier basierend auf einem Mittelwertsvergleich – zu führen.

3.3 | Messniveaus und Formulierung von Hypothesen

Bei „guten", exakten Hypothesen rücken Messniveaus von Anbeginn an zentral in den Fokus. Nicht nur im Sinne der Ausführungen zu eindeutiger Formulierung in Kapitel 2.3.3.3 ab Seite 34 ist es besonders wichtig, neben einer korrekten auch eine für die Datenanalyse am Ende passgenaue Formulierung zu wählen: Ansonsten kann die Hypothesenprüfung nicht exakt, sondern im besten Fall ungenau, im schlimmsten Fall gar nicht erfolgen.

Sehr oft werden in der hypothesenspezifischen Literatur – „Hypothesen enthalten Konditionalsätze." (Häder, 2019, S. 41) – (die Vorteile von) „Wenn-Dann"- bzw. „Je-Desto"-Hypothesen angeführt (Atteslander et al., 2023, S. 46; Diekmann, 2021, S. 125–133; Friedrichs, 1990, S. 65–66; Häder, 2019, S. 41; 43–45; Herczeg & Wippersberg, 2021, S. 96–97; Karmasin & Ribing, 2025, S. 89; Schnell et al., 2018, S. 47).

Check: Eine Formulierung „Wenn ..., dann" bzw. „Je ..., desto" fehlt oder ist nicht operationalisierbar [Hypothesencoaching, Punkt ⏩6.6.1 ab Seite 109]

Auch aus den Praxiserfahrungen der Autorin und des Autors dieses Buchs ist zur Erstellung „guter" Hypothesen (kausalen oder meist eher assoziativen) **„Wenn-Dann"**- und (relationalen) **„Je-Desto"**-Formulierungen der Vorzug einzuräumen (vgl. ab Seite 22 im Kapitel 2.3.1).

Diese Wordings besitzen wichtige Vorteile: Hypothesen lassen sich in Bezug auf die unabhängigen und abhängigen Variablen (vgl. Kapitel 2.3.2.1 ab Seite 26) präziser formulieren. Das wiederum liefert mehr Klarheit bei der späteren Datenanalyse und Hypothesenprüfung (Braunecker, 2023a, S. 147–150; Braunecker, 2023b, S. 102–103; 193–206).

Diekmann (2021, S. 125) sieht **„Wenn-Dann"-Hypothesen** bei jeweils dichotomen abhängigen (AV) und unabhängigen Variablen (UV). **Dichotom** bedeutet, dass sowohl AV als auch UV auftreten oder NICHT auftreten kann, also jeweils zwei Ausprägungen hat. Die sich in der Sozialforschung daraus wohl am öftesten ergebende **kategoriale** Variablenbeziehung ist folgende (vgl. Kapitel 5.2.3.3 ab Seite 64):

Wenn bei Personen (oder anderen Merkmalsträgern) die UV auftritt, dann ist die AV wahrscheinlicher als bei Merkmalsträgern (Personen), bei denen die UV NICHT auftritt.

Die Hypothese kann natürlich auch in die andere Richtung laufen: Wenn bei Personen (oder anderen Merkmalsträgern) die UV auftritt, dann ist die AV UNwahrscheinlicher als bei Merkmalsträgern (Personen), bei denen die UV NICHT auftritt.[11]

*Wenn Personen **über 40 Jahre alt** sind (= z.B. Auftreten der UV), **dann** sind unter ihnen*

[11] Neben derartigen (in studentischer Praxis häufigeren) „Äquivalenzbeziehungen" sind auch „Implikationsbeziehungen" möglich: Wenn bei Merkmalsträgern die UV auftritt, dann tritt auch die AV auf. Bei Merkmalsträgern, bei denen die UV NICHT auftritt, tritt die AV auf oder nicht auf (vgl. Diekmann, 2021, S. 125).

> ***eher*** *Belletristik-Lesende anzutreffen, als wenn Personen jünger sind (= NICHT-Auftreten der UV). Oder umgekehrt: Wenn Personen bis 40 Jahre alt sind, dann sind unter ihnen eher Belletristik-Lesende anzutreffen, als wenn Personen älter sind.*

Aus den Praxiserfahrungen der Verfassenden dieses Buchs sind „Wenn-Dann"-Hypothesen auch mit mehr als zwei Ausprägungen möglich, z.B.:

> *Wenn Personen* ***zwischen 15 und 30 Jahren*** *alt sind,* ***dann*** *sind unter ihnen* ***eher weniger*** *Belletristik-Lesende anzutreffen als unter allen Personen. Wenn Personen* ***zwischen 31 und 50 Jahren*** *alt sind, dann sind unter ihnen im Vergleich zu allen Personen* ***etwa gleich viele*** *Belletristik-Lesende anzutreffen. Wenn Personen* ***51 Jahre oder älter*** *sind, dann sind unter ihnen* ***eher*** *Belletristik-Lesende anzutreffen als unter allen Personen.*

„Wenn-Dann"-Hypothesen gibt es auch bei **metrischen** Daten (vgl. Kapitel 5.2.3.4 ab Seite 65).

Wenn bei Personen (oder anderen Merkmalsträgern) die UV auftritt, dann ist die AV (im Schnitt) höher als bei Merkmalsträgern (Personen), bei denen die UV NICHT auftritt.

Oder auch hier wieder umgekehrt: Wenn bei Personen (oder anderen Merkmalsträgern) die UV auftritt, dann ist die AV (im Schnitt) niedriger als bei Merkmalsträgern (Personen), bei denen die UV NICHT auftritt.

> *Wenn Personen* ***über 40 Jahre alt*** *sind, dann ist ihr Belletristik-Konsum* ***höher*** *als bei jüngeren Personen. Oder umgekehrt: Wenn Personen über 40 Jahre alt sind, dann ist ihr Belletristik-Konsum niedriger als bei älteren Personen.*

Der metrische Datenvergleich muss nicht zwischen einzelnen Datensatzgruppen – im Beispiel bis und über 40 Jahre – erfolgen. Auch Werte derselben Datensätze sind vergleichbar.

Dabei kann die UV den Vergleichszeitpunkt bestimmen (**Wiederholungsmessungen**):

> *Wenn sich Personen* ***seit einem Jahr im Ruhestand*** *befinden, dann ist ihr Belletristik-Konsum* ***höher*** *als zuvor. Oder auch hier umgekehrt: Wenn sich Personen seit einem Jahr im Ruhestand befinden, dann ist ihr Belletristik-Konsum geringer als zuvor.*

Ebenso möglich sind auch **paarige Messungen** (inhaltlich) verbundener Variablen derselben Datensätze – hier entfällt dann eine UV:

> ***Personen***[12] *haben einen* ***höheren Belletristik- als Fachbuch-Konsum****. Oder wieder umgekehrt: Personen haben einen niedrigeren Belletristik- als Fachbuch-Konsum.*

Ergeben die Ausprägungen der abhängigen UND unabhängigen Variablen zumindest eine **Rangfolge** (oder liegen metrisch vor) (vgl. Kapitel 5.2.3.5 ab Seite 66), lassen sich **„Je-Desto"-Hypothesen** formulieren (Diekmann, 2021, S. 129), wenn die Zusammenhangsvermutungen gemeinsam „ansteigende" oder „ansteigend" versus „absinkend" sind.

Bei einem Anstieg der UV steigt tendenziell auch die AV an.

Oder wieder umgekehrt: Bei einem Anstieg der UV sinkt die AV tendenziell.

> *Je* ***älter*** *Personen sind, desto* ***größer*** *ist ihr Belletristik-Konsum. Oder umgekehrt: Je älter Personen sind, desto geringer ist ihr Belletristik-Konsum.*

---

[12] Alle Personen und keine Teilgruppen von ihnen, die durch eine unabhängige Variable UV bestimmt werden.

3.3.1 | Formulierungsregeln

- Beim Formulieren von Hypothesen ist das Wort **„signifikant“** zu vermeiden (Ebster & Stalzer, 2017, S. 157).

  „Signifikant“ kann das datenanalytische ERGEBNIS einer Hypothesenprüfung sein und bedeutet: „Gilt auch für die Grundgesamtheit“ (vgl. Kapitel 4.1.3 ab Seite 54).

- Ebenfalls nicht tauglich zur Hypothesenformulierung sind **„Es gibt“-Sätze** (vgl. Friedrichs, 1990, S. 71; Häder, 2019, S. 42–43; Karmasin & Ribing, 2025, S. 90):

  Bei ihnen müssten ALLE jemals möglich auftretenden Gegebenheiten untersucht werden, um die Hypothese zu prüfen, ihr – allgemeingültig – zu widersprechen.

  ⏩ Der Forderung nach **Allgemeingültigkeit von Hypothesen** widmet sich Hypothesencoaching-Punkt [⏩6.1.3 ab Seite 32 (Theorie) bzw. ab Seite 79 (Coaching)].

- Auch **„Kann“-Sätze** funktionieren nicht (Häder, 2019, S. 43; Karmasin & Ribing, 2025, S. 90).

  Diese sind nicht falsifizierbar: Wenn etwas NICHT sein KANN, kann es auch SEIN.

  Es kann sein, dass Personen, die über 40 Jahre alt sind, eher Belletristik bevorzugen als jüngere Personen.

  ⏩ Der **Falsifizierbarkeit von Hypothesen** widmet sich Hypothesencoaching-Punkt [⏩6.1.5 ab Seite 33 (Theorie) bzw. ab Seite 81 (Coaching)].

- Eine Hypothese muss auch SPRACHLICH korrekt formuliert sein, darf keine Rechtschreibfehler, syntaktisch unklare Begrifflichkeiten oder andere Orthographiefehler beinhalten.

Check: Die Hypothese ist sprachlich (orthographisch) inkorrekt
[Hypothesencoaching, Punkt ⏩6.6.5 ab Seite 117]

Das folgende – überzeichnete – Wording wäre diesbezüglich DEUTLICH zu korrigieren:

Wenn die Personen 51 Jahre und älter sind, sind unter Ihnen der Prozentanteil von Belletristiklesern im Vergleich zu Belletristik-nicht-lesenden höher als bei den jüngeren.

3.3.2 | Inhaltliche versus statistische Formulierung

Für eine exakte Artikulation von Hypothesen darf eine (neuerliche) Auseinandersetzung mit dem bereits in Kapitel 2.3.1.2 ab Seite 24 auch beispielhaft angesprochenen Unterschied zwischen **inhaltlichen** und **statistischen Hypothesen** nicht fehlen.

Check: Der Unterschied zwischen inhaltlichen und statistischen Hypothesen wird beim Formulieren vermischt (missachtet) [Hypothesencoaching, Punkt ⏩6.6.2 ab Seite 111]

Check: Die Nullhypothese ist nicht korrekt formuliert
[Hypothesencoaching, Punkt ⏩6.6.3 ab Seite 113]

Check: Die Alternativhypothese ist nicht korrekt formuliert
[Hypothesencoaching, Punkt ⏩6.6.4 ab Seite 115]

Hypothesen inhaltlicher Art zielen auf das inhaltliche Beschreiben von Zusammenhangsvermutungen. Daneben gibt es auch statistische Hypothesen. Diese konkretisieren die vermuteten Zusammenhänge als messbare – unabhängige und abhängige (vgl. Kapitel 2.3.2.1 ab Seite

26) – Variablen in einem Erhebungsinstrument (z.B. als Fragen in einem Fragebogen). Damit bestimmen sie auch das Datenanalyseverfahren und die Art der Signifikanzprüfung.

Statistische Hypothesen bestehen aus einer Null- und einer Alternativhypothese.

Das Pendant zur inhaltlichen ist die **Alternativhypothese H_1** (bzw. **H_a**): Sie vermutet einen (realen) Unterschied zwischen Vergleichsgruppen (ein „Anders“, „Größer“ oder „Kleiner“) bzw. einen vorhandenen Merkmalszusammenhang. Die **Nullhypothese H_0** behauptet das Gegenteil: KEINEN (realen) Unterschied, ein „Kleiner“ oder „Größer“ bzw. KEINEN Merkmalszusammenhang zwischen Vergleichsgruppen.

Die Nullhypothese **H_0 bildet die Basis jeder Hypothesenprüfung bei der Datenanalyse –** auf SIE zielt die Signifikanzprüfung. Diese wiederum ist verantwortlich dafür, ob die Hypothesenprüfung zu einer Stützung oder Ablehnung führt (vgl. Kapitel 5.2.1 ab Seite 58).

Immer wieder formulieren Studierende die Nullhypothese (und Alternativhypothese) bereits vor den inhaltlichen Formulierungen oder ganz ohne solche. Oft wird in der Praxis auch GAR nicht zwischen inhaltlichen und statistischen Hypothesen unterschieden.

Bei einem wissenschaftlich sauberen Vorgehen werden zuerst inhaltliche Forschungsfrage(n) und Hypothese(n) entwickelt, danach die statistische(n) Hypothesen formuliert. Beides findet VOR der Datenerhebung statt.

> ***Inhaltliche** Hypothese: Wenn Personen über 40 Jahre alt sind, dann unterscheiden sie sich in ihrer Fachbuch-Affinität (der letzten 12 Monate) von Jüngeren.*
>
> *Statistische **Nullhypothese**: Der **Prozentanteil** an Fachbuch-Konsumierenden (der letzten 12 Monate) ist bei Personen über 40 Jahren und Jüngeren **ident**. Statistische **Alternativhypothese**: Der **Prozentanteil** an Fachbuch-Konsumierenden ist bei Personen über 40 Jahren und Jüngeren **ein anderer**.*

Die Art, zwischen inhaltlichen und statistischen Hypothesen zu unterscheiden, erfolgt in der Literatur recht divergent. Manche Passagen setzen (statistische) Alternativhypothesen mit inhaltlichen Hypothesen gleich (Atteslander et al., 2023, S. 313; Döring, 2023, S. 53; Herczeg & Wippersberg, 2021, S. 98). Andere sehen keine (unbedingte) Artikulation von Nullhypothesen in Forschungsberichten (Döring, 2023, S. 151), in den Arbeiten Studierender (Kepplinger, 2023, S. 7) oder konnotieren statistische Hypothesen ausschließlich mit symbolhafter Prüflogik (Döring, 2023, S. 648).

Die Autorin und der Autor dieses Buchs **empfehlen inhaltliche UND statistische Formulierungen** (vgl. Kapitel 3.3.4 ab Seite 47) **sowie zusätzlich eine symbolhafte Prüflogik** (vgl. Kapitel 5.2.3.3, 5.2.3.4 und 5.2.3.5 ab Seite 64). Das sorgt für mehr – hier wertvolle – Klarheit und Präzision.

3.3.3 | Ein- versus zweiseitige Formulierung

Ein weiterer, für Hypothesen (und vor allem ihre Prüfung) sehr bedeutender Unterschied, ist jener zwischen **ein- und zweiseitiger Formulierung** (vgl. Kapitel 2.3.1.1 ab Seite 24).

Check: Die Hypothese ist einseitig (= gerichtet), wird aber zweiseitig geprüft (oder umgekehrt)
[Hypothesencoaching, Punkt ⏩6.9.4 ab Seite 135]

Ungerichtete Hypothesen werden **zweiseitig** geprüft: Sie vermuten zwar einen Zusammenhang zwischen zwei Variablen, spezifizieren jedoch keine Richtung. Sie fragen lediglich, ob überhaupt ein Unterschied in Prozent- oder Mittelwerten besteht bzw. ob überhaupt ein Zusammenhang vorliegt, ohne diesem Zusammenhang eine konkrete Richtung zu unterstellen – im Sinne eines tendenziell parallelen Veränderns beider Wertausprägungen.

Die verbreiteteren **gerichteten Hypothesen** hingegen werden **einseitig** geprüft: Sie basieren häufig auf Erkenntnissen aus der Sekundärforschung und vermuten einen spezifischen Zusammenhang dahingehend, dass ein bestimmter Prozent- oder Mittelwert größer ist als ein anderer oder dass ein Variablenzusammenhang in eine bestimmte Richtung verläuft: Tendenziell parallel steigend (fallend) oder invers, d.h. tendenziell „antiparallel“: Eine Variable steigt, während die andere fällt.

Die Hypothesenprüfungen Studierender übersehen oft den Unterschied zwischen ein- und zweiseitiger Formulierung (Braunecker, 2023b, S. 89–92). Oft wird eine diesbezügliche Differenzierung auch (noch) gar nicht oder bloß am Rande „benötigt“ (vgl. Fußnote 21 auf Seite 64).

In diesem Buch geht Kapitel 5.2.3 ab Seite 61 – insbesondere dessen Subkapitel – detailliert auf die Unterschiede zwischen ein- und zweiseitiger Prüflogik ein.

3.3.4 | Formulierungsbeispiele

Den Abschluss dieses Kapitels bilden gebräuchliche Beispiele für eine Hypothesenbildung. Dabei werden Personen, die über 40 Jahre alt sind, zur besseren Übersichtlichkeit bei der Unterscheidbarkeit der Variationen als „Ältere“ bezeichnet, Personen, die bis zu 40 Jahre alt sind, als „Jüngere“.[13]

Der jeweilige Wortlaut referenziert auf die unterschiedlichen statistischen Prüfoptionen.

Kreuztabellen dienen der Darstellung von Zusammenhängen zwischen kategorial skalierten Variablen, indem sie die Häufigkeiten gemeinsam auftretender Variablenausprägungen abbilden.

Mittelwertsvergleiche zeigen Unterschiede zwischen Gruppen auf, indem sie metrische Variablen nach kategorialen Untergruppen analysieren. Mittelwerte können auch zwischen inhaltlich verbundenen metrischen Variablen verglichen werden.

Korrelationsstatistiken messen den Zusammenhang zwischen zwei (ordinal oder besser) metrisch skalierten Variablen, indem sie prüfen, ob höhere Werte der einen Variable mit höheren (positiver Zusammenhang) oder niedrigeren Werten (negativer Zusammenhang) der anderen einhergehen.

Die Formulierungen erfolgen gerichtet einseitig und ungerichtet zweiseitig.

Jedes Beispiel beginnt mit der inhaltlichen Hypothese und wird um die beiden statistischen ergänzt. Die (statistische) Nullhypothese wird als H_0 bezeichnet, die (statistische) Alternativhypothese als H_1.

---

[13] Wie in diesem Buch bereits angesprochen: Wieder beziehen sich die Formulierungsbeispiele auf den aktuellen Themenfokus (hier die messtheoretische Diktion) und erheben nicht den Anspruch auf korrekte Wissenschaftlichkeit.

Prüfoption Kreuztabelle:

[A] assoziativ, ungerichtet, **kategorial**:

__Wenn__ Personen älter sind, __dann__ weisen sie __ANTEILIG__ einen anderen Belletristik-Konsum auf als Jüngere.

H_1: *Der __Prozentanteil__ an Belletristik-Lesenden ist bei Älteren und Jüngeren anders.*

H_0: *Der Prozentanteil ist bei Älteren und Jüngeren gleich.*

[B] assoziativ, gerichtet, kategorial:

Wenn Personen älter sind, dann lesen sie anteilig mehr Belletristik, als wenn sie jünger sind – oder, falls umgekehrt vermutet: anteilig weniger.

H_1: *Der Prozentanteil an Belletristik-Lesenden ist bei Älteren größer – oder umgekehrt: kleiner.*

H_0: *Der Prozentanteil ist unter Älteren kleiner als oder gleich wie bei Jüngeren – oder umgekehrt: größer als oder gleich.*

Prüfoption UNabhängiger Mittelwertsvergleich unterschiedlicher Datensätze:

[C] assoziativ, ungerichtet, **metrisch**, Vergleich **kategorialer Untergruppen**:

__Wenn__ Personen älter sind, __dann__ weisen sie einen anderen __DURCHSCHNITTLICHEN__ Belletristik-Konsum auf als Jüngere.

H_1: *Der __Mittelwert__ der Belletristik-Lesemenge ist bei Älteren und Jüngeren anders.*

H_0: *Der Mittelwert ist bei Älteren und Jüngeren gleich.*

[D] assoziativ, gerichtet, metrisch, Vergleich kategorialer Untergruppen:

Wenn Personen älter sind, dann lesen sie durchschnittlich mehr Belletristik als Jüngere – oder, falls umgekehrt vermutet: durchschnittlich weniger.

H_1: *Der Mittelwert der Belletristik-Lesemenge ist bei Älteren größer als bei Jüngeren – oder umgekehrt: kleiner.*

H_0: *Der Mittelwert ist bei Älteren gleich oder kleiner als bei Jüngeren – oder umgekehrt: gleich oder größer.*

Prüfoption ABhängiger Mittelwertsvergleich derselben Datensätze: [E] von Wiederholungsmessungen oder [F] von verschiedenen, paarigen, (inhaltlich) verbundenen Variablen.

[E] assoziativ, gerichtet, **metrisch**, **Wiederholungsmessung**:

Wenn Personen seit einem Jahr studieren, dann weisen sie eine höhere DURCHSCHNITTLICHE Lesemenge auf als davor – oder, falls umgekehrt vermutet: eine geringere durchschnittlich Lesemenge.[14]

H_1: *Der Mittelwert der Lesemenge ist danach größer – oder umgekehrt: danach kleiner.*

H_0: *Der Mittelwert ist danach gleich oder kleiner – oder umgekehrt: gleich oder größer.*

---

[14] Dieses Beispiel wäre im Sinne der vorhergehenden (natürlich) auch ungerichtet formulierbar.

[F] assoziativ, ungerichtet, **metrisch**, **paariger Vergleich** zweier Variablen:

Personen weisen einen anderen DURCHSCHNITTLICHEN Belletristik- als Fachbuch-Konsum auf. [15]

> H_1: *Der Mittelwert der Belletristik-Lesemenge ist im Vergleich zum Mittelwert der Fachbuch-Lesemenge ein anderer.*
>
> H_0: *Der Mittelwert der Belletristik-Lesemenge ist im Vergleich zum Mittelwert der Fachbuch-Lesemenge gleich.*

Prüfoption Korrelation:

[G] relational, gerichtet, **metrisch**:

***Je** älter Personen sind, **desto** höher ist ihr Belletristik-Konsum – oder, falls umgekehrt vermutet: je älter, desto geringer.*

> H_1: *Es gibt EINEN positiven **KORRELATIVEN Zusammenhang** zwischen Lebensalter und Lesemenge von Belletristik: Alter korreliert positiv mit Lesemenge. – oder umgekehrt: negativen korrelativen Zusammenhang; korreliert negativ.*
>
> H_0: *Es gibt KEINEN korrelativen Zusammenhang zwischen Lebensalter und der Lesemenge von Belletristik. Alter und Lesemenge korrelieren NICHT.*

Der Prüflogik und den statistischen Hypothesentests der hier artikulierten Formulierungsbeispiele widmen sich im Detail die Kapitel 5.2.3.3, 5.2.3.4 und 5.2.3.5 ab Seite 64.

Ein Audioabstract dieses Kapitels findet sich auf **hypothesen.at** sowie **utb.de**:

www.utb.de/do/10.36198/9783838565026-m04

Audioabstract

hypothesen.at/audio/kapitel-3.mp3

---

[15] Dieses Beispiel wäre im Sinne der vorhergehenden (natürlich) auch gerichtet formulierbar.

4 | Setting, Position von Hypothesen

Abstract (in diesem Kapitel geht's um …)

- **Hypothesen** stehen bei quantitativer Forschung **zu Beginn**! | Sie müssen unbedingt **mit Setting** (Methode, Grundgesamtheit, Stichprobe und Erhebungsinstrument) **matchen**!
- **Grundgesamtheit exakt** definieren | **nicht zu groß** anlegen
- Nur wenn **Stichprobe repräsentativ** ist, sind die Ergebnisse methodisch korrekt generalisierbar | beim Generalisieren treten **Schwankungsbreiten** auf | eigentlich **Zufallsauswahl** als Voraussetzung, Studierende beschreiten meist „eigene Wege" | **Fallzahl** muss groß genug sein
- **Erhebungsinstrument** darf **nicht zu lang und nicht zu kurz** sein! | muss zu den Forschungsfragen/Hypothesen und auch **kategorientechnisch passen**
- **Quantitative** Empire: **HypothesenPRÜFUNG** und Generalisierung **am Ende** | qualitative Empirie HypothesenFORMULIERUNG eventuell am Ende

▶ Die Ausführungen sind **ausgerichtet auf 6.7 und 6.8 des Hypothesencoachings** ab Seite 119.

4.1 | Quantitatives Forschen

Unter Hypothesencoaching-Punkt [⏩6.1.1 ab Seite 30 (Theorie) bzw. ab Seite 76 (Coaching)] wird eine der wohl wichtigsten Forderungen an Hypothesen im Konnex quantitativer Forschung angesprochen: ihr Zusammenspiel mit den Erkenntnisinteressen. Daraus leitet sich für die empirische Forschungspraxis die Notwendigkeit eines maßgeschneiderten Settings ab: Auswahl einer passenden Methode, exakt definierte Grundgesamtheit, eine aus ihr gezogene (repräsentative) Stichprobe sowie ein korrespondierendes Erhebungsinstrument.

4.1.1 | Zu Beginn: Forschungsfragen und/oder Hypothesen entwickeln

Wie bereits an mehreren Stellen dieses Buchs darauf hingewiesen: Gute quantitative Empirie beginnt mit sorgfältig entwickelten und präzise ausformulierten Forschungsfragen und Hypothesen (vgl. Kapitel 2.3 ab Seite 21). Hypothesen werden auf Basis von Sekundärforschung erstellt.

4.1.2 | Setting

4.1.2.1 | Methode

Eine anfängliche, sehr zentrale Anforderung an quantitative, hypothesengeleitete Empirie besteht in der Nutzung korrespondierender Methodik (Braunecker, 2023a, S. 25–44).

Check: Die Hypothese wird mit der Erhebungsmethode nicht abgedeckt
[Hypothesencoaching, Punkt ⏩6.7.1 ab Seite 120]

Wenn die Erhebungsmethode – Befragung, Inhaltsanalyse, Beobachtung, experimentelles Design usw. – nicht zur Hypothese passt, kann diese nicht empirisch geprüft werden.

Ein Forschungsvorhaben möchte im Rahmen einer Inhaltsanalyse herausfinden, ob sich bestimmte Social-Media-Postings auf das Kaufverhalten von Rezipient:innen auswirken.
▶ Postings sind inhaltsanalytisch analysierbar, Kaufverhalten von Menschen nicht.

4.1.2.2 | Grundgesamtheit

Bei jeder Hypothese müssen die (empirischen) Geltungsbedingungen formuliert werden, unter denen sie auftritt (vgl. Häder, 2019, S. 41) – wenn nicht explizit, dann zumindest implizit (vgl. Atteslander et al., 2023, S. 46). Diese Notwendigkeit führt zum Begriff der **Population**: Für die Überprüfbarkeit jeder einzelnen Hypothese ist es wirklich wichtig, dass DAS (Menschen, Objekte), worauf sie sich bezieht – die Grundgesamtheit –, „zu ihr passt".

Grundgesamtheiten können individuell – z.B. Personen, Social-Media-Postings – oder kollektiv – z.B. Vereine – sein. Es empfiehlt sich, Merkmale individueller und kollektiver Grundgesamtheiten nicht in EINER Hypothese zu vermengen (vgl. Kapitel 2.3.2 ab Seite 25).

Check: Die Hypothese ist inkonsistent zur Grundgesamtheit
[Hypothesencoaching, Punkt ⏩6.8.1 ab Seite 125]

Nur, wenn die Grundgesamtheit (Braunecker, 2023a, S. 45–49) wirklich exakt definiert ist, kann eine durch Hypothesen gelenkte empirische Erhebung zielgenaue Antworten liefern. „Passt" die Population nicht zur Hypothese, kann diese nicht geprüft werden.

Für studentische Arbeiten empfiehlt es sich, in Hypothesen – vor allem in jenen, die sich auf Menschen beziehen – nicht auf zu große Grundgesamtheiten abzuzielen. Je breiter eine Population definiert wird, desto aufwändiger wird es, sie in der Praxis abzudecken.

Die Wohnbevölkerung – auch in Form einer Stichprobe (vgl. Kapitel 4.1.2.3 ab Seite 51) – eines Landes zu kontaktieren, bedeutet wohl deutlich größeren Aufwand als die beispielhafte Grundgesamtheit „aktive Studierende eines bestimmten Jahrgangs einer bestimmten Studienrichtung an einer bestimmten Bildungsinstitution".

⏩ Damit zusammenhängend widmet sich fehlenden (Teil-)Grundgesamtheiten in Form von **fehlenden Vergleichsgruppen bei reinen Aussagehypothesen** Hypothesencoaching-Punkt [⏩6.8.5 ab Seite 31 (Theorie) bzw. ab Seite 130 (Coaching)], und **unerreichbaren Erhebungselementen** Punkt [⏩6.8.3 ab Seite 53 (Theorie) bzw. ab Seite 128 (Coaching)].

4.1.2.3 | Vollerhebung, Stichprobe, Repräsentativität

„In einer Hypothese wird eine Aussage über eine Objektmenge gemacht, und zwar über alle oder nur einen Teil der Elemente der Menge." (Friedrichs, 1990, S. 105) In den meisten Fällen werden nicht alle in der definierten Grundgesamtheit (vgl. Kapitel 4.1.2.2 ab Seite 51) definierten Erhebungselemente in die empirische Methode miteinbezogen (Vollerhebung, Braunecker, 2023a, S.47–48), sondern ein repräsentativer Teil davon. Wie bereits in Kapitel 1.1 ab Seite 17 angesprochen, stellen derartige **Stichprobenerhebungen** die Basis der schließenden Statistik (vgl. Kapitel 5.2.1 ab Seite 58) dar.

Check: Die Hypothese ist inkonsistent zur Stichprobe
[Hypothesencoaching, Punkt ⏩6.8.2 ab Seite 127]

„Passt" die Stichprobe nicht zur Hypothese, kann diese nicht geprüft werden.

(Repräsentative) Stichproben sind ein etwas komplexeres Thema, das den Rahmen dieses Buchs sprengen würde. Detaillierte, dennoch zusammenfassende Ausführungen dazu finden sich bei Braunecker, 2023a, S. 61–81. Besonders wichtig im Rahmen der Prüfung von Hypothesen sind für Stichproben folgende Aspekte:

- Für das Schließen von Stichproben auf Grundgesamtheiten sind aus Methodensicht eigentlich zufällige Stichproben erforderlich. Dort sorgt der Zufall für Repräsentativität.

  In sehr vielen (studentischen) Fällen sind derartige Stichproben nicht realisierbar (erreichbar) (Braunecker, 2023a, Fußnote 55, S. 74). Braunecker 2023a, S. 79–81 zeigt einen aus methodischer Perspektive „kleinen Ausweg" aus diesem Dilemma.

- Nur, wenn eine Stichprobe für eine Grundgesamtheit repräsentativ ist, darf von ihr auf die Gesamtmenge (Grundgesamtheit) geschlossen (= generalisiert) werden.[16]

  Repräsentativität bedeutet, dass Grundgesamtheit und Stichprobe in der Prozentverteilung der Ausprägungen relevanter Merkmale übereinstimmen (Braunecker, 2023a, S. 61–68).

  Wenn in einer Grundgesamt von 100.000 Personen 70% zumindest 50 Jahre oder älter sind, müssen auch in einer Stichprobe, bestehend aus 1.000 Personen, rund 70% in diese Altersgruppe fallen – also rund 700 Personen 50 Jahre oder älter sein.

  Die Merkmale, an denen im Einzelfall Repräsentativität bemessen wird, hängen von den Erkenntnisinteressen der Erhebung ab (Reinders & Bergs-Winkels, 2022, S. 295). Die Merkmale dürfen aber keinesfalls als abhängige Variable (AV) (vgl. Kapitel 2.3.2.1 ab Seite 26) Teil der Hypothese sein!

Check: Die Hypothese begründet sich auf keiner (erzielbaren) Repräsentativität
[Hypothesencoaching, Punkt ⏩6.8.4 ab Seite 129]

  Ist die Ausprägung der Merkmale einer Grundgesamtheit nicht bekannt, ist es unmöglich, in einer aus ihr gezogenen Stichprobe Repräsentativität (in Form von Übereinstimmung der Merkmalsausprägungen) zu erreichen – die notwendige Zielstruktur der Stichprobe bleibt ja mangels Wissens unbekannt.

  Durch eine möglichst breite Streuung der einzelnen Erhebungen wird es in vielen Fällen wohl dennoch möglich sein, vermutliche „Quasi-Repräsentativität" zu erreichen. Diese ist durch zahlenmäßige Strukturübereinstimmung jedoch nicht argumentierbar. Auch alle Generalisierungen erfolgen dann bloß „quasi" und nicht methodisch fundiert.

  ⏩ Nicht erzielbare Repräsentativität hängt mit **unerreichbaren Erhebungselementen** im Hypothesencoaching-Punkt [⏩6.8.3 ab Seite 53 (Theorie) bzw. ab Seite 128 (Coaching)] zusammen.

- Das Schließen von Stichproben auf Grundgesamtheiten ist nicht 1 : 1 möglich. Je nach Stichprobengröße treten dabei größere oder kleinere statistische Unschärfen (Ungenauigkeiten) auf, sogenannte statistische Schwankungsbreiten.

---

[16] Derartiges Verallgemeinern ist nicht immer notwendig: Bei Vollerhebungen z.B. finden keine Generalisierungen statt, es wurde ja bereits alles erhoben. Auch bestimmte Methoden schlagen in diese Kerbe: Bei z.B. experimentellen Designs geht es vorrangig nicht darum, auf Grundgesamtheiten zu schließen, sondern in strukturgleichen (ZUEINANDER repräsentativen) Erhebungsgruppen Ergebnisvergleiche durchzuführen.

Auf das Konzept statistischer Schwankungsbreiten geht Kapitel 5.2.2 ab Seite 60 ein.

- Die bei der Hypothesenprüfung zu vergleichenden Stichprobenteile müssen groß genug (Braunecker, 2023a, S. 94–101; Reinders & Bergs-Winkels, 2022, S. 295; vgl. Kapitel 5.2.2 ab Seite 60) sein.

  Die **Größe einer Stichprobe** stellt einen wesentlichen **Einflussfaktor** auf die Größe statistischer **Sicherheit** dar: Je größer eine Stichprobe ist, desto genauer sind ihre Ergebnisse (= desto kleiner sind die Schwankungsbreiten ihrer Ergebnisse beim Generalisieren auf die Grundgesamtheit). Rechnerisch ableitbar sind benötigte Mindeststichprobengrößen aus in Tabellen verfügbaren, vorberechneten Schwankungsbreiten (Braunecker, 2023a, S. 94–101; beispielhafte Schwankungsbreitentabelle S. 95; Formeln zur Stichprobengrößenberechnung S. 98–101).

  Werden innerhalb einer Stichprobe Teilgruppen miteinander verglichen – z.B. jüngere und ältere Personen –, orientiert sich die Größe der Unschärfe an der jeweiligen Teilgruppengröße. Pro Teilgruppe sind dann mindestens 100 Fälle empfehlenswert.

  Vergleicht eine Stichprobe z.B. Ergebnisse von Personen bis und über 40 Jahren, sollte sie zumindest 200 Fälle umfassen: 100 Personen für die Jüngeren, 100 für die Älteren.

  Die genauen Fallzahlen orientieren sich am Verteilungsverhältnis der beiden Gruppen in der Grundgesamtheit (Braunecker, 2023a, S. 61–81).

  Als Faustregel lässt sich – für die Sozial- und Wirtschaftswissenschaften – festlegen: Eine quantitative, repräsentative Stichprobe sollte mindestens 100, besser 200 Fälle umfassen. **Die ideale Größe – für studentische Arbeiten – stellen etwa 400 Fälle dar.**

- Bei nicht (mehr) existierenden (Kornmeier, 2024, S. 139), vergänglichen, (besonders) kleinen (Teil-)Grundgesamtheiten oder etwa bei sozial heiklen Themen kann es durchaus herausfordernd oder gar unmöglich sein, Erhebungselemente in ausreichender Anzahl oder überhaupt aufzufinden.

  Check: Die Zielgruppe(n) und/oder Stichprobe(n) ist (sind) nicht (mehr) erreichbar
  [Hypothesencoaching, Punkt ⏩6.8.3 ab Seite 128]

  Angenommen, ein bestimmtes Fachbuch erscheint im aktuellen Jahr bereits in Zweitauflage, im Jänner. Die Erstauflage erschien vor zwei Jahren, im Juli. Eine Hypothese vermutet unterschiedliches Leseverhalten zwischen den Personen, die das Werk jeweils in den ersten vier Wochen seines Erscheinens gekauft haben.

  ⏩ Dieses Thema hängt eng mit der **fehlenden Konsistenz zwischen Hypothese(n) und Stichprobe** im Hypothesencoaching-Punkt [⏩6.8.2 ab Seite 51 (Theorie) bzw. ab Seite 127 (Coaching)] sowie **nicht vorhandener (erzielbarer) Repräsentativität** im Punkt [⏩6.8.4 ab Seite 52 (Theorie) bzw. ab Seite 129 (Coaching)] zusammen.

4.1.2.4 | Erhebungsinstrument

Erkenntnisinteressen, Hypothesen und Erhebungsinstrument müssen ineinandergreifen. Nur dann können die Hypothesen einer sinnvollen Prüfung zugeführt werden. Dazu zählen nicht nur die richtige Wahl der Forschungsmethode sowie exakte Definitionen der verwendeten Begrifflichkeiten (vgl. Kapitel 2.3.2.1 ab Seite 26; 2.3.2.2 ab Seite 27; 2.3.3.3 ab Seite 34).

Auch die „technisch-inhaltliche" Passgenauigkeit des Erhebungsinstruments stellt eine sehr wesentliche, essenzielle Voraussetzung für erfolgreiche Hypothesenkonsistenz dar.

Check: Das Erhebungsinstrument deckt die Variablen(ausprägungen) der Hypothese nicht passgenau ab [Hypothesencoaching, Punkt ⏩6.7.2 ab Seite 121]

Eine Hypothese (bei einer Befragung) nimmt an: Personen über 40 Jahre haben einen höheren Belletristik-Konsum. Der Fragebogen unterteilt in die Altersgruppen „bis 30 Jahre | 31 bis 50 | älter als 50 Jahre". ▶ Die Gruppe „über 40 Jahre" ist damit nicht abbildbar.

Eine Hypothese (bei einer Inhaltsanalyse) vermutet bei Postings mit mehr als 10 Likes eine höhere Antwortrate als bei geringerer Zahl positiver Interaktionen. Das Codierschema erhebt – je Beitrag – die Anzahl positiver Reaktionen folgendermaßen: „keine | 1 bis 2 | 3 bis 5 | mehr als 5 Likes". ▶ Eine Prüfung für „mehr als 10 Likes" ist damit nicht möglich.

Den Fehler mangelnder technischer Übereinstimmung zwischen Erhebungsinstrument und Hypothesenformulierung begehen den Praxiserfahrungen der Autorin und des Autors nach viele Studierende. **Er ist einer der Hauptfehler studentischer wissenschaftlicher Arbeiten.**

⏩ Das Thema ist auch mit der **Inkonsistenz der Überprüfungsvariablen des Erhebungsinstruments zu dem, was die Hypothese eigentlich „meint"** im Hypothesencoaching-Punkt [⏩6.5.4 ab Seite 40 (Theorie) bzw. ab Seite 107 (*Coaching*)] verknüpft.

Check: Das Erhebungsinstrument ist für die Hypothese(n) zu umfangreich [Hypothesencoaching, Punkt ⏩6.7.3 ab Seite 122]

Check: Das Erhebungsinstrument ist für die Hypothese(n) nicht ausreichend [Hypothesencoaching, Punkt ⏩6.7.4 ab Seite 123]

Das Matching zwischen Hypothesen und Erhebungsinstrument weist nicht zuletzt auch eine längen- bzw. mengenmäßige Komponente auf: Deckt das Erhebungsinstrument die Hypothesen nicht (vollständig) ab, verfehlt es sein Ziel. Dasselbe passiert, wenn (viele) Aspekte unnötig erhoben werden, weil sie nicht auf die Erkenntnisinteressen referenzieren.

In sehr vielen studentischen Arbeiten wird ein (oft deutlich zu langes) Erhebungsinstrument erstellt, ohne genau auf die Forschungsfragen und/oder Hypothesen zu reflektieren. Am Ende sind dann – zu viele – Daten vorhanden, für die es keine Hypothesen gibt. Und/oder es werden keine – oder zu wenig – für die Hypothesenprüfung benötigte Daten erhoben.

Zusätzliche Elemente in einem Erhebungsinstrument sollten eigentlich nur unbedingt erforderliche Drittvariablen (vgl. Kapitel 2.3.2.3 ab Seite 28), Screening- und Eisbrecherfragen (Braunecker, 2023a, S. 127) sein und jene (statistischen) Daten, die zu (allfälligen) Repräsentativitätsbewertungen (Braunecker, 2023a, S. 152–153) benötigt werden. Ähnliches gilt sinngemäß für Inhaltsanalysen und andere empirische Methoden.

4.1.3 | Am Ende: Hypothesen prüfen, Generalisieren der Ergebnisse

Hypothesenprüfungen bewerten Generalisierbarkeit, indem sie von Stichprobenergebnissen auf die hinter der Erhebung stehende(n), durch sie widergespiegelte(n) Grundgesamtheit(en) schließen. Dafür notwendige Voraussetzungen sind methodisch korrekte Stichprobenerhebungen (vgl. Kapitel 4.1.2.3 ab Seite 51) aus gut definierten Grundgesamtheiten (vgl. Kapitel 4.1.2.2 ab Seite 51).

Ob Stichprobenergebnisse generalisierungsfähig sind, zeigen Signifikanzprüfungen. Dazu werden zu jeder inhaltlichen Hypothese die beiden statistischen Null- und Alternativhypothesen artikuliert.

Nicht auf der ursprünglichen, inhaltlichen, sondern **auf** der statistischen **Nullhypothese basieren** die **Signifikanzprüfungen** (vgl. Kapitel 5.2.1 ab Seite 58). Signifikante Zusammenhänge in Stichproben bedeuten Gültigkeit auch für die Grundgesamtheit (Generalisierbarkeit): Sie verwerfen die Null- und stützen die Alternativhypothese (vgl. Kapitel 5.2.4 ab Seite 68).

Nicht möglich sind Generalisierungen bei Vollerhebungen – alles wurde erhoben, worauf soll noch projiziert werden? Auch bei nicht (bzw. zu wenig) repräsentativen, nicht zufälligen oder zu kleinen Stichproben sind Generalisierungen methodisch eigentlich unzulässig.

In der gelebten Forschungspraxis Studierender erfolgen in vielen Fällen dennoch „Quasi"-Signifikanzberechnungen. Studentische Arbeiten können (und müssen) methodische Aspekte meist nicht gesamtheitlich erfüllen – aufgrund sonst unvertretbaren Aufwands.

4.2 | Qualitatives Forschen

Bei qualitativer Empirie haben – wenn überhaupt – vor allem UNGERICHTETE Hypothesen ihren Platz. Hypothesen stellen hier bloß Erwartungen an bestimmte Aspekte innerhalb der zu gewinnenden Daten dar.

4.2.1 | Zu Beginn: Forschungsfragen entwickeln

Qualitative Empirie basiert eher nicht auf Hypothesen. Sie entwickelt – meist breitere – Forschungsfragen, die auf bedeutungs- und keine zahlenmäßigen Outputs abzielen. Deshalb besitzen im Erhebungsinstrument auch Messniveaus (vgl. Kapitel 3 ab Seite 41) kaum Relevanz.

4.2.2 | Setting

Wie jedes empirische Vorhaben benötigen zwar auch qualitative Vorhaben eine genau definierte Grundgesamtheit. Ansonsten bleibt unklar, worauf sich die Ergebnisse beziehen. Die Frage, ob die Grundgesamtheit voll erfasst (Vollerhebung, Totalerhebung) oder im Rahmen einer (repräsentativen) Stichprobe abgedeckt werden soll (vgl. Kapitel 4.1.2.3 ab Seite 51), stellt sich aber nicht. Im Mittelpunkt stehen eher wenige Untersuchungsobjekte, die jedoch sehr umfassend und detailliert beleuchtet werden (Braunecker, 2023a, S. 25–26).

4.2.3 | Am Ende: Hypothesen entwickeln, kein Generalisieren der Ergebnisse

Bei qualitativen Methoden erfolgen Ergebnisermittlungen ausschließlich aus den vorhandenen Daten, also rein beschreibend, deskriptiv.

Das bei Hypothesenprüfungen übliche Generalisieren auf Grundgesamtheiten sowie Signifikanzprüfungen entfallen mangels Stichprobengröße und Repräsentativität.

Wenn überhaupt, dann werden aus den inhaltlichen Erkenntnissen heraus abschließend Hypothesen entwickelt. Sollen sie statistisch geprüft werden, bilden sie die Basis für weitere, dann quantitative Empirie.

Ein Audioabstract dieses Kapitels findet sich auf **hypothesen.at** sowie **utb.de**:

www.utb.de/do/10.36198/9783838565026-m05

Audioabstract

hypothesen.at/audio/kapitel-4.mp3

5 | Datenanalyse, Prüfung von Hypothesen

Abstract (in diesem Kapitel geht's um ...)

- **Hypothesen** und **Analyseplanung** müssen unbedingt **matchen**!
- **Hypothesen generalisieren** auf Grundgesamtheiten | **Nullhypothese** H_0 – „Es gibt keinen Zusammenhang" – **wird** auf ihre Berechtigung **geprüft** | **Signifikanz** = die H_0 wird verworfen, die **Alternativhypothese** – „Es gibt EINEN Zusammenhang" – wird **„vorläufig akzeptiert"**.
- p-Wert in SoWi meist unter 5% (**Signifikanzniveau**) | Restmenge ist **Konfidenzniveau** mit 95%
- **Statistische Schwankungsbreiten** (von Prozent- und Mittelwerten) eher bei Forschungsfragen | Irrtumswahrscheinlichkeit für JEDEN Wert | liefern auch Unterschiedsgröße | **Hypothesentests** für (signifikanten) Zusammenhang „ja" oder „nein" | EINE Irrtumswahrscheinlichkeit
- **Analyseverfahren bei Hypothesentests** abhängig von Skalenniveau und einseitiger versus zweiseitiger Formulierung | Häufigkeiten ≠ Mittelwertsberechnung ≠ Kreuztabelle ≠ Mittelwertsvergleich ≠ Korrelation
- Richtige **Ergebniswordings** | Tipps für Ergebnisdarstellung

▶ Die Ausführungen sind ausgerichtet **auf 6.9 und 6.10 des Hypothesencoachings** ab Seite 131.

Eine der wichtigsten, zentralen Forderungen an eine korrekte, fehlerfreie Hypothesenprüfung ist das Ineinandergreifen von Hypothese(n) und Analyseplanung.

Check: Hypothese(n) und Datenanalyse sind inkonsistent zueinander
[Hypothesencoaching, Punkt ⏩6.9.1 ab Seite 132]

In studentischen Abschlussarbeiten wird immer wieder „einfach so" ein Fragebogen definiert und nach der Datenerhebung „irgendwie" ausgewertet. Der Bezugsrahmen zu den anfänglich formulierten Forschungsfragen bzw. Hypothesen, auf dessen Basis die (gesamte Erhebung und vor allem) Datenanalyse am Ende stattfinden muss, fehlt oder ist unvollständig. **Dieser Fehler stellt einen der Hauptfehler Studierender dar.**

Wer erst am Ende einer Datenerhebung damit beginnt, Hypothesen zu seinen Daten zu „suchen", arbeitet völlig unwissenschaftlich (vgl. Kapitel 2.3 ab Seite 21)! „Das geschieht immer dann, wenn ohne theoretischen Bezug" [zu Forschungsfragen und/oder Hypothesen] „[...] Daten erfasst und diese Daten dann wahllos miteinander korreliert werden. Irgendetwas korreliert immer!" (Reinders & Bergs-Winkels, 2022, S. 297)

⏩ Dieses Thema steht in Zusammenhang mit **fehlender (technischer) Passgenauigkeit zwischen Hypothese und Erhebungsinstrument**, dem Hypothesencoaching-Punkt [⏩6.7.2 ab Seite 54 (Theorie) bzw. ab Seite 121 (Coaching)].

5.1 | Datenanalyse und Beantwortung von Forschungsfragen

Wie Hypothesen bestimmen Forschungsfragen die Gestaltung des Erhebungsinstruments und dessen Analyseplanung. Je detaillierter ihre Formulierung erfolgt, desto präziser kann am Ende die Ergebnisermittlung stattfinden (vgl. Kapitel 2.2 ab Seite 20 sowie Kapitel 3.2 ab Seite 42).

Forschungsfragen erkunden Sachverhalte, oft auch Variablenbeziehungen. Sie wollen Zusammenhänge und deren etwaige Ergebnisunsicherheit detailliert(er) verstehen, nicht „bloß“ klar prüfen, ob es sie gibt oder nicht: DAZU dienen Hypothesen und deren Tests.

Im Unterschied zu Hypothesen setzen Forschungsfragen deshalb – wenn sie auf Grundgesamtheiten generalisieren – auf die Ermittlung statistischer Schwankungsbreiten.

Auf statistische Schwankungsbreiten und deren Abgrenzung zur Hypothesenprüfung im Rahmen von Hypothesentests geht Kapitel 5.2.2 ab Seite 60 ein.

5.2 | Datenanalyse und Prüfung von Hypothesen

Hypothesen formulieren Annahmen über – tatsächliche, reale – Zusammenhänge. Anhand NEUER empirischer Daten[17] wird geprüft, ob die Ergebnisse diese Annahmen stützen.

5.2.1 | Generalisieren, Signifikanz

Ein wesentliches Merkmal sozialwissenschaftlicher Hypothesen ist Allgemeingültigkeit (vgl. Hypothesencoaching [⏩6.1.3 ab Seite 32 (Theorie) bzw. ab Seite 79 (Coaching)]): Daraus leitet sich Generalisierbarkeit ab. In den Fokus rücken die **Signifikanzprüfungen** der **schließenden Statistik**.

Wie wahrscheinlich ist es, dass vorhandene Daten weniger (= Stichprobe) eine Hypothese für die dahinterstehende Allgemeinheit (= Grundgesamtheit) stützen – oder eben nicht. Sind die vermuteten Zusammenhänge tatsächlich wahrscheinlich, auch für die Realität?

Hypothesenprüfungen machen nur bei quantitativen Datenerhebungen Sinn. Sie referenzieren auf die jeder inhaltlichen Hypothese – für die Datenanalyse – zur Seite stehende statistische Nullhypothese (vgl. Kapitel 3.3.2 ab Seite 45).

Werden inhaltliche und statistische Hypothesen vermischt, erschwert das die Hypothesenprüfung oder verunmöglicht sie sogar. Vor allem die Nullhypothese hat zentrale Bedeutung.

Check: Inhaltliche und statistische Hypothesen werden bei der Hypothesenprüfung nicht klar voneinander abgegrenzt [Hypothesencoaching, Punkt ⏩6.9.3 ab Seite 134]

Die **Nullhypothese** $\mathbf{H_0}$ postuliert: Es gibt keinen Zusammenhang zwischen unabhängiger Variable UV und abhängiger Variable AV (vgl. Kapitel 2.3.2.1 ab Seite 26). In einer Stichprobe auftretende Ergebnisunterschiede zwischen Vergleichsgruppen bzw. Variablenzusammenhänge sind zufällig und spiegeln keine tatsächlichen Effekte in der Grundgesamtheit wider.

Zwischen den Stichproben-Ergebnissen der abhängigen Variable AV zweier Vergleichsgruppen (definiert durch zwei Ausprägungen der unabhängigen Variable UV) besteht in der Grundgesamtheit real keine (bzw. nicht die vermutete) Differenz. Oder: Es besteht kein Zusammenhang zwischen den Wertausprägungen einer unabhängigen Variable UV und jenen einer abhängigen Variable AV. Die UV beeinflusst die AV NICHT.

[17] Forschungsfragen und Hypothesen werden – wie mehrfach erwähnt – auf der Basis von Sekundärforschung, darunter oft SekundärDATEN, entwickelt. Forschungsfragenbeantwortungen und Hypothesenprüfungen dürfen natürlich keinesfalls mit DIESEN (ihre Grundlage bildenden) Daten erfolgen. Das wäre ein sinnfreier Zirkelbezug.

Es ist nicht möglich, tatsächlich zu behaupten: Jüngere Personen (bis 40 Jahre) und ältere (= UV) unterscheiden sich im Belletristik-Konsum. Auch ein eventuell vermutetes „Mehr" oder „Weniger" einer der beiden Gruppen ist nicht realistisch. Letztlich lässt sich auch nicht belegen: Je älter Personen sind, desto mehr (oder weniger) Belletristik lesen sie.

Ergebnisse, die nicht GEGEN die Nullhypothese sprechen, gelten nur für die Stichprobe. Sie lassen keine belastbare Aussage über die Grundgesamtheit zu, sind NICHT signifikant. **Signifikante Ergebnisse** hingegen legen nahe: In einer (Zufalls[18]-)Stichprobe ermittelte Variablenzusammenhänge **sind** (wahrscheinlich) **auf die Grundgesamtheit übertragbar**.

Die Zusammenhänge treten nicht nur in EINER (gerade aktuell analysierten) Stichprobe zufällig auf. Vielmehr kämen sie (sehr) wahrscheinlich in (fast) ALLEN Stichproben derart (oder ähnlich) vor, die (theoretisch ebenfalls) zufällig aus der Grundgesamtheit gezogen werden könnten (Braunecker, 2023b, S. 81–93).

Signifikanzprüfungen erfolgen mit **Hypothesentests**, die in der Regel mit Auswertungsprogrammen wie z.B. SPSS oder R durchgeführt werden. Hinweise auf diesbezügliches Zusatzmaterial zu diesem Buch finden sich rund um Abbildung 2 auf Seite 62.

Die Basis von gebräuchlichen Signifikanztests bilden Wahrscheinlichkeiten. Die Tests prüfen: Wie wahrscheinlich ist ein in den gerade analysierten Stichprobendaten gefundenes (oder „extremeres") Ergebnis, wenn für die Grundgesamtheit die Nullhypothese H_0 gilt? Das zentrale Ergebnis von Hypothesentests wird im sogenannten „p-Wert" ausgedrückt, meist einer Kommazahl zwischen 0 und 1: Um Prozentaussagen zu erhalten, muss er zuerst mit 100 multipliziert werden. Details zum p-Wert finden sich bei Braunecker, 2023b, S. 87–89.

Der **p-Wert** gibt die Wahrscheinlichkeit an, mit der das gerade geprüfte Ergebnis der Stichprobe – unter der Annahme, dass in der Grundgesamtheit die Nullhypothese gilt – mindestens den in den vorliegenden Daten vorhandenen Ergebnisunterschied bzw. Variablenzusammenhang aufweist – oder sogar einen noch größeren.

Ein Beispiel: Die Analyse von Stichprobendaten ergibt in der Gruppe über 40-jähriger Personen ein Prozentanteils-Plus Belletristik-Lesender von 25%.

Wie wahrscheinlich wäre es, einen derartigen Unterschied von 25% oder einen noch größeren Unterschied auch in anderen zufällig gezogenen Stichproben aus derselben Grundgesamtheit zu finden, wenn dort die Nullhypothese mit ihrer Behauptung gelten würde:

Bis und über 40-jährige Personen besitzen idente (bzw. kleinere oder sogar entgegengesetzte) Prozentanteilsunterschiede Belletristik-Lesender wie die in den eigenen Daten gefundenen: Eben KEIN Ergebnis-Plus Älterer von 25%.

Ergibt der Signifikanztest einen p-Wert von unter 5%, kann von Signifikanz ausgegangen werden. Diese Grenze wird **Signifikanzniveau** genannt und von den Forschenden eigentlich selbst festgelegt. **In den Sozial- und Wirtschaftswissenschaften sind** aber **5% üblich.**[19]

In höchstens 5 von 100 Stichprobenfällen (oder 50 von 1.000 usw.) würde ein derartiger oder größerer Prozentunterschied bloß rein zufällig auftreten.

---

[18] Vgl. der in Kapitel 4.1.2.3 ab Seite 51 angesprochene Stichprobenaspekt der Zufälligkeit.

[19] In anderen Disziplinen gelten für Signifikanz strengere Regeln: Dann sind kleinere p-Werte als 5% nötig (z.B. unter 1% oder noch geringer).

Dasselbe gilt sinngemäß auch für Mittelwertsunterschiede und Korrelationen (vgl. Kapitel 5.2.3 ab Seite 61).

Das Signifikanzniveau stellt die Gegenmenge zum **Konfidenzniveau** dar – dieses umfasst im angeführten Beispiel 95% (95 von 100 Stichprobenfällen oder 950 von 1.000 usw.).

Ist ein **Ergebnis signifikant, wird die Nullhypothese verworfen, die Alternativhypothese** – H_1 bzw. H_a – **vorläufig akzeptiert**.

Je kleiner der p-Wert ist, desto stärker sprechen die Daten GEGEN die Nullhypothese und FÜR die Alternativhypothese. Eine Beschreibung der verschiedenen Signifikanzstärken findet sich bei Braunecker, 2023b, S. 88.

Die **Alternativhypothese** (vgl. Kapitel 2.3.2.1 ab Seite 26) nimmt EINEN (realen) Unterschied zwischen Vergleichsgruppen bzw. einen Merkmalszusammenhang an (Braunecker, 2023a, S. 21).

Die Alternativhypothese entgegnet der Nullhypothese, dass zwischen unabhängiger und abhängiger Variable ein (realer) Zusammenhang besteht: Die unabhängige Variable hat Einfluss auf die abhängige.

Achtung! Die meisten studentischen Hypothesen vermuten EINEN Variablenzusammenhang (bzw. Ergebnisunterschied): Ein VERWERFEN der jeweiligen Nullhypothese unterstützt derartige Vermutungen. **Nimmt eine Hypothese** jedoch **KEINEN Variablenzusammenhang an** (bzw. keine/kaum Ergebnisunterschiede), **unterstützt** ein VORLÄUFIGES AKZEPTIEREN der **Nullhypothese diese Annahme**.

5.2.2 | Statistische Schwankungsbreiten

Wenn Ergebnisdaten weniger, erhobener Elemente (einer Stichprobe) auf alle Elemente (einer Grundgesamtheit) übertragen (= Generalisieren, vgl. Kapitel 5.2.1 ab Seite 58) werden, kann das verständlicherweise nicht völlig exakt erfolgen. Dabei treten gewisse Ungenauigkeiten auf, die als **statistische Schwankungsbreiten** – bei Mittelwerten auch als **Konfidenzintervall für den Mittelwert** – bezeichnet werden (Braunecker, 2023a, S. 82 bis 93).

Diese Unschärfen bzw. Ungenauigkeit (= statistische Unsicherheit) haben eine bestimmte, zufällig entstehende Bandbreite – gleichermaßen nach unten und nach oben: Je nachdem, ob eine zufällige Stichprobenauswahl ihre Grundgesamtheit „besser oder schlechter" in deren tatsächlicher Zusammensetzung „erwischt" (= abdeckt, abbildet), liegen die Stichprobenergebnisse näher oder entfernter an der Realität: Die „wahre" Realität wäre bloß über eine Erhebung ALLER Werte der Grundgesamtheit erkennbar.

Werden Schwankungsbreiten zur Hypothesenprüfung eingesetzt, lässt sich von einem realen, signifikanten Unterschied zwischen Vergleichsgruppen sprechen, wenn sich deren Stichprobenergebnisse trotz Schwankungsbreiten nicht überlappen.

Angenommen, eine Hypothese vermutet: Wenn Personen älter als 40 Jahre alt sind, dann weisen sie anteilig mehr Belletristik-Lesende auf als die jüngere Altersgruppe. Die Datenanalyse in einer korrespondierenden Stichprobe zeigt: Der Anteil der (400) Belletristik-Konsumierenden unter Älteren beträgt 55% $\pm$5% (= real zwischen ***50%*** *und 60%), unter (300) Jüngeren 40% $\pm$6% Schwankungsbreite (= real zwischen 34% und* ***46%****). Dieses Ergebnis* *bedeutet einen signifikanten Unterschied (in der Grundgesamtheit), weil der höchstmögliche kleinere Wert (46%) den kleinstmöglichen größeren Wert (50%) nicht überragt.*

*Höhere Schwankungsbreiten derselben Prozentunterschiede in einer kleineren Stichprobe würden fehlende Signifikanz attestieren: 200 Ältere mit 55% ± 7% (= real zwischen **48%** und 62%), 100 Jüngere mit 40% ±10% (= real zwischen 30% und **50%**). Die 48% des niedrigeren Stichprobenwerts überragen die 50% des höheren.* [20]

Dieselbe Logik gilt sinngemäß für Mittelwertsunterschiede.

Im Kontext statistischer Schwankungsbreiten stehen die in Kapitel 4.1.2.3 ab Seite 51 beschriebenen **Forderungen nach zufälligen, repräsentativen und ausreichend großen Stichproben**. Neben diesen Aspekten besitzen statistische Unschärfen auch eine bestimmte Wahrscheinlichkeit, mit der sie auf die Grundgesamtheit anwendbar sind: Das **Konfidenzniveau** – üblicherweise 95% (vgl. Seite 60 im Kapitel 5.2.1) – bestimmt die Wahrscheinlichkeit der Größe (= Bandbreite, Konfidenzintervall) statistischer Ungenauigkeit.

Eine Schwankungsbreitentabelle für unterschiedliche Stichprobengrößen und Ergebnisverteilungen findet sich bei Braunecker, 2023a, S. 95. Die jeweils maximal zulässige Unschärfe geben Forschende (eigentlich) selbst vor, indem sie den Mindestumfang ihrer Stichprobe(ngruppen) bestimmen. (Studentisch) übliche Stichprobengrößen gibt Kapitel 4.1.2.3 auf Seite 53 an.

Hypothesenprüfungen erfolgen nicht nur über **Schwankungsbreiten** von Prozent- und Mittelwertsunterschieden, sondern sehr oft auch auf Basis der im nächsten Kapitel beschriebenen **Hypothesentests**. Beide Methoden ergänzen sich bei der Ergebnisinterpretation (Döring, 2023, S. 660–661; Hommel et al., 2009). Worin bestehen aber die **Unterschiede**?

- Statistische **Schwankungsbreiten** von **Prozent- und Mittelwerten** liefern nicht nur Informationen über die Signifikanz von Unterschieden zwischen einzelnen Ergebniswerten, sondern auch über die **Richtung und Größe** dieser **Unterschiede**. Sie referenzieren dabei nicht auf (abstrakte) Variablenzusammenhänge, sondern erlauben es, konkrete Einzelwerte zu vergleichen. Ihr Nachteil: JEDER einzelne Ergebniswert ist mit einer EIGENEN statistischen Unschärfe und Irrtumswahrscheinlichkeit verbunden.
- Demgegenüber erlauben die **in Hypothesentests** verwendeten **p-Werte** (vgl. ab Seite 59 im Kapitel 5.2.1) pro Test (mit EINMALIGER Irrtumswahrscheinlichkeit) eine Entscheidung darüber, **ob ein Ergebnisunterschied bzw. Variablenzusammenhang** signifikant ausfällt oder nicht. Nachteil: p-Werte sagen nichts über die STÄRKE eines Ergebnisses aus.

5.2.3 | Analyseverfahren, Hypothesentests

Wie bereits in Kapitel 3 ab Seite 41 angesprochen, bestimmt die Hypothesenformulierung das Messniveau des Erhebungsinstruments. Vom Skalenniveau wiederum hängen die Analyseverfahren zur Hypothesenprüfung ab. Abbildung 2 auf Seite 62 zeigt im Überblick, welche Kombination von unabhängigen und abhängigen Variablen welche Ergebnisauswertungen nach sich ziehen. Auf die einzelnen Verfahren fokussieren die Kapitel ab 5.2.3.1 ab Seite 63.

---

[20] Im Beispiel wurden alle Schwankungsbreiten auf Ganzzahlen gerundet.

Messniveaus und quantitative Analyseverfahren

unabhängige Variable	abhängige Variable	Verfahren
	nominal, ordinal	Häufigkeitsauszählung
	intervall, rational	Mittelwertsberechnung
nominal, ordinal	nominal, ordinal	Kreuztabelle
intervall, rational neben nach nominal, ordinal	intervall, rational	Mittelwertsvergleich
intervall, rational	intervall, rational	Korrelation

Abbildung 2: Messniveaus und quantitative Analyseverfahren (nach Braunecker, 2023b, S. 23, modifiziert)

Check: Die Analyseplanung ist mit der Operationalisierung unvereinbar
[Hypothesencoaching, Punkt ⏩6.9.2 ab Seite 133]

Oft werden Hypothesen zwar gut definiert und in ein Erhebungsinstrument überführt (vgl. Kapitel 2.3.3.3 ab Seite 34), dennoch ist die Hypothesenprüfung aber nicht aussagekräftig. Das kann daran liegen, dass die Analyseplanung nicht zum Erhebungsinstrument „passt". Wird die Operationalisierung (messbare Übersetzung) der unabhängigen und abhängigen Variablen (technisch) nicht dem richtigen statistischen Auswertungsverfahren zugeführt, sind dessen Ergebnisse mangels klarem Hypothesenbezug zur Hypothesenprüfung ungeeignet.

Zielt eine Hypothese z.B. auf einen Mittelwertsunterschied zwischen Vergleichsgruppen (vgl. Kapitel 5.2.3.4 ab Seite 65), wird ein Hypothesentest, der auf der Basis von Prozentunterschieden prüft (vgl. Kapitel 5.2.3.3 ab Seite 64), kein zufriedenstellendes Ergebnis erzielen.

⏩ Dieses Thema steht auch in Zusammenhang mit **fehlender (technischer) Passgenauigkeit zwischen Hypothese und Erhebungsinstrument**, dem Hypothesencoaching-Punkt [⏩6.7.2 ab Seite 54 (Theorie) bzw. ab Seite 121 (Coaching)].

Zielführend ist es, eine Aufstellung zu machen, welche z.B. Fragen in einem Fragebogen oder Kategorien in einer Inhaltsanalyse usw. jeweils welchen Forschungsfragen und Hypothesen zuzuordnen sind. Das hilft dabei, die hier notwendige Passgenauigkeit herzustellen.

Beispiele hypothesenkonsistenter Datenanalyse finden sich bei Braunecker, 2023b, S. 197–206. In diesem Werk werden auch die in Abbildung 2 angesprochenen Analyseverfahren detailliert (Braunecker, 2023b, S. 53–81 (Grundlagen); S. 143–192 (SPSS)).

Eine Zusammenfassung, welche Variablenkombination bei welcher Datenlage mit welchem statistischen Verfahren ausgewertet wird, gibt das „Entscheidungs-How to do für Auswertungsroutinen“ in Braunecker, 2023b, S. 194.

Korrespondierende Schnellüberblicke über die Datenanalyse mit **SPSS** (inkl. der dazu analog verwendbaren, freien **Open-Source-Software PSPP**) und die verbreitete freie **Open-Source-Software R** sowie **freie Downloads** sind auf **howtodo.at** verfügbar:

howtodo.at/r

Zusatzmaterial

howtodo.at/spss

Die folgenden Subkapitel widmen sich den einzelnen Datenanalyseoptionen. Sie referenzieren auf die in Kapitel 3.3.4 ab Seite 47 angeführten beispielhaften Hypothesenformulierungen.

5.2.3.1 | Häufigkeitszählungen

Häufigkeitszählungen stellen in Form von **Absolutzahlen** oder **Prozentwerten** dar, wie oft die (nicht rechenbaren) Merkmalsausprägungen einer Variable in den Daten auftreten (Braunecker, 2023b, S. 53–55). Da einzelne Häufigkeiten nicht auf Variablenzusammenhänge fokussieren, haben sie bei Hypothesenprüfungen weniger Stellenwert. Sie treten höchstens bei Vermutungen über relative Mengenverhältnisse in Grundgesamtheiten auf, denen auch ohne Vergleichsgruppen „Hypothesenrang“ zuerkannt wird (vgl. die Ausführungen zu Hypothesencoaching-Punkt [⏩6.8.5 ab Seite 31 (Theorie) bzw. ab Seite 130 (Coaching)]). Signifikanzprüfungen erfolgen hier über Schwankungsbreiten von Prozentwerten (vgl. Kapitel 5.2.2 ab Seite 60; Braunecker, 2023b, S. 149).

5.2.3.2 | Mittelwertsberechnungen

Mittelwertsberechnungen zeigen mit **Mittelwerten** auf, wie oft die (rechenbaren) Merkmalsausprägungen einer Variable durchschnittlich in den Daten auftreten (Braunecker, 2023b, S. 55–57). Wie einfache Häufigkeiten fokussieren auch sie nicht auf Variablenzusammenhänge. Sie kommen bei Hypothesenprüfungen höchstens bei Vermutungen über durchschnittliche Mengenverhältnisse in Grundgesamtheiten vor, denen auch ohne Vergleichsgruppen „Hypothesenrang“ zuerkannt wird (vgl. die Ausführungen zu Hypothesencoaching-Punkt [⏩6.8.5 ab Seite 31 (Theorie) bzw. ab Seite 130 (Coaching)]). Signifikanzprüfungen erfolgen hier über Schwankungsbreiten von Mittelwerten (= Mittelwert-Konfidenzintervalle) (vgl. Kapitel 5.2.2 ab Seite 60; Braunecker, 2023b, S. 152).

Werden VariablenZUSAMMENHÄNGE analysiert, kommen Hypothesentests ins Spiel. Sie alle basieren auf demselben, in Kapitel 5.2.1 ab Seite 58 beschriebenen „p-Wert-Denkmuster“: Signifikanzwerte unter 0,05 (unter 5%) weisen – in den Sozial- und Wirtschaftswissenschaften – auf ein signifikantes Ergebnis hin, dass mit der Nullhypothese unvereinbar ist.

Zu beachten sind hier auch UNgerichtete versus GERICHTETE Vermutungen. Sie weisen eine unterschiedliche Prüflogik auf.

Check: Die Hypothese ist einseitig (= gerichtet), wird aber zweiseitig geprüft (oder umgekehrt)
[Hypothesencoaching, Punkt ⏩6.9.4 ab Seite 135]

Oft werden (studentische) inhaltliche Hypothesen einseitig (= gerichtet) formuliert (vgl. Kapitel 2.3.1.1 ab Seite 24), jedoch zweiseitig geprüft (= ungerichtet). Die Betreuung mancher studentischer Arbeiten kommt den Studierenden bei einer diesbezüglichen leichten Unschärfe durch „Nicht-Insistieren auf striktes Vorgehen" entgegen.[21]

Eine (völlig) korrekte Ergebnisinterpretation unterscheidet zwischen gerichteten, einseitigen und ungerichteten, zweiseitigen Hypothesenprüfungen (Braunecker, 2023b, S. 89–91).

Eine zweiseitige Hypothese könnte formulieren:

Wenn Personen älter als 40 Jahre alt sind, dann UNTERSCHEIDEN sie sich im Belletristikkonsum von Jüngeren.

Würden die Ergebnisdaten hier den beiden Vergleichsgruppen einen signifikanten Unterschied attestieren, könnte dieser in einem höheren ODER niedrigeren Prozentsatz (Mittelwert) älterer Menschen gegenüber jüngeren bestehen.

Die Hypothese vermutet ein ANDERS, „ident" falsifiziert sie.

Sehr viele Hypothesen vermuten hingegen – abgeleitet aus Sekundärforschung – eine bestimmte ZusammenhangsRICHTUNG:

Wenn Personen älter als 40 Jahre alt sind, dann weisen sie einen HÖHEREN Belletristikkonsum auf als Jüngere.

Ein diesbezüglich signifikantes Ergebnis ist AUSSCHLIESSLICH aus einem HÖHEREN Prozentsatz (Mittelwert) älterer Menschen gegenüber jüngeren abzuleiten. Würden Ältere signifikant weniger Belletristik lesen, wäre dieser Umstand genauso als Widerlegung der Hypothese zu werten wie idente bzw. ähnliche Prozent- oder Mittelwerte.

Die Hypothese vermutet ein MEHR, „ident" oder „weniger" falsifiziert sie.

Dasselbe gilt sinngemäß für Hypothesen, die in einer Vergleichsgruppe ein Weniger an Variablenausprägung vermuten.

5.2.3.3 | Kreuztabellen

Kreuztabellen dienen zur Hypothesenprüfung **bei der Kombination nominaler (ordinaler)**, nicht (arithmetisch) rechenbarer **Variablen**. Diesbezügliche Beispiele wurden in Kapitel 3.3.4 ab Seite 47 formuliert (**[A]** und **[B]**).

Kreuztabellen prüfen die Signifikanz mittels **Chi²-Test** (Braunecker, 2023b, S.156–159). Signifikant ist ein Ergebnis aus vorliegenden Stichprobendaten dann, wenn es sich mit der Nullhypothese nicht vereinbaren lässt (vgl. Kapitel 5.2.1 ab Seite 58). Die diesbezügliche **Prüflogik für Prozentunterschiede** veranschaulicht – je nachdem, ob die Hypothese ungerichtet, rechtsseitig oder linksseitig formuliert wurde – die folgende Tabelle:

[21] Die Unterscheidung zwischen zwei- und einseitiger Hypothesenprüfung stellt – den Erfahrungen der Verfassenden dieses Buchs nach – ein Indiz für bereits fortgeschrittene Methodenkompetenz Studierender dar.

❶ ungerichtet	❷ gerichtet, rechtsseitig	❸ gerichtet, linksseitig
H_0: $\%_{41plus} = \%_{bis40}$	H_0: $\%_{41plus} \leq \%_{bis40}$	H_0: $\%_{41plus} \geq \%_{bis40}$
H_1: $\%_{41plus} \neq \%_{bis40}$	H_1: $\%_{41plus} > \%_{bis40}$	H_1: $\%_{41plus} < \%_{bis40}$

bis40 und 41plus = Altersgruppen | % = Prozentanteile innerhalb dieser Gruppe

Bei **ungerichteter** Formulierung (❶) wird auf Gleichheit (H_0) versus Ungleichheit (H_1) der Prozentanteile geprüft. Bei **gerichtetem** Wording kann die H_1 einen größeren Prozentsatz vermuten, dann muss die H_0 auf einen „kleineren oder gleichen" Prozentsatz geprüft werden (❷). Oder die H_1 geht von einem kleineren Prozentsatz aus, dann ist die H_0 mit ihrer „Größer oder gleich"-Vermutung zu widerlegen (❸).

Die entsprechenden Ergebniswordings finden sich in Kapitel 5.2.4 ab Seite 68.

5.2.3.4 | Mittelwertsvergleiche

Mittelwertsvergleiche dienen zur Hypothesenprüfung **beim Vergleich metrischer** (arithmetisch) rechenbarer **Variablen nach kategorialen Untergruppen** (= unabhängiger Mittelwertsvergleich) oder **beim Vergleich metrischer** Variablen **zueinander** (= abhängiger Mittelwertsvergleich, Braunecker, 2023b. S.72). Diesbezügliche Beispiele wurden in Kapitel 3.3.4 ab Seite 47 formuliert ([C] und [D] bzw. [E] und [F]).

Mittelwertsvergleiche prüfen die Signifikanz mittels **Mittelwertsvergleichstests** (Braunecker, 2023b, S.164–188). Signifikant ist ein Ergebnis aus vorliegenden Stichprobendaten dann, wenn es sich mit der Nullhypothese nicht vereinbaren lässt (vgl. Kapitel 5.2.1 ab Seite 58). Die diesbezügliche **Prüflogik für Mittelwertsunterschiede** veranschaulicht – je nachdem, ob die Hypothese ungerichtet, rechtsseitig oder linksseitig formuliert wurde – die folgende Tabelle:

UNabhängiger Mittelwertsvergleich kategorialer Untergruppen (anderer Datensätze)		
❹ ungerichtet	❺ gerichtet, rechtsseitig	❻ gerichtet, linksseitig
H_0: $Ø_{41plus} = Ø_{bis40}$	H_0: $Ø_{41plus} \leq Ø_{bis40}$	H_0: $Ø_{41plus} \geq Ø_{bis40}$
H_1: $Ø_{41plus} \neq Ø_{bis40}$	H_1: $Ø_{41plus} > Ø_{bis40}$	H_1: $Ø_{41plus} < Ø_{bis40}$

ABhängiger Mittelwertsvergleich (derselben Datensätze) **metrischer Variablen**		
❹ ungerichtet	❺ gerichtet, rechtsseitig	❻ gerichtet, linksseitig
H_0: $Ø_{eins} = Ø_{zwei}$	H_0: $Ø_{eins} \leq Ø_{zwei}$	H_0: $Ø_{eins} \geq Ø_{zwei}$
H_1: $Ø_{eins} \neq Ø_{zwei}$	H_1: $Ø_{eins} > Ø_{zwei}$	H_1: $Ø_{eins} < Ø_{zwei}$

bis40 und 41plus = Altersgruppen | eins und zwei = Vergleichsgruppen | Ø = Mittelwerte der Vergleichsgruppen

Bei **ungerichteter** Formulierung (❹) wird auf Gleichheit (H_0) versus Ungleichheit (H_1) der Mittelwerte geprüft. Bei **gerichtetem** Wording kann die H_1 einen größeren Mittelwert vermuten, dann muss die H_0 auf einen „kleineren oder gleichen" Mittelwert geprüft werden (❺). Oder die H_1 geht von einem kleineren Mittelwert aus, dann ist die H_0 mit ihrer „Größer oder gleich"-Vermutung zu widerlegen (❻).[22]

Die entsprechenden Ergebniswordings finden sich in Kapitel 5.2.4 ab Seite 68.

5.2.3.5 | Korrelationen

Korrelationen dienen zur Hypothesenprüfung **bei der Kombination zweier metrischer**, (arithmetisch) rechenbarer **Variablen**. Diesbezügliche Beispiele wurden in Kapitel 3.3.4 ab Seite 47 formuliert (**[G]**).

Korrelationen prüfen die Signifikanz mittels **Korrelationskoeffizienten** (und zugehörigem Signifikanztest) (Braunecker, 2023b, S.188–192). Signifikant und interpretierbar ist ein Ergebnis aus vorliegenden Stichprobendaten dann, wenn es sich mit der Nullhypothese nicht vereinbaren lässt (vgl. Kapitel 5.2.1 ab Seite 58) und einen möglichst hohen Korrelationskoeffizienten (ab ~ 0,5 bis 0,7; Braunecker, 2023b, S.73–76) aufweist. Die diesbezügliche **Prüflogik für Korrelationen** veranschaulicht – je nachdem, ob die Hypothese ungerichtet, rechtsseitig oder linksseitig formuliert wurde – die folgende Tabelle:

❼ ungerichtet		❽ gerichtet, rechtsseitig		❾ gerichtet, linksseitig	
H_0:	$r = 0$	**H_0:**	$r \leq 0$	**H_0:**	$r \geq 0$
H_1:	$r \neq 0$	**H_1:**	$r > 0$	**H_1:**	$r < 0$

r = Korrelationskoeffizient

Bei **ungerichteter** Formulierung (❼) wird auf Gleichheit (H_0) versus Ungleichheit (H_1) des Korrelationskoeffizienten (r) mit Null geprüft. Bei **gerichtetem** Wording kann die H_1 einen r größer Null vermuten, dann muss die H_0 auf einen Koeffizienten „kleiner oder gleich" Null geprüft werden (❽). Oder die H_1 geht von einem r kleiner Null aus, dann ist die H_0 mit ihrer „Größer oder gleich"-Null-Vermutung zu widerlegen (❾).

Die entsprechenden Ergebniswordings finden sich in Kapitel 5.2.4 ab Seite 68.

5.2.3.6 | Weiterführende Analyseverfahren

Die in Abbildung 2 auf Seite 62 angeführten Analyseverfahren sind sehr verbreitet, umfassen naturgemäß aber nicht alle für jegliche Hypothesenprüfung erforderlichen Routinen. Werden weitere Verfahren notwendig, folgen diese dennoch der „Basislogik": Sind die Vermutungen der Hypothese generalisierbar oder bloß Effekt des vorliegenden Datenabzugs?

---

[22] Das Durchschnittzeichen „Ø" in der Tabelle zur Bezeichnung eines Mittelwerts ist in statistischer Notation nicht sehr verbreitet, dient hier jedoch der leichteren Fassbarkeit der Inhalte.

5.2.3.7 | Probleme bei der Hypothesenprüfung

Die Kapitel 5.2.3.3, 5.2.3.4 und 5.2.3.5 ab Seite 64 beschäftigten sich mit den – je Messniveau der Hypothesenvariablen – richtigen Analyseverfahren. Aber nicht nur ein Mismatching von Skalenniveau und Hypothesentest verursacht Fehler.

Check: Die statistischen Analysen werden nicht korrekt durchgeführt
[Hypothesencoaching, Punkt ⏩6.9.5 ab Seite 136]

Vor jeglicher Datenanalyse ist es empfehlenswert, einen Überblick über die Datenlage zu gewinnen: Welche Variablen beinhaltet der Datenfile, welche Codierungen sind in welcher Häufigkeit vorhanden, welche Codierungen dürfen überhaupt vorkommen, welche dürfte es eigentlich gar nicht geben?

Das hilft dabei, fehlerhafte Auswertungen aufgrund inkonsistenter, unplausibler Daten zu vermeiden (Braunecker, 2023b, S. 47–51; 130–132).

Wenn z.B. in den Codierungen einer von 1 bis 5 skalierten Variable zusätzliche, andere Codierungen vorkommen (z.B. Code 6 für „weiß nicht, kann ich nicht beantworten"), wird eine Mittelwertsberechnung fehlerhaft.

In eine ähnliche Kerbe schlagen Fehlinterpretationen durch unplausible Daten.

Wenn z.B. unplausible Extremwerte nicht bereinigt und vollinhaltlich zur Ergebnisermittlung herangezogen werden, kann die Hypothesenprüfung in die Irre führen.

Check: Die Ergebnisse werden falsch (oder gar nicht) interpretiert
[Hypothesencoaching, Punkt ⏩6.10.2 ab Seite 140]

Hierzu zählen Unstimmigkeiten wie die Anwendung von Absolut- anstelle von Prozentzahlen, das Vertauschen von Zeilen- und Spaltenprozent (Braunecker 2023b, S.68–69), eine irrtümliche Basis von Fallzahlen beim Deuten von Prozentwerten anstelle gültiger Prozentwerte (Braunecker 2023b, S.53–55) usw.

Manchmal sind Datenanalyse (oder Ergebnisinterpretation) zwar nicht (technisch) mangelhaft, aber zu wenig genau oder nicht vollständig.

Check: Die statistischen Analysen sind ungenau oder unvollständig
[Hypothesencoaching, Punkt ⏩6.9.6 ab Seite 137]

So führen z.B. das ungenaue Identifizieren oder Nichteingehen auf benötigte Vergleichsgruppen oder Drittvariablen (vgl. Kapitel 2.3.2.3 ab Seite 28) zu datenanalytischen Defiziten.

Eine Hypothese bezieht sich auf einen Prozentvergleich. Basis dafür sind Datensätze, die bestimmte Kriterien erfüllen: 100 von 300 Datensätzen wären betroffen (und damit Teil der Hypothesenprüfung). Aufgrund mangelhafter Codierung (zur Datenauswahl der 100 Fälle für die Analyse) werden ALLE 300 Fälle in die Prozentuierung miteinbezogen. Das führt den Hypothesentest inhaltlich ad absurdum.

Dort und da werden zwar Hypothesen formuliert, bei der Ergebnisermittlung wird aber auf sie vergessen oder bei der Ergebnisdarstellung nicht näher auf sie eingegangen.

Check: Die Ergebnisse werden nicht (zu wenig) unter Hypothesenbezugnahme formuliert
[Hypothesencoaching, Punkt ⏩6.10.1 ab Seite 139]

Ergebnisse werden bloß über Prozent- bzw. Mittelwerte oder andere Deskriptivstatistiken (Braunecker, 2023b, S. 53–66) analysiert, ohne auf die in den Hypothesen formulierten Variablenzusammenhänge einzugehen.

5.2.4 | Ergebniswordings, Ergebnisdarstellung

> „[...] Aussagen über die Bestätigung oder Falsifikation von Hypothesen" sind „vorläufig; absolute und endgültige Sicherheit über die ‚Wahrheit' oder ‚Falschheit' einer Hypothese gibt es nicht." (Diekmann, 2016, S. 66) Auch eine mit größter Sorgfalt „[...] durchgeführte empirische Studie" hinterlässt „ein Restrisiko der Ungewissheit." (Diekmann, 2016, S. 66)

Hypothesen beziehen sich in der Regel auf eine große Grundgesamtheit von Merkmalsträgern, werden jedoch anhand einer (meist kleineren) Stichprobe geprüft (vgl. Kapitel 4.1.2 ab Seite 50). Daher können sie nicht „durch empirische Nachweise als gültig angenommen" werden (Reinders & Bergs-Winkels, 2022, S. 288), sondern höchstens „(vorläufig) beibehalten" (Diekmann, 2021, S. 175): Eine andere Stichprobe – zu einem anderen Zeitpunkt oder an einem anderen Ort – könnte aufgrund (zufällig) anderer Datenlage ein abweichendes Ergebnis liefern (Braunecker, 2023a, S. 22; Diekmann, 2021, S. 150; 174; Herczeg & Wippersberg, 2021, S. 99).

Check: In der Ergebnisbeschreibung werden unwissenschaftliche Begriffe verwendet
[Hypothesencoaching, Punkt ⏩6.10.4 ab Seite 142]

Im Sinne dieser Verweisquellen folgen – basierend auf Hypothesentestergebnissen (vgl. Kapitel 5.2.3.3, 5.2.3.4 bzw. 5.2.3.5 ab Seite 64) – empfohlene **Ergebniswordings**.

Eine Prüfung auf Signifikanz ergibt einen p-Wert $< 0{,}05$: Die Nullhypothese H_0 wird „verworfen" oder „abgelehnt", nicht jedoch „falsifiziert". Die Alternativhypothese H_1 (H_a) wird – gestützt durch die Daten – „vorläufig akzeptiert" oder „vorläufig angenommen".

Das Wort „vorläufig" dient dazu, die immer bestehende Möglichkeit einer vielleicht DOCH späteren Stützung der Nullhypothese in einem neuen empirischen Setting implizit anzusprechen. Deshalb kann die H_0 auch nicht „falsifiziert" („widerlegt") und die H_1 nicht „verifiziert" werden – das würde einer Beweisbarkeit gleichkommen.

Eine Prüfung auf Signifikanz ergibt einen p-Wert $\geq 0{,}05$: Die Nullhypothese H_0 wird „nicht verworfen" oder „nicht widerlegt". Die Alternativhypothese H_1 (H_a) wird mangels ausreichender Datenlage „nicht unterstützt", jedoch nicht „falsifiziert".

Auch hier besteht die Möglichkeit einer vielleicht DOCH späteren Ablehnung der H_0 in einem neuen empirischen Setting mit anderer Stichprobengröße oder Variabilität der Werte. Die H_0 kann also nicht „bestätigt" oder „verifiziert" werden, die STATISTISCHE H_1 nicht als „widerlegt" oder „falsifiziert" gelten. Auch hier liegt keine Beweisbarkeit vor.

Falsifiziert wird jetzt aber die der Prüfung zugrundeliegende INHALTLICHE Hypothese, weil die erhobenen Daten nicht zu den theoretischen Erwartungen gepasst haben.

Neben Prüfwordings könnten oft auch **Ergebnisbeschreibungen** wissenschaftlich hochwertiger ausfallen:

Check: Für die Ergebnisinterpretation wird kein statistisches Wording verwendet
[Hypothesencoaching, Punkt ⏩6.10.5 ab Seite 142]

Studierende sehen oft davon ab, Ergebnisinterpretationen in wissenschaftlichem Stil zu formulieren. Der APA-Stil (American Psychological Association, 2020) macht hier klare Vorgaben zu Inhalten und Formatierungen der relevanten statistischen Kennwerte.

Einen Mix aus APA-Stil und praxistauglichem, wissenschaftlichem Textstil formuliert zu den gebräuchlichsten Hypothesentests Braunecker, 2023b, S. 158; 170; 174; 177; 180; 182; 184; 186; 188; 192.

Zusätzlich zu Wordings sorgt oft die **grafische Darstellung** für weitere Herausforderungen beim Ergebnisreporting.

Ergebnisse empirischer Erhebung, allen voran von Hypothesenprüfungen, sollten derart dargestellt werden, dass sie rasch fassbar sind. Auch jene Personen, die das Thema nur am Rande oder gar nicht kennen, sollten sich sofort zurechtfinden und einen guten Ergebnisüberblick erhalten.

Check: Die statistischen Berechnungen und Ergebnisse werden nicht korrekt dargestellt
[Hypothesencoaching, Punkt ⏩6.10.3 ab Seite 141]

Zu einer wissenschaftlich transparenten Ergebnisdarstellung zählen folgende **Aspekte**:

- Angaben zur Datenquelle (bei wiederholter Referenz auf dieselben Daten bloß einmalig)
- Angaben zur zugrunde liegenden Datenbasis (Stichprobengröße bzw. Anzahl der Datensätze, auf denen die aktuelle Darstellung beruht)
- (zumindest kleingedruckt) Angaben zur verwendeten Skala (z.B. Absolut- oder Prozentzahlen, Mittelwerte, Index eines empirischen Konstrukts usw.)
- (zumindest kleingedruckt) genauer Wortlaut der Fragestellung (bei Befragungen) oder exakte Information darüber, welche Daten die Grafik darstellt

Aber auch **technische Details** können die gute Erfassung von Darstellungen erschweren. Etwa skaliert Analyse- und Officesoftware in ihren Standardeinstellungen grafische Darstellungen nicht entlang aller theoretisch – laut Erhebungsinstrument – möglichen Codierungen, sondern automatisch zwischen den in den Daten vorkommenden Werten. Das kann zu Fehlinterpretationen führen (Reinders & Bergs-Winkels, 2022, S. 298).

Angenommen, eine Umfrage enthält bei zwei Fragen jeweils Itemlisten mit mehreren ***Likert-Skalen von 1 bis 7****. Bei EINER der beiden Fragen reichen aber die erhobenen Daten in allen Fällen nur von* ***3 bis 6****. Die Ergebnisse beider Fragen werden in zwei Diagrammen nebeneinander dargestellt. Die Software setzt die Achsenbegrenzung automatisch einmal auf 1 bis 7, einmal bloß auf den beobachteten Wertebereich von 3 bis 6. Das erweckt im zweiten Fall schnell den Eindruck, dass die Unterschiede zwischen den Werten stärker ausgeprägt sind, als es tatsächlich der Fall ist, und macht einen direkten Vergleich unmöglich.*

Tipps zur richtigen Darstellung von Ergebnissen geben Braunecker, 2023a, S. 154–156 sowie Braunecker, 2023b, S. 200–206. Diesbezügliche Beispiele stehen (in einem PDF- und PowerPoint-File) auf **howtodo.at** bzw. **utb.de** zur Verfügung:

www.utb.de/do/10.36198/9783838561608-m04

Zusatzmaterial

howtodo.at/downloads/Ergebnisdarstellungen.pdf

www.utb.de/do/10.36198/9783838561608-m05

Zusatzmaterial

howtodo.at/downloads/Ergebnisdarstellungen.pptx

Ein Audioabstract dieses Kapitels findet sich auf **hypothesen.at** sowie **utb.de**:

www.utb.de/do/10.36198/9783838565026-m06

Audioabstract

hypothesen.at/audio/kapitel-5.mp3

6 | Hypothesencoaching

In wissenschaftlichen quantitativen Arbeiten werden im Zuge der Formulierung von Hypothesen immer wieder Ungenauigkeiten oder Fehler begangen. Dieses Kapitel zeigt die auftretenden Herausforderungen – untergliedert in folgende 10 Dimensionen:

6.1	**Wissenschaftlichkeit** (vgl. Kapitel 6.1 ab Seite 75)
6.2	**Theoretische Fundierung, Nachvollziehbarkeit** (vgl. Kapitel 6.2 ab Seite 82)
6.3	**Definition, Eindeutigkeit** (vgl. Kapitel 6.3 ab Seite 86)
6.4	**Überprüfbarkeit, Testbarkeit** (vgl. Kapitel 6.4 ab Seite 97)
6.5	**Logik, Konsistenz** (vgl. Kapitel 6.5 ab Seite 103)
6.6	**Arten von Hypothesen, Formulierung** (vgl. Kapitel 6.6 ab Seite 108)
6.7	**Methode, Erhebungsinstrument** (vgl. Kapitel 6.7 ab Seite 119)
6.8	**Grundgesamtheit, Stichprobe** (vgl. Kapitel 6.8 ab Seite 124)
6.9	**Analyseplanung, Umsetzung** (vgl. Kapitel 6.9 ab Seite 131)
6.10	**Ergebnisse, Interpretation** (vgl. Kapitel 6.10 ab Seite 138)

Die 10 Hauptdimensionen werden – gemäß ihrem erfahrungsmäßigen Auftreten in der Praxis – in insgesamt 50 Detailaspekte untergliedert (**Hypothesencoaching**).

Sämtliche Beispiele, die im Folgenden erläutert werden, sind fiktiver Art. Sie beruhen nicht auf wissenschaftlichen Grundlagen.

Vielmehr haben die Verfassenden dieses Buchs die **Musterfälle auf Grundlage** ihrer **Praxiserfahrungen** mit oft auftretenden Fehlerquellen entwickelt. Alle Hypothesen in diesem Kapitel sowie deren fehlerhafte Variationen sind beispielhaft und zu Lehrzwecken entstanden. Wie bereits zu Beginn dieses Buchs angesprochen, **werden die Beispiele auf das gerade beschriebene Thema vereinfachend simplifiziert und erheben nicht den Anspruch, in ihrer Gesamtheit wissenschaftlichen Ansprüchen zu genügen.**

Jeder Fehler wird beispielhaft charakterisiert und mit Lösungsmöglichkeiten und praktischen Umsetzungstipps versehen: Die Hypothesenbeispiele sind mit $_{\text{tiefgestellten}}$ römischen Zahlen durchnummeriert (H_I usw.), um eine Verwechslung mit den statistischen Null- und Alternativhypothesen (H_0 und H_1) auszuschließen.

✗ **$H_{I\ bad}$**:

*Beispiele schlechter Praxis werden rot hinterlegt mit der Hypothesenbezeichnung „**$H_{I\ bad}$**" angeführt. Sie sind mit einem roten Ablehnungssymbol gekennzeichnet.*

✓ **$H_{I\ good}$**:

*Beispiele guter Praxis werden grün hinterlegt und mit der Hypothesenbezeichnung „**$H_{I\ good}$**" angeführt. Sie sind mit einem grünem Zustimmungssymbol markiert.*

~ **H_I**:

Wenn in einem Kapitel einem Hypothesenbeispiel von der Formulierung selbst her keine „bad"- oder „good"-Bedeutung zukommt, dann wird es grau hinterlegt und mit einer Wellenlinie eingeleitet.

In manchen Kapiteln werden zusätzlich im Erläuterungstext Fehler in roter Schriftfarbe gekennzeichnet, richtiges Vorgehen in grüner Textformatierung.

Bei vielen Hypothesen wird auch angeführt, ob sie ein- oder zweiseitig zu prüfen wären sowie mit welchen Analyseverfahren – Kreuztabelle, Mittelwertsvergleich oder Korrelation.

Eine überblicksmäßige Checkliste zu den 10 potenziellen Fehlerquellen (50 essenziellen Aspekten) und Quick-Use-FAQ finden sich auf **hypothesen.at** sowie **utb.de**:

www.utb.de/do/10.36198/9783838565026-m07

Coaching-Checkliste

hypothesen.at/checkliste

www.utb.de/do/10.36198/9783838565026-m08

Quick-Use-FAQ

hypothesen.at/faq

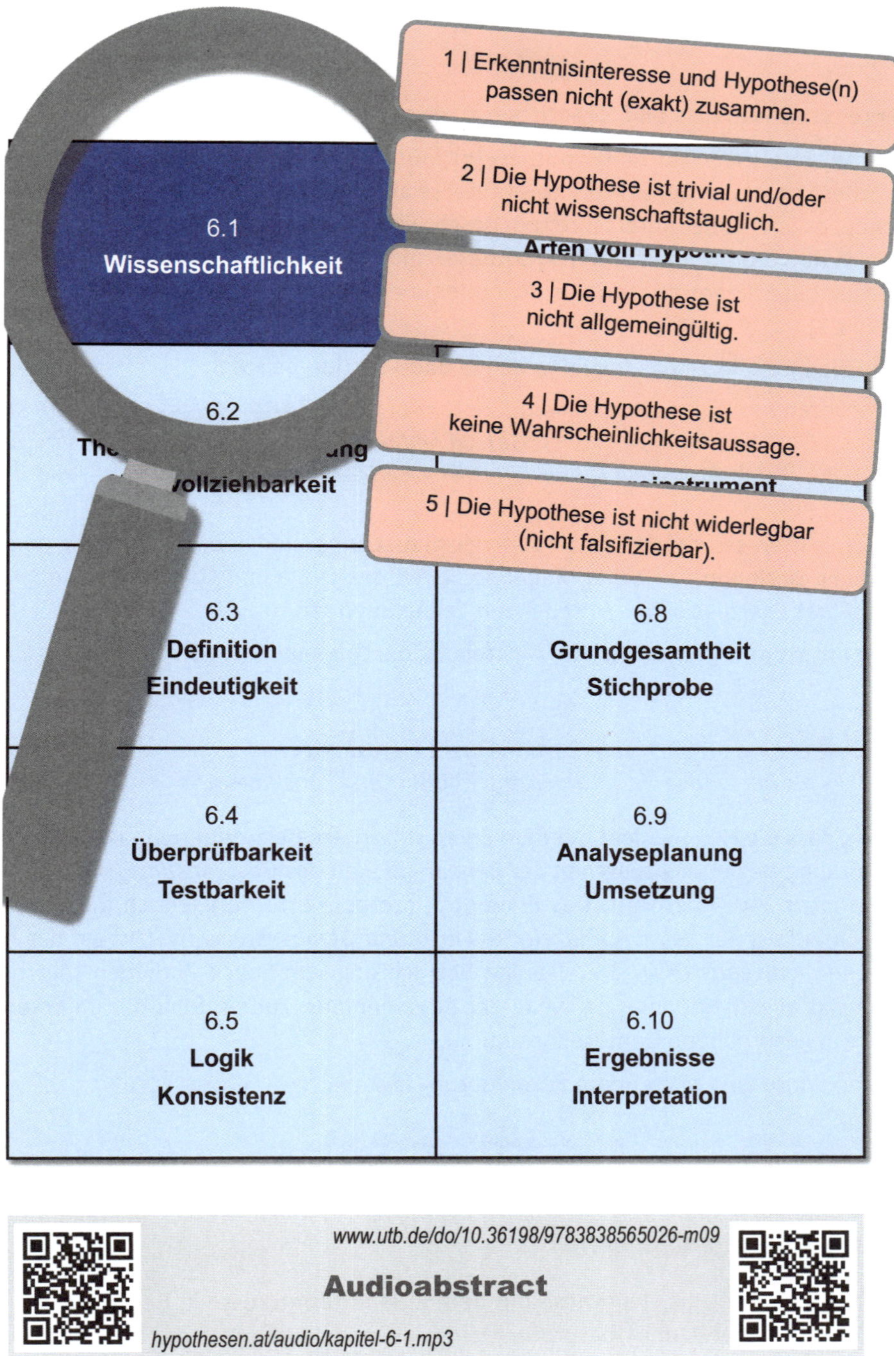

Abbildung 3: 6.1 | Wissenschaftlichkeit

6.1 Wissenschaftlichkeit

6.1.1 | Erkenntnisinteresse und Hypothese(n) passen nicht (exakt) zusammen.

Das Erkenntnisinteresse und die Hypothese(n) müssen zusammenpassen. Das bedeutet, jede Hypothese muss aus dem Erkenntnisinteresse ableitbar sein und darf diesem nicht widersprechen, es über- oder unterschreiten. Beschreibt das Erkenntnisinteresse Forschungsziele, die sich durch die aufgestellten Hypothesen nicht überprüfen lassen, so wird die Forschungsarbeit das Erkenntnisinteresse nicht oder nur vage abdecken können. **[Seite ⏩ 30 in Kapitel 2.3.3.1]**

Betrachten Sie bitte hierzu das folgende fiktive **Bad-Practice-Beispiel**:

> *Erkenntnisinteresse: Eine Untersuchung zielt darauf ab, festzustellen, ob der regelmäßige Konsum von Obst und Gemüse einen positiven Einfluss auf die allgemeine Gesundheit von Personen hat, insbesondere im Hinblick auf eine mögliche Verbesserung ihres Energieniveaus im Alltag.*

Das Erkenntnisinteresse beschreibt als **zentrales Forschungsziel** eine Überprüfung der Ursache-Wirkung-Beziehung zwischen *Regelmäßigkeit des Obst- und Gemüsekonsums (UV)* und *Ausmaß des Energieniveaus (AV)* bei den Teilnehmenden.

In diesem Kontext erfolgt zunächst die Aufstellung der folgenden Hypothese:

✗ **$H_{I\ bad\ |\ a}$**:

Wenn Personen täglich eine Portion Obst essen, dann bevorzugen sie eher gesunde Snacks als Personen, die weniger regelmäßig Obst konsumieren.

Es zeigt sich, dass die $H_{I\ bad\ |\ a}$ nicht mit dem Erkenntnisinteresse zusammenpasst, da sie die Ursache-Wirkung-Beziehung zwischen der *Regelmäßigkeit des Obstkonsums (UV)* und *Vorlieben für Snacks (AV)* überprüft. Das Erkenntnisinteresse erfordert jedoch die Untersuchung des Einflusses der *Regelmäßigkeit des Obst- und Gemüsekonsums (UV)* auf das *Ausmaß des Energieniveaus (AV)*. Die alleinige Betrachtung von Snack-Vorlieben sagt noch nichts über das allgemeine Energieniveau der Personen aus. Zudem fehlt der im Erkenntnisinteresse angesprochene Gemüsekonsum.

Stattdessen könnte eine passendere Formulierung lauten:

✓ **$H_{I\ good\ |\ a}$** (inhaltlich, gerichtet, Überprüfung über Kreuztabelle):

Wenn Personen täglich eine Portion Obst und Gemüse essen, dann berichten sie eher über ein höheres Energiegefühl im Alltag als Personen, die weniger regelmäßig Obst und Gemüse konsumieren.

Auf diese Weise stimmt die Hypothese mit dem Erkenntnisinteresse in Bezug auf das gemeinsame Forschungsziel, der Überprüfung eines positiven Einflusses der *Regelmäßigkeit des Obst- und Gemüsekonsums (UV)* auf das *Energieniveau (AV)*, überein.

Weiters erfolgt die Aufstellung einer zweiten Hypothese:

✗ **$H_{I\ bad\ |\ b}$:**

Wenn Personen täglich eine Portion Obst oder Gemüse essen und auch regelmäßig Sport treiben, dann berichten sie eher über ein höheres Energiegefühl im Alltag als Personen, die täglich eine Portion Obst und Gemüse essen und unregelmäßig oder überhaupt keinen Sport treiben.

Der Einfluss der regelmäßigen Sportaktivität ist kein genannter Forschungsgegenstand innerhalb des Erkenntnisinteresses. Demzufolge ist die $H_{I\ bad\ |\ b}$ nicht für die Beantwortung des Erkenntnisinteresses notwendig und kann daher als überflüssig angesehen werden.

Eine andere Situation würde sich ergeben, wenn die *Sportaktivität (UV)* Teil des Erkenntnisinteresses wäre:

Erkenntnisinteresse: Eine Untersuchung zielt darauf ab, festzustellen, ob der regelmäßige Konsum von Obst und Gemüse einen positiven Einfluss auf die allgemeine Gesundheit der Personen hat, insbesondere im Hinblick auf eine mögliche Verbesserung ihres gefühlten Energieniveaus im Alltag. Weiterführend soll auch erforscht werden, ob der Obst- und Gemüsekonsum in Verbindung mit regelmäßiger Sportaktivität einen stärkeren Einfluss auf das gefühlte Energieniveau hat als der alleinige Obst- und Gemüsekonsum.

Nun lässt sich die $H_{I\ good\ |\ b}$ in die Forschung mitaufnehmen ...

✓ **$H_{I\ good\ |\ b}$** (inhaltlich, gerichtet, Überprüfung über Kreuztabelle):

Wenn Personen täglich eine Portion Obst oder Gemüse essen und auch regelmäßig Sport treiben, dann berichten sie eher über ein höheres Energiegefühl im Alltag als Personen, die täglich eine Portion Obst oder Gemüse essen, aber unregelmäßig oder überhaupt keinen Sport treiben.

... und Erkenntnisinteresse und Hypothesen passen zusammen – check!

Coachingtipp:

Stellen Sie sich nach der Formulierung des Erkenntnisinteresses und der Hypothese(n) folgende Fragen: *Wurden alle Hypothesen formuliert, die das Erkenntnisinteresse erfordert? Stimmen die Forschungsziele im Erkenntnisinteresse mit denen der Hypothese(n) überein? Wurden Hypothesen formuliert, die das Erkenntnisinteresse NICHT erfordert?* In der Phase der Konzeptualisierung der Forschung kann es helfen, zirkulär zu arbeiten. Stimmen Sie Erkenntnisinteresse und Hypothese(n) aufeinander ab. Zum jetzigen Zeitpunkt sind Sie noch flexibel in Ihrer Forschungsplanung. Stimmt die Basis erstmal, steht Ihrer weiteren Forschung nichts mehr im Weg!

6.1.2 | Die Hypothese ist trivial und/oder nicht wissenschaftstauglich.

Um sinnvolle Erkenntnisse zu generieren, ist es wichtig, sicherzustellen, dass Hypothesen auf die Erforschung relevanter und substanzieller Zusammenhänge abzielen, ohne diese zu werten. Trivialität bezieht sich auf die Offensichtlichkeit oder Vorhersehbarkeit eines postulierten Zusammenhangs. Eine Hypothese, die einen offensichtlichen Zusammenhang beschreibt, bedarf keiner empirischen Testung und lässt sich folglich mit den wissenschaftlichen Anforderungen an Hypothesen nicht vereinbaren. **[Seite ⏩31 in Kapitel 2.3.3.1]**

Betrachten Sie bitte hierzu das folgende fiktive **Bad-Practice-Beispiel**:

✗ **H**$_{I\ bad}$:

Wenn Personen regelmäßig Zugang zu frischem Obst haben, dann essen sie öfter Gesundes wie Obst als Personen, die keinen Zugang zu frischem Obst haben.

Die H$_{I\ bad}$ beschreibt einen Zusammenhang zwischen dem *Zugang zu frischem Obst (UV)* und der *Häufigkeit des Obstkonsums (AV)*. Da es in der Realität schwer möglich ist, oft frisches Obst zu essen, ohne überhaupt Zugang dazu zu haben, kann die Hypothese als trivial angesehen werden. Sie stellt eine selbstverständliche Annahme dar, da der Zugang zu frischem Obst eine Grundvoraussetzung für dessen Konsum ist. Außerdem wertet die Hypothese durch das Wort „Gesundes".

Ein Lösungsweg könnte beispielsweise sein, Personen in Gruppen aufzuteilen, die Zugang zu einer kostenfreien oder subventionierten Obstkiste am Arbeitsplatz haben, und sie hinsichtlich ihres wöchentlichen Obstkonsums – wertfrei – zu vergleichen:

✓ **H**$_{I\ good}$ (inhaltlich, gerichtet, Überprüfung über Mittelwertsvergleich):

Wenn Personen an ihrem Arbeitsplatz Zugang zu einer kostenfreien oder subventionierten Obstkiste haben, dann essen sie im Durchschnitt mehr Obst pro Woche als Personen ohne einen solchen Zugang.

Die H$_{I\ good}$ ist damit differenzierter, aussagekräftiger und vermeidet die Problematik der Trivialität: Sie betrachtet nicht nur den Zugang an sich, sondern auch den spezifischen Einfluss eines kostenfreien oder subventionierten Angebots auf den Obstkonsum.

Abzulehnen sind auch tautologische Hypothesen auf bloß semantischer Vergleichsbasis:

✗ **H**$_{II\ bad}$:

Wenn Personen als Frutarier:innen leben, dann essen sie mehr Obst und Gemüse als Personen, die anders leben.

Coachingtipp:

Stellen Sie sich nach der Formulierung Ihrer Hypothese folgende Fragen: *Sind die Ergebnisse vorhersehbar? Welchen Beitrag leistet die Hypothese zur bestehenden Forschung? Sind die Vergleichsgruppen sinnvoll gewählt?* Und vor allem: Denken Sie an den Mehrwert Ihrer Forschungsergebnisse! Die Ergebnisse der H$_{I\ good}$ könnten beispielsweise dazu beitragen, Maßnahmen zur Förderung des Obstkonsums in Betrieben zu erhöhen.

6.1.3 | Die Hypothese ist nicht allgemeingültig.

Um eine Hypothese „richtig“ aufzustellen, ist es wichtig, dass sie allgemeingültig formuliert wird. Das bedeutet, dass sie nicht auf einen spezifischen Einzelfall oder eine einmalige Situation beschränkt sein darf. Eine korrekt formulierte Hypothese sollte eine allgemeine Aussage über die Beziehung zwischen Variablen treffen, die auf verschiedene Fälle und Situationen anwendbar ist. Die Generalisierung ermöglicht die Überprüfbarkeit und Replizierbarkeit der Hypothese. **[Seite ⏩32 in Kapitel 2.3.3.1]**

Betrachten Sie bitte hierzu die folgenden fiktiven **Bad-Practice-Beispiele**:

✗ **$H_{I\ bad}$**:

Je mehr Äpfel Herr Muster am Wochenende isst, desto fitter fühlt er sich am Montagmorgen.

Die $H_{I\ bad}$ ist nicht allgemeingültig, da sie sich auf eine einzelne Person (Herr Muster) und einen spezifischen Zeitpunkt (Montagmorgen) beschränkt. Dies erlaubt keine Rückschlüsse auf das Verhalten anderer oder den generellen Zusammenhang zwischen Apfelkonsum und Fitnessgefühl, wodurch die Aussagekraft eingeschränkt und eine wissenschaftlich fundierte Verallgemeinerung verhindert wird.

Die folgende Art der Formulierung ist zwar besser als die $H_{I\ bad}$ und kommt in der Praxis durchaus vor, bezieht sich eigentlich aber auch nicht auf Mehrheiten:

✗ **$H_{II\ bad}$**:

Je mehr frisches Obst eine Person zwischen 18 und 30 Jahren regelmäßig in ihrer Freizeit konsumiert, desto fitter fühlt sie sich zum Arbeitsbeginn.

Besser formuliert, um allgemeingültiger zu sein, könnte die Hypothese wie folgt lauten:

✓ **$H_{II\ good}$** (inhaltlich, gerichtet, Überprüfung über Korrelation):

Je mehr frisches Obst Personen zwischen 18 und 30 Jahren regelmäßig in ihrer Freizeit konsumieren, desto fitter fühlen sie sich zum Arbeitsbeginn.

Die $H_{II\ good}$ bezieht sich auf eine größere Gruppe (Menschen allgemein) und stellt eine allgemeine Aussage über den Zusammenhang zwischen *Obstkonsum in der Freizeit* und dem *Fitnessgefühl zum Arbeitsbeginn* her. Damit kann untersucht werden, ob dieser Zusammenhang auch bei anderen Personen und unter verschiedenen Bedingungen besteht. Die Hypothese ist somit verallgemeinert und überprüfbar – check!

Coachingtipp:

Damit Ihre Hypothese allgemeingültig ist, formulieren Sie diese so, dass sie für eine ganze Gruppe oder Population gilt und für alle Mitglieder der untersuchten Gruppe relevant ist. Hierfür sollten Sie Pluralformen wie „Menschen“ wählen. Verwenden Sie auch keine spezifischen Namen oder Einzelpersonen, statt „Herr Muster“ zu nennen, schreiben Sie besser „Personen“. Überlegen Sie sich außerdem, wie Ihre Hypothese in verschiedenen Kontexten und bei unterschiedlichen Stichproben getestet werden könnte.

6.1.4 | Die Hypothese ist keine Wahrscheinlichkeitsaussage.

In den Sozial- und Wirtschaftswissenschaften werden Hypothesen als Wahrscheinlichkeitsaussagen (= probabilistische Hypothesen) formuliert, die allgemeine Tendenzen beschreiben. Dies unterscheidet sie von deterministischen Hypothesen der Naturwissenschaften, die feste Gesetzmäßigkeiten beschreiben. Probabilistische Hypothesen konzentrieren sich nicht auf die Vorhersage präziser Gegebenheiten, sondern berücksichtigen statistische Unschärfen und Variabilität und sind in größeren Stichproben replizierbar. Eine Hypothese, die konkrete Ergebnisse bzw. Ergebniszahlen vorhersagt, ist im sozialwissenschaftlichen Kontext ungeeignet. **[Seite ⏩30 in Kapitel 2.3.3.1]**

Betrachten Sie dazu bitte das folgende fiktive **Bad-Practice-Beispiel**:

✘ **H**$_{I\ bad}$:

Wenn Personen während der Woche täglich einen Apfel essen, dann schlafen sie am Wochenende länger als Personen, die täglich keinen Apfel essen.

Die H$_{I\ bad}$ ist keine Wahrscheinlichkeitsaussage, da sie ein festes Ergebnis vorhersagt (längerer Schlaf am Wochenende für alle). Diese Aussage berücksichtigt keine Variabilität und impliziert, dass das Ergebnis in jedem Fall so eintreten muss, wenn jemand täglich einen Apfel isst. In den Sozial- und Wirtschaftswissenschaften ist eine solche absolute Vorhersage unangemessen, da sie die natürlichen Unterschiede zwischen Personen nicht berücksichtigt. Wahrscheinlichkeitsaussagen zielen in der Regel darauf ab, Unterschiede zwischen GRUPPEN zu vergleichen. Dabei drücken sie aus, mit welcher Wahrscheinlichkeit ein bestimmtes Ergebnis eintreten könnte, und berücksichtigen, dass die Ergebnisse variieren können, indem sie Wahrscheinlichkeiten für die verschiedenen Ausprägungen eines Merkmals angeben, anstatt konkrete Zahlenwerte zu bestimmen.

✔ **H**$_{I\ good}$ (inhaltlich, gerichtet, Überprüfung über Mittelwertsvergleich):

Wenn Personen während der Woche täglich einen Apfel essen, dann schlafen sie am Wochenende im Schnitt länger als Personen, die nicht täglich einen Apfel essen.

Anstatt feste Ergebnisse vorzugeben, drückt die H$_{I\ good}$ eine Durchschnittsvermutung aus. Sie impliziert, dass es wahrscheinlicher ist, dass Apfelkonsum mit einer längeren Schlafdauer verbunden ist, ohne dabei davon auszugehen, dass das für alle zutrifft. Die Hypothese kann nun als probabilistisch klassifiziert werden, da sie eine allgemeine Richtung angibt, aber gleichzeitig Raum für Abweichungen lässt.

Coachingtipp:

Formulieren Sie Ihre Hypothese als Wahrscheinlichkeitsaussage, indem Sie allgemeine Tendenzen und mögliche Variabilität berücksichtigen, anstatt absolute Ergebnisse oder fixe Zahlenwerte vorherzusagen. Ihre Hypothese sollte Gruppenvergleiche anstellen bzw. ausdrücken, dass wahrscheinlich ein Zusammenhang besteht – vermeiden Sie dabei feste Vorhersagen.

6.1.5 | Die Hypothese ist nicht widerlegbar (nicht falsifizierbar).

Ein grundlegendes wissenschaftliches Forderungskriterium an Hypothesen ist ihre Widerlegbarkeit. Für jede Hypothese muss die Formulierung einer Gegenposition möglich sein. Ebenso muss sie durch empirische Daten potenziell falsifiziert werden können. Eine Hypothese, die sich immer als wahr befürworten wird oder keine klaren Bedingungen angibt, unter denen sie widerlegt werden kann, ist nicht wissenschaftlich fundiert. Sie verliert ihren Mehrwert, da sie keinen Beitrag zur Weiterentwicklung von Theorien leistet. Aus ebendiesem Grund können Hypothesen auch nicht „bestätigt“, sondern immer nur höchstens „vorläufig gestützt“ werden. [Seite ⏩33 in Kapitel 2.3.3.1]

Betrachten Sie dazu bitte das folgende fiktive **Bad-Practice-Beispiel**:

✘ **H**$_{\text{I bad}}$:

Wenn Personen täglich Schokolade essen, dann weisen sie manchmal eher positive Emotionen auf als jene, die nicht täglich Schokolade essen.

Diese Hypothese ist problematisch: Die Formulierung „manchmal“ schließt jegliche Möglichkeiten aus, die Hypothese zu widerlegen – „manchmal“ kann jederzeit auftreten und niemals bei einzelnen Hypothesenprüfungen widerlegt werden. Abhilfe könnte hier schaffen, die Komplexität von Emotionen und damit auch Bedingungen zu berücksichtigen, unter denen sich Personen trotz Schokoladenkonsums unglücklich fühlen. Ohne klare Kriterien möglicher Widerlegbarkeit bleibt die Hypothese sonst wissenschaftlich unbrauchbar.

Auch Kann-Sätze schlagen in dieselbe Kerbe: Wenn etwas sein KANN, kann es auch NICHT SEIN. Die folgende Hypothese wäre deshalb ebenso untauglich, weil nicht widerlegbar:

✘ **H**$_{\text{II bad}}$:

Wenn Personen täglich Schokolade essen, dann können sie eher positive Emotionen aufweisen als jene, die nicht täglich Schokolade essen.

Eine in diesem Zusammenhang besser formulierte Hypothese wäre folgende:

✓ **H**$_{\text{I good}}$ (inhaltlich, gerichtet, Überprüfung über Kreuztabelle):

Wenn Personen täglich Schokolade essen, dann berichten sie eher von positiven Emotionen als Personen, die nicht täglich Schokolade essen.

Diese Version ist falsifizierbar, weil sie einen messbaren, wahrscheinlichen und vor allem widerlegbaren Zusammenhang beschreibt.

Coachingtipp:

Setzen Sie klare und praktikable Bedingungen innerhalb Ihrer Hypothese und vermeiden Sie extreme Anforderungen, die in der Realität nicht umsetzbar sind. Konzentrieren Sie sich stattdessen auf messbare Unterschiede oder Wahrscheinlichkeiten. Fragen Sie sich bei jeder Ihrer Hypothesen: *Unter welchen Bedingungen könnte ich diese Aussage widerlegen?* Wenn Sie keine klare Antwort darauf finden, überarbeiten Sie die jeweilige Hypothese so, dass sie eine potenzielle Falsifikation ermöglicht.

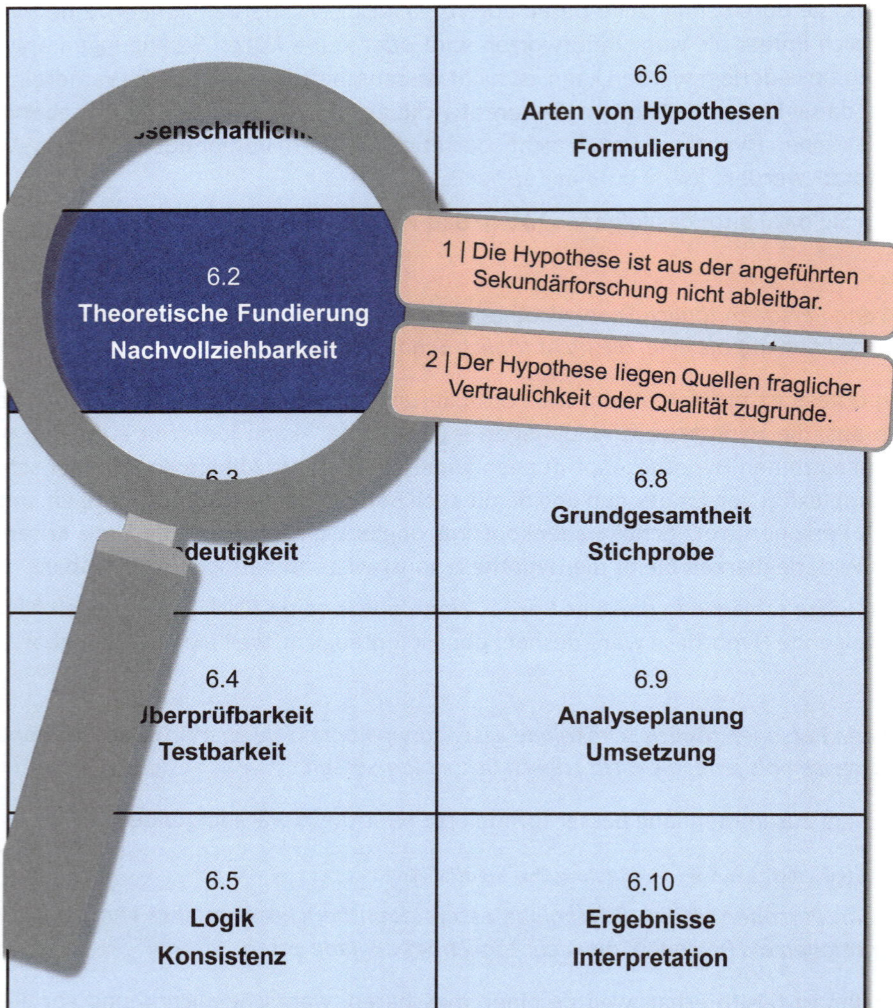

www.utb.de/do/10.36198/9783838565026-m10

Audioabstract

hypothesen.at/audio/kapitel-6-2.mp3

Abbildung 4: 6.2 | Theoretische Fundierung, Nachvollziehbarkeit

6.2 Theoretische Fundierung, Nachvollziehbarkeit

6.2.1 | Die Hypothese ist aus der angeführten Sekundärforschung nicht ableitbar.

Eine wissenschaftlich fundierte Hypothese sollte stets auf theoretischer Basis beruhen und sich aus bestehendem Wissen oder empirischen Untersuchungen ableiten lassen. Dazu gehören Sekundärquellen wie Fachliteratur, frühere Studien oder neue Theorien. Selbst kontroverse Ansätze oder Replikationen unter geänderten Bedingungen können als wertvolle Grundlage dienen. Eine Hypothese, die auf unbelegten Vermutungen oder spekulativen Aussagen beruht, kann nicht als wissenschaftlich fundiert angesehen werden. Dies macht es unmöglich, sie sinnvoll in den Kontext bestehender Forschung einzuordnen oder als Ausgangspunkt für weitere Studien zu verwenden. **[Seite ⏩ 34 in Kapitel 2.3.3.2]**

Betrachten Sie dazu bitte das folgende fiktive **Bad-Practice-Beispiel**:

✘ **$H_{I\ bad}$**:

Wenn Personen Blaubeeren in Form von Smoothies konsumieren, dann berichten sie im Durchschnitt von einer besseren Gedächtnisleistung als Personen, die frische Blaubeeren essen.

Die obige Hypothese ist spekulativ, weil sie keinen Bezug zu wissenschaftlicher Forschung hat, die den *Einfluss der Darreichungsform* (z.B. Smoothies vs. frische Früchte) auf die *Gedächtnisleistung* untersucht. Zum aktuellen Zeitpunkt gibt es keine Studien, die eine solche Unterscheidung anstreben oder zeigen, dass Blaubeeren in Smoothies eine andere Wirkung auf die kognitive Leistung haben als in ihrer frischen Form. Die Aussage basiert also nicht auf empirischen Erkenntnissen oder theoretischen Grundlagen. Zudem fehlt ein plausibler Mechanismus, der erklärt, warum die Zubereitungsart der Blaubeeren eine so drastische Auswirkung haben sollte. Ohne Verbindung zu bestehenden Erkenntnissen bleibt die Hypothese unbegründet und wissenschaftlich unhaltbar.

Bei der Formulierung einer fundierten Hypothese ist es demnach entscheidend, bestehende theoretische Erkenntnisse in die Überlegungen einzubeziehen: Beispielweise berichten Kalt et al. (2020), dass der regelmäßige Verzehr von Blaubeeren oder deren Anthocyanen mit einer verbesserten kognitiven Funktion und neuroprotektiven Effekten verbunden ist. In diesem Kontext könnte eine wissenschaftlich belegbare Hypothese lauten:

✔ **$H_{I\ good}$** (inhaltlich, gerichtet, Überprüfung über Mittelwertsvergleich):

Wenn Personen regelmäßig Blaubeeren konsumieren, dann berichten sie im Durchschnitt von einer besseren Gedächtnisleistung als Personen, die selten oder keine Blaubeeren essen.

Die $H_{I\ good}$ basiert auf wissenschaftlichen Erkenntnissen über den Zusammenhang zwischen Blaubeeren und kognitiven Funktionen. Forschungsergebnisse legen nahe, dass die in Blaubeeren enthaltenen Antioxidantien und Anthocyanen positive Auswirkungen auf die Gehirnfunktion haben können (Kalt et al., 2020). Statt eine spekulative Vermutung aufzustellen, beschreibt die Hypothese eine allgemeine Tendenz, die sich auf Durchschnittswerte bezieht und über einen Mittelwertsvergleich getestet werden kann, was sie zu einer soliden Grundlage für weitere Forschung macht.

Coachingtipp:

Überlegen Sie bei jeder Hypothese, ob Sie eine klare Verbindung zu bestehender Literatur oder Forschung herstellen können. Stellen Sie sich vor, jemand fragt Sie: *„Welche Studie oder Theorie belegt diese Aussage?“* Wenn Sie keine konkrete Antwort darauf haben, ist die Hypothese vermutlich nicht fundiert genug. In diesem Fall sollten Sie entweder Ihre Hypothese überarbeiten oder in eine Forschungsfrage umwandeln, um eine Grundlage für zukünftige Studien zu schaffen. Eine Forschungsfrage wie *„Welche Auswirkungen hat der regelmäßige Konsum von Blaubeeren auf die subjektive Wahrnehmung der Gedächtnisleistung?“* würde es erlauben, offene Punkte zu untersuchen, ohne spekulative Behauptungen aufzustellen.

6.2.2 | Der Hypothese liegen Quellen fraglicher Vertraulichkeit oder Qualität zugrunde.

Eine wissenschaftlich fundierte Hypothese erfordert eine gründliche Prüfung der zugrunde liegenden Datenquellen. Besonders bei der Verwendung von sekundärstatistischem Material ist es essenziell, den Erhebungsprozess, den Kontext und die Transparenz der Daten kritisch zu hinterfragen. Quellen, die intransparente oder fragwürdige Methoden verwenden, können Hypothesen entstehen lassen, die wissenschaftlich nicht tragfähig sind. Eine solide und nachvollziehbare Datenbasis ist daher unverzichtbar, um verlässliche wissenschaftliche Aussagen zu treffen. **[Seite ⏩34 in Kapitel 2.3.3.2]**

Betrachten Sie dazu bitte das folgende fiktive **Bad-Practice-Beispiel**:

Eine von fertigzeugs.health [fiktiver Hersteller] veröffentlichte (fiktive) Studie zeigt die starke positive Wirkung von Fertiggerichten auf Diäterfolge. Darauf referenzierend wird folgende Hypothese formuliert:

✘ **H_I** bad:

Je mehr Fertiggerichte Menschen essen, desto schneller verlieren sie Gewicht.

Diese Hypothese ist fragwürdig, weil sie möglicherweise auf einer unseriösen Quelle basieren könnte, wie etwa eine von einem Hersteller von Fertiggerichten finanzierte „Studie". Die Datenbasis könnte unzureichend beschrieben sein und keine Informationen über den Erhebungsprozess, die untersuchte Population oder andere relevante Einflussfaktoren wie körperliche Aktivität oder Kalorienzufuhr enthalten. Zudem könnte die Behauptung einer direkten Kausalität zwischen *Fertiggerichtkonsum* und *Gewichtsverlust* durch marketinggesteuerte Interessen beeinflusst sein. Solche Quellen sind nicht wissenschaftlich vertrauenswürdig und daher ungeeignet für die Hypothesenbildung.

Eine fundierte Hypothese basiert auf vertrauenswürdigen Datenquellen und nachvollziehbaren wissenschaftlichen Erkenntnissen. Auf Basis des älteren Berichts der deutschen Bundesforschungsanstalt für Ernährung Karlsruhe (2003, S. 183) könnte z.B. folgende Hypothese für die Gegenwart aufgestellt und überprüft werden:

✔ **H_I** good (inhaltlich, gerichtet, Überprüfung über Korrelation):

Je höher das Einkommen von Personen ist, desto öfter konsumieren sie Obst oder Gemüse.

Diese Quelle ist vertrauenswürdig und weist eine wissenschaftlich akzeptierbare Qualität auf.

Coachingtipp:

Hinterfragen Sie bei der Formulierung Ihrer Hypothese stets die Qualität der zugrunde liegenden Datenquellen. Achten Sie darauf, dass die Daten aus unabhängigen und transparenten Studien stammen, deren Erhebungsmethoden klar beschrieben und wissenschaftlich nachvollziehbar sind. Vermeiden Sie Quellen, die potenzielle Interessenkonflikte oder unzureichende Informationen aufweisen.

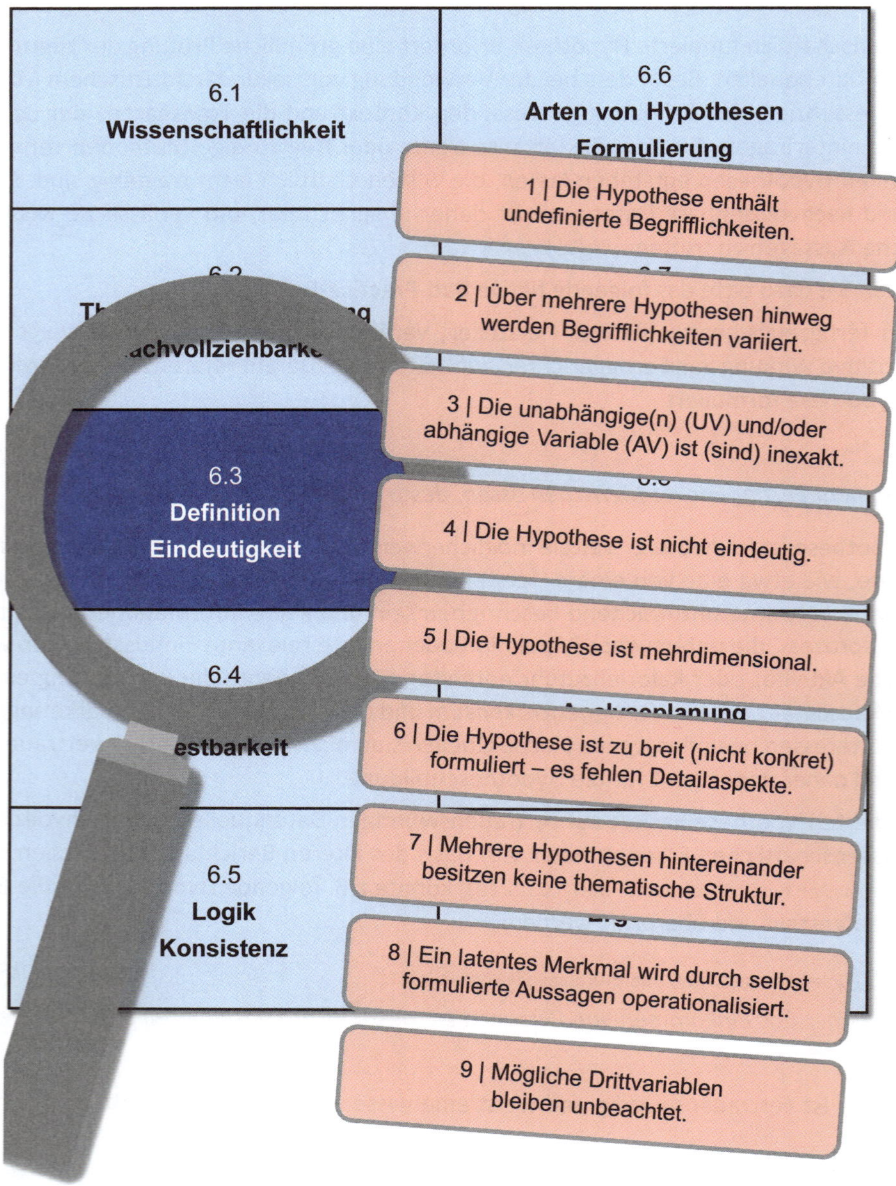

www.utb.de/do/10.36198/9783838565026-m11

Audioabstract

hypothesen.at/audio/kapitel-6-3.mp3

Abbildung 5: 6.3 | Definition, Eindeutigkeit

6.3 Definition, Eindeutigkeit

6.3.1 | Die Hypothese enthält undefinierte Begrifflichkeiten.

Undefinierte oder unklare Begriffe erschweren die Messbarkeit und die Interpretierbarkeit von Hypothesen. Dies kann dazu führen, dass die Ergebnisse keine eindeutigen Schlussfolgerungen zulassen. [Seite ⏩ 34 in Kapitel 2.3.3.3]

Betrachten Sie bitte hierzu das folgende fiktive **Bad-Practice-Beispiel**:

✘ $H_{I\ bad}$:

Wenn Menschen gesund essen, dann sind sie zufriedener als Menschen, die ungesund essen.

Die Begrifflichkeiten „gesund essen" und „zufrieden sein" bleiben in dieser Hypothese undefiniert. Was genau ist damit gemeint? Welche Lebensmittel gelten als gesund oder ungesund, was bedeutet „zufrieden" und wie soll beides gemessen werden? Diese Unklarheiten machen es unmöglich, die Hypothese klar und eindeutig zu testen. Im Fall von mehreren Forschenden könnten die Begriffe auch unterschiedlich interpretiert werden.

✔ $H_{I\ good}$ (inhaltlich, gerichtet, Überprüfung über Mittelwertsvergleich):

Wenn Personen an mindestens fünf Tagen pro Woche frühstücken, dann weisen sie in der L-1-Kurzskala zur Erfassung der Allgemeinen Lebenszufriedenheit im Durchschnitt bessere Werte auf als Personen, die seltener oder nicht frühstücken.

Diese Hypothese definiert präzise Bedingungen: Die unabhängige Variable *Frühstückshäufigkeit pro Woche* wird durch eine Mindestanzahl von fünf Tagen festgelegt. Die abhängige Variable *Allgemeine Lebenszufriedenheit* lässt sich über eine etablierte Kurzskala (hier L-1, Beierlein et al., 2015) messen. Die Formulierung „im Durchschnitt" verweist auf eine statistische Auswertung über einen Mittelwertsvergleich und ermöglicht eine klare statistische Überprüfung der Hypothese.

Coachingtipp:

Überlegen Sie genau, wie Sie Ihre Hypothesen überprüfen werden: *Welche Variablen mit welchen Ausprägungen werden Sie verwenden? Wie bilden Sie die Variablen in Ihrem Messmodell (Fragebogen, Kategorienschema einer Inhaltsanalyse etc.) im genauen Wortlaut ab? Wie werten Sie den Variablenzusammenhang aus (Kreuztabelle, Mittelwertsvergleich, Korrelation – oder anders)? Sind die Variablen und ihre Ausprägungen DERART eindeutig, dass sie exakt und ohne Interpretationsspielräume die in der Hypothese verwendeten Begrifflichkeiten abdecken?* Dokumentieren Sie jede Variable und deren Messung. Zum Beispiel: „Die Frühstückshäufigkeit wird durch ein Ernährungstagebuch erfasst, das die Frühstückstage, Lebensmittel und Portionen dokumentiert."

6.3.2 | Über mehrere Hypothesen hinweg werden Begrifflichkeiten variiert.

Hypothesen zum gleichen Erkenntnisinteresse sollten sprachlich und inhaltlich abgestimmt sein. Unterschiedliche Begriffe für ähnliche Variablen oder Effekte innerhalb mehrerer Hypothesen erzeugen unzulässigen Spielraum beim Interpretieren und beeinträchtigen die Vergleichbarkeit. **[Seite ⏩ 34 in Kapitel 2.3.3.3]**

Betrachten Sie bitte hierzu das folgende fiktive **Bad-Practice-Beispiel**:

Beide Hypothesen untersuchen den Einfluss von *Flüssigkeitsaufnahme* auf *Wohlbefinden*.

✗ **H**$_{I\ bad\ |\ a}$:

Wenn Personen täglich Wasser trinken, dann fühlen sie sich wohler als Personen, die selten Wasser trinken.

✗ **H**$_{I\ bad\ |\ b}$:

Wenn Personen täglich ungesüßte Getränke konsumieren, dann fühlen sie sich erfrischter als Personen, die gesüßte Getränke konsumieren.

Obwohl möglicherweise dasselbe gemeint ist, unterscheiden sich die Begriffe für Flüssigkeitsaufnahme zwischen „Wasser“ und „ungesüßte Getränke“. Gleichzeitig variieren die Zielgrößen zwischen „wohler fühlen“ und „erfrischter fühlen“, obwohl beide auf subjektives Wohlbefinden abzielen. Es bleibt unklar, ob tatsächlich dieselben Variablen gemessen werden oder ob die Hypothesen inhaltlich voneinander abweichen. Zudem könnten verschiedene Messmethoden erforderlich sein, um die Zielgrößen zu erfassen.

✓ **H**$_{I\ good\ |\ a}$ (inhaltlich, gerichtet, Überprüfung über Mittelwertsvergleich):

Wenn Personen täglich mindestens zwei Liter Wasser trinken, dann berichten sie über ein durchschnittlich besseres allgemeines Wohlbefinden als Personen, die täglich weniger als zwei Liter Wasser trinken.

✓ **H**$_{I\ good\ |\ a}$ (inhaltlich, gerichtet, Überprüfung über Mittelwertsvergleich):

Wenn Personen täglich mindestens zwei Liter Wasser trinken, dann berichten sie über ein durchschnittlich gefühlt höheres Energielevel als Personen, die täglich weniger als zwei Liter Wasser trinken.

Diese Hypothesen verwenden konsistente Begriffe für die Flüssigkeitsaufnahme (*zwei Liter Wasser*) und klar definierte Zielgrößen (*allgemeines Wohlbefinden* und *Energielevel*), die über Bewertungsskalen erfasst werden können. Dadurch bleiben die Variablen vergleichbar, während die Hypothesen inhaltlich aufeinander aufbauen.

Coachingtipp:

Prüfen Sie, ob Ihre Hypothesen dasselbe Erkenntnisinteresse verfolgen. Schreiben Sie zentrale Begriffe auf, definieren Sie diese und kontrollieren Sie, ob sie konsistent über alle Hypothesen hinweg verwendet werden. Legen Sie zudem fest, wie die UVs und AVs gemessen werden (z.B. Wassermenge in Litern, Skalen für Wohlbefinden usw.).

6.3.3 | Die unabhängige(n) (UV) und/oder abhängige Variable (AV) ist (sind) inexakt.

Hypothesen müssen unabhängige (UV) und abhängige Variablen (AV) klar und messbar definieren, um das Erkenntnisinteresse präzise zu erfassen. Variablen sollten so beschrieben werden, dass sie eindeutig messbar und flexibel einsetzbar sind, beispielsweise zur Gruppierung von Daten. Unklare Begriffe erschweren die Vergleichbarkeit und Bewertung von Ergebnissen. [Seite ⏩ 27 in Kapitel 2.3.2.1]

Betrachten Sie bitte hierzu das folgende fiktive **Bad-Practice-Beispiel**:

✘ **H$_{I}$** $_{bad}$:

Wenn Personen Kräutertee lang genug ziehen lassen, dann berichten sie über einen besseren Geschmack als Personen, die ihn nicht lang genug ziehen lassen.

Der Ausdruck *„lang genug ziehen lassen“* ist ungenau. Es bleibt offen, wie viele Minuten der Tee ziehen muss, um als „lang genug“ zu gelten. Dadurch fehlt eine exakte Definition der unabhängigen Variable (UV). Auch die abhängige Variable (AV) *„besserer Geschmack“* ist ebenso nicht klar definiert – bezieht sie sich auf subjektive Einschätzungen oder objektive Kriterien wie Aroma oder Intensität?

✓ **H$_{I}$** $_{good}$ (inhaltlich, gerichtet, Überprüfung über Kreuztabelle):

Wenn Personen Kräutertee mindestens fünf Minuten ziehen lassen, dann geben sie eher an, dass der Tee ein intensives Aroma hat, als Personen, die ihn weniger als fünf Minuten ziehen lassen.

Die überarbeitete Hypothese definiert sowohl die unabhängige Variable UV (*Ziehzeit des Tees in Minuten*) als auch die abhängige Variable AV (*Bewertung des Aromas*) exakt und messbar. Die Ergebnisse können kategorisch erfasst und mithilfe einer Kreuztabelle ausgewertet werden. Die Hypothese ermöglicht es, konkrete Gruppen zu bilden und Ergebnisse zuverlässig zu vergleichen.

Coachingtipp:

Achten Sie darauf, dass sowohl Ihre unabhängigen Variablen UV (z.B. *Ziehzeit in Minuten*) als auch Ihre abhängigen Variablen AV (z.B. *Bewertung des Aromas*) klar definiert und messbar sind. Vermeiden Sie vage Begriffe wie „lang genug“ oder „besser“ und ersetzen Sie diese durch präzise Zeitangaben oder Skalen. Überlegen Sie vorab, wie beide Variablen in der Praxis erhoben werden können, und testen Sie Ihre Definitionen auf Verständlichkeit und Anwendbarkeit.

6.3.4 | Die Hypothese ist nicht eindeutig.

Vage Annahmen oder unzureichend definierte Variablen sind nicht empirisch testbar. Mehrdeutige Hypothesen entstehen oft durch unzureichende Operationalisierung – wenn also nicht klar festgelegt wird, wie die Variablen gemessen werden sollen. **[Seite ⏩35 in Kapitel 2.3.3.3]**

Betrachten Sie bitte hierzu das folgende fiktive **Bad-Practice-Beispiel**:

✘ **H_I** $_{bad}$:

Wenn Menschen Fast Food essen, dann fühlen sie sich ungesund.

Die $H_{I\ bad}$ ist nicht überprüfbar, weil zentrale Begriffe wie „Fast Food" und „ungesund" unscharf bleiben. Es wird nicht definiert, was als Fast Food gilt (z.B. Hamburger, Pizza, Snacks) oder wie die Häufigkeit des Konsums erfasst wird. Ebenso ist „ungesund fühlen" ein subjektiver Begriff, der verschiedene Bedeutungen haben kann, wie mangelndes Wohlbefinden, körperliche Beschwerden oder eine medizinisch festgestellte Erkrankung. Ohne klare Messgrößen und Instrumente zur Erhebung der Daten kann diese Hypothese nicht empirisch untersucht werden.

Eine präzisierte Form der Hypothese könnte stattdessen lauten:

✔ **H_I** $_{good}$ (inhaltlich, gerichtet, Überprüfung über Mittelwertsvergleich):

Wenn Menschen üblicherweise zumindest ein Mal pro Woche Pizza konsumieren, dann zeigen sie im Durchschnitt höhere Cholesterinwerte als Menschen, die seltener als ein Mal pro Woche Pizza konsumieren.

Diese Hypothese ist überprüfbar, da sie klare und messbare Variablen enthält: Die unabhängige Variable (UV) ist der *zumindest wöchentliche Pizzakonsum*. Die abhängige Variable (AV) sind die *Cholesterinwerte*, die medizinisch messbar sind und häufig als Indikator für Gesundheitsrisiken verwendet werden. So entstehen keine vagen Begriffe wie „Fast Food" oder „ungesund fühlen". Die Messmethoden sind zudem praktisch umsetzbar: Der Pizzakonsum kann durch Ernährungstagebücher oder standardisierte Fragebögen erfasst werden, während die Cholesterinwerte durch Bluttests erhoben werden können. Die Hypothese kann über einen Mittelwertsvergleich geprüft werden.

Coachingtipp:

Um sicherzustellen, dass Ihre Hypothese eindeutig ist, formulieren Sie präzise Variablen und definieren Sie, wie diese gemessen werden können. Fragen Sie sich: *Was bedeutet meine Hypothese in messbaren Begriffen?* Statt „ungesund fühlen" könnte z.B. der Cholesterinwert oder Body-Mass-Index verwendet werden. *Wie werde ich die Daten erheben?* Nutzen Sie etablierte Methoden (hier z.B. Fragebögen, Ernährungstagebücher oder medizinische Tests). Überlegen Sie darüber hinaus, ob Ihre Erhebungsmethoden realistisch sind und sich innerhalb des Forschungskontextes durchführen lassen.

6.3.5 | Die Hypothese ist mehrdimensional.

Eine Hypothese darf sich nur auf eine Dimension oder einen klar abgegrenzten Aspekt beziehen. Eindimensionale Hypothesen stellen konkrete Zusammenhänge her und vermeiden widersprüchliche oder schwer interpretierbare Ergebnisse. Mehrdimensionale Hypothesen hingegen erfassen mehrere Aspekte gleichzeitig, was die Operationalisierung (= das messbar Machen) und Auswertung erschweren sowie die Aussagekraft der Ergebnisse mindern kann. Das Problem verstärkt sich, wenn gerichtete und ungerichtete Aussagen in einer Hypothese kombiniert werden. **[Seite ⏩ 35 in Kapitel 2.3.3.3]**

Betrachten Sie bitte hierzu das folgende fiktive **Bad-Practice-Beispiel**:

✘ **H_{I}** $_{bad}$:

Wenn Personen Online-Bewertungen für Restaurants lesen, dann unterscheiden sie sich in ihrer Häufigkeit des Auswärtsessens und gehen öfter in neue Restaurants als Personen, die keine Bewertungen lesen.

Die $H_{I\ bad}$ ist mehrdimensional, außerdem enthält sie sowohl eine ungerichtete als auch eine gerichtete Aussage. Der erste Teil (*unterschiedliche Häufigkeit des Auswärtsessens*) ist ungerichtet, während der zweite Teil (*häufigeres Ausprobieren neuer Restaurants*) gerichtet ist. Dies erschwert die Auswertung erheblich, da unterschiedliche Testverfahren für gerichtete und ungerichtete Hypothesen erforderlich wären.

Anstatt beide Aussagen in EINER Hypothese zu kombinieren, wäre es besser, zwei getrennte Hypothesen zu formulieren oder sich auf EINE klare, eindimensionale Variablenausprägung zu konzentrieren – zum Beispiel ausschließlich auf die *Häufigkeit des Auswärtsessens*:

✔ **H_{I}** $_{good}$ (inhaltlich, gerichtet, Überprüfung über Mittelwertsvergleich):

Wenn Personen regelmäßig Online-Bewertungen für Restaurants lesen, dann gehen sie häufiger auswärts essen als Personen, die keine Bewertungen lesen.

Diese Hypothese ist eindimensional, da sie sich auf eine unabhängige Variable *Lesen von Online-Bewertungen* und eine abhängige Variable *Häufigkeit des Auswärtsessens* konzentriert. Die Eindimensionalität und Richtung der Hypothese sorgen für eine einfache Auswertung (EIN Testverfahren durch Kreuztabelle) und überprüfbare Ergebnisse.

Coachingtipp:

Achten Sie auf die Eindimensionalität Ihrer Hypothese, indem Sie prüfen, ob jede Variable klar definiert ist. Ist die Richtung des Zusammenhangs eindeutig? Oder vermuten Sie bloß einen ungerichteten Zusammenhang, wissen aber nicht, in welche Richtung er zeigt (z. B. welche Vergleichsgruppe die höhere Ausprägung aufweist). Kombinieren Sie keinesfalls gerichtete und ungerichtete Hypothesen in einer Formulierung! Falls mehrere Aspekte untersucht werden sollen, teilen Sie diese in separate Hypothesen auf. Dies vermeidet den Einsatz verschiedener Testverfahren innerhalb einer Hypothese und sorgt für eine durchführbare und übersichtliche Datenanalyse.

6.3.6 | Die Hypothese ist zu breit (nicht konkret) formuliert – es fehlen Detailaspekte.

Präzise und kleinteilig formulierte Hypothesen sind hilfreich, weil sie den Erhebungsrahmen und die spätere Analyse klar abstecken. Breite unspezifische Hypothesen erschweren Messbarkeit und Ergebnisinterpretation. Das Aufspalten in spezifische Sub-Hypothesen erhöht die Informationstiefe und fördert gezielte Messungen und exakte Auswertungen. **[Seite ⏩36 in Kapitel 2.3.3.3]**

Betrachten Sie bitte hierzu das folgende fiktive **Bad-Practice-Beispiel**:

✘ **H**$_{\text{I bad}}$:

Je häufiger 18- bis 25-Jährige Beiträge von Food-Influencer:innen auf Social Media liken, desto stärker orientieren sie sich an Ernährungstrends.

Diese Hypothese ist sehr breit gefasst und es fehlen Detailaspekte. Der Ausdruck *„sich an Ernährungstrends orientieren"* bleibt unklar – bezieht er sich auf das Nachkochen von Rezepten, den Kauf bestimmter Lebensmittel oder die Veränderung von Essgewohnheiten?

Anstatt diese allgemeine Hypothese zu verwenden, wäre es besser, sie in eine (fiktive) Rahmenhypothese und spezifische Sub-Hypothesen mit klar definierten Variablen aufzuteilen:

✔ **Rahmenhypothese** (fiktiv):

Je häufiger 18- bis 25-Jährige Beiträge von Food-Influencer:innen auf Social Media liken, desto stärker beeinflusst dies ihr Koch- und Ernährungsverhalten.

Rahmenhypothesen sind nicht erforderlich, wenn die Sub-Hypothesen durch ihre Variablen einem einheitlichen Thema klar zugeordnet sind, wie es im folgenden Beispiel der Fall ist:

✔ **H**$_{\text{I good | a}}$ (inhaltlich, gerichtet, Überprüfung über Korrelation):

Je häufiger 18- bis 25-Jährige Beiträge von Food-Influencer:innen auf Instagram liken, desto öfter probieren sie neue Rezepte aus.

✔ **H**$_{\text{I good | b}}$ (inhaltlich, gerichtet, Überprüfung über Korrelation):

Je häufiger 18- bis 25-Jährige Beiträge von Food-Influencer:innen auf Instagram liken, desto öfter verwenden sie beim Kochen frische Zutaten.

Die unabhängige Variable UV *Anzahl der Likes für Food-Influencer:innen-Beiträge* sowie die beiden abhängigen Variablen AV *Anzahl ausprobierter Rezepte* und AV *Verwendung frischer Zutaten* sind nun klar getrennt in zwei Hypothesen abgebildet. Beide Hypothesen sind beispielsweise durch eine Befragung überprüfbar.

Coachingtipp:

Formulieren Sie Ihre Hypothesen so konkret und kleinteilig wie möglich: Vermeiden Sie breite, pauschale Aussagen, die schwer messbar sind. Zerlegen Sie komplexe Hypothesen in eine (fiktive) Rahmenhypothese und spezifische Sub-Hypothesen, die jeweils einen Detailaspekt des Themas untersuchen und klar definierte UVs und AVs enthalten.

6.3.7 | Mehrere Hypothesen hintereinander besitzen keine thematische Struktur.

Mehrere Hypothesen sollten logisch und übersichtlich gegliedert sein. Eine klare Reihenfolge und Struktur erleichtern das Verständnis und verdeutlichen Zusammenhänge. Als Ordnungsprinzip können Themenbereiche dienen, in denen einer Haupt-Hypothese mehrere präzisere Unter-Hypothesen folgen. Insbesondere bei komplexen Untersuchungen ist eine thematisch strukturierte Anordnung wichtig, um isolierte oder unverbundene Aussagen zu vermeiden. [Seite ⏩36 in Kapitel 2.3.3.3]

Betrachten Sie bitte hierzu die folgenden fiktiven **Bad-Practice-Beispiele** mehrerer thematisch unstrukturierter Hypothesen:

✓ **H_I**:

Je öfter sich Personen kurzfristige Ziele setzen, desto seltener fühlen sie sich zeitlich überfordert.

✓ **H_{II}**:

Wenn Personen ihre persönlichen Aufgaben in To-do-Listen festhalten, dann geben sie eher nicht an, immer wieder im Stress zu sein, als andere Personen.

✓ **H_{III}**:

Wenn Personen Prioritäten im Tagesablauf setzen, dann fühlen sie sich eher produktiv als Personen, die das nicht tun.

✓ **H_{IV}**:

Je mehr wöchentliche Einträge der Kalender von Personen in einer durchschnittlichen Arbeitswoche aufweist, desto öfter fühlen sie sich gestresst.

Diese Hypothesen wirken thematisch zusammenhangslos und lassen keine logische Struktur erkennen. Eine thematische Ordnung fehlt, wodurch die Analyse erschwert und Zusammenhänge nicht erkennbar werden.

Es ist besser, thematisch strukturierte Haupt-Hypothesen zu bilden und die Sub-Hypothesen entsprechend unterzuordnen – ähnlich dem hierarchischen Kapitelsystem einer wissenschaftlichen Arbeit (H_I ↘ H_{Ia} und H_{Ib} | H_{II} ↘ H_{IIa} und H_{IIb} usw.):

✓ **$H_{I\,good}$** (1. Haupt-Hypothese):

*Wenn Personen ihr **Zeitmanagement durch Zielsetzungen** strukturieren, dann bewerten sie die Nutzung ihrer Tageszeit gegenüber anderen Personen als **effizienter**.*

$H_{I\,good\,|\,a}$ (Sub-Hypothese 1.1, inhaltlich, gerichtet, Überprüfung über Korrelation):

Je öfter sich Personen kurzfristige Ziele setzen, desto seltener fühlen sie sich zeitlich überfordert.

$H_{I\,good\,|\,b}$ (Sub-Hypothese 1.2, inhaltlich, gerichtet, Überprüfung über Kreuztabelle):

Wenn Personen Prioritäten im Tagesablauf setzen, dann fühlen sie sich eher produktiv als Personen, die das nicht tun.

✓ $\mathbf{H}_{II\ good}$ (2. Haupt-Hypothese):

*Wenn Personen ihr **Zeitmanagement durch Planung** strukturieren, dann bewerten sie ihr **Stresslevel** anders als andere Personen.*

$\mathbf{H}_{II\ good\ |\ a}$ (Sub-Hypothese 2.1, inhaltlich, gerichtet, Überprüfung über Kreuztabelle):

Wenn Personen ihre persönlichen Aufgaben in To-do-Listen festhalten, dann geben sie eher nicht an, immer wieder im Stress zu sein, als andere Personen.

$\mathbf{H}_{II\ good\ |\ b}$ (Sub-Hypothese 2.2, inhaltlich, gerichtet, Überprüfung über Korrelation):

Je mehr wöchentliche Einträge der Kalender von Personen in einer durchschnittlichen Arbeitswoche aufweist, desto öfter fühlen sie sich gestresst.

Die Good-Practice-Beispiele folgen einer klaren Struktur mit zwei Haupt-Hypothesen, die übergeordnete Themenbereiche definieren. Zu diesen Haupt-Hypothesen gehören Unter-Hypothesen, die spezifische Aspekte untersuchen. Zuerst werden die Haupt-Hypothesen operationalisiert (in einem Fragebogen messbar gemacht), danach die Teilaspekte. Dies schafft logische Zusammenhänge, erleichtert die Analyse und verbessert die Übersichtlichkeit. Zudem wurde bei den Haupt-Hypothesen eine strukturierte Reihenfolge beachtet: Zuerst wird das Zeitmanagement durch das *Setzen von Zielen* (UV) auf dessen Einfluss auf die *erlebte Effizienz* (AV) untersucht, bevor der Fokus auf *Tagesplanung* (UV) und deren Auswirkungen auf *gefühlte Stresslevel* (AV) gelegt wird. Jede Hypothese baut auf einem klar definierten Thema auf und verhindert isolierte Aussagen.

Coachingtipp:

Ordnen Sie Ihre Hypothesen logisch und thematisch. Verwenden Sie Haupt-Hypothesen, um zentrale Erkenntnisinteressen zu beschreiben, und ergänzen Sie diese durch Unter-Hypothesen für Detailaspekte. Strukturieren Sie Ihre Hypothesen nach Themenfeldern, z.B. zuerst *Zeitmanagement* und dann *Haushaltsorganisation*. Eine klare Gliederung sorgt für bessere Übersichtlichkeit und unterstützt präzise Analysen.

6.3.8 | Ein latentes Merkmal wird durch selbst formulierte Aussagen (unwissenschaftlich) operationalisiert.

Im menschlichen Wesen gibt es verborgene, nach außen hin nicht sichtbare Denkweisen, Werthaltungen und Empfindungen – latente Merkmale (z.B. Einstellung zum Umweltschutz, politische Denkweisen, Aspekte der Zufriedenheit usw.). Latente Variablen sind nicht direkt messbar und sollten über Indikatoren erfasst werden. Indikatoren bestehen in der Regel aus Listen von Aussagen mit jeweiligen Zustimmungs-/Ablehnungsmöglichkeiten, die den Facettenreichtum einer latenten Eigenschaft abbilden – auch Einstellungsskala genannt. Eine exakte Erhebung erfordert wissenschaftlich fundierte, bereits erprobte Skalen, die Validität und Vergleichbarkeit sicherstellen. Selbst formulierte Aussagen sollten vermieden werden, da sie oft zu unscharfen Interpretationen führen. Nur wenn keine geeigneten Indikatoren verfügbar sind, dürfen in der Literatur vorhandene angepasst oder neue (auf Literaturbasis) selbst entwickelt werden. **[Seite ⏩ 27 in Kapitel 2.3.2.2]**

Betrachten Sie bitte hierzu das folgende fiktive **Bad-Practice-Beispiel**:

✘ **H_{I}** $_{bad}$:

Wenn Köch:innen mit ihrer Arbeit zufrieden sind, dann leisten sie bessere Arbeit als Köch:innen, die unzufrieden sind.

Das latente Merkmal *Arbeitszufriedenheit* wird in der $H_{I\ bad}$ nicht klar definiert und könnte lediglich – wissenschaftlich fragwürdig – durch direkte Selbstauskunft erfasst werden. Fragen wie „Sind Sie zufrieden mit Ihrer Arbeit?" geben Raum für subjektive Interpretationen, da Zufriedenheit unterschiedlich empfunden und bewertet wird. Für ein wissenschaftliches Vorgehen fehlen Indikatoren auf theoretisch recherchierter Basis. Erst sie ermöglichen Messgenauigkeit auf eine nachvollziehbare, reproduzier- und vergleichbare Weise.

✔ **H_{I}** $_{good}$ (inhaltlich, gerichtet, Überprüfung über Korrelation):

Je höhere Arbeitszufriedenheit Köch:innen im Employee Experience Questionnaire (EXQ) aufweisen, über desto höhere Leistungsbereitschaft berichten sie.

Die latente unabhängige Variable UV *Arbeitszufriedenheit* wird hier auf Grundlage einer theoretisch fundierten, wissenschaftlich erprobten Skala gemessen (Employee Experience Questionnaire, EXQ, Fischer et al., 2021). Auch die abhängige Variable AV *Leistungsbereitschaft* könnte derart recherchiert und umgesetzt werden.

Coachingtipp:

Vermeiden Sie direkte Fragen zur Erhebung latenter Merkmale. Recherchieren Sie zunächst nach bestehenden, erprobten Skalen in der Literatur, um Ihre Variable valide und reliabel zu messen. Nutzen Sie standardisierte Einstellungsskalen, die theoretisch fundiert und empirisch getestet wurden. Falls keine geeigneten Instrumente vorhanden sind, entwickeln Sie Ihre Skala in Anlehnung an bestehende Theorien und dokumentieren Sie diesen Prozess detailliert. Achten Sie darauf, dass Ihre Skalenaussagen klar formuliert und auf die theoretische Definition Ihrer Variable abgestimmt sind.

6.3.9 | Mögliche Drittvariablen bleiben unbeachtet.

Drittvariablen sind Variablen, die den Zusammenhang zwischen der unabhängigen (UV) und der abhängigen Variable (AV) beeinflussen können. Werden sie nicht berücksichtigt, besteht die Gefahr, dass die Ergebnisse verzerrt oder falsch interpretiert werden. Drittvariablen lassen sich in vier Kategorien unterteilen, die jeweils unterschiedliche Einflüsse auf die Beziehung zwischen UV und AV ausüben: Intervenierende Variablen, Mediatorvariablen, Moderatorvariablen und Störvariablen. **[Seite ⏩ 28 in Kapitel 2.3.2.3]**

Betrachten Sie bitte hierzu das folgende fiktive **Bad-Practice-Beispiel**:

✘ **$H_{I\ bad}$**:

Wenn Personen mindestens zweimal pro Woche eine Stunde Sport treiben, dann haben sie einen niedrigeren BMI als Personen, die kürzer oder keinen Sport treiben.

Die $H_{I\ bad}$ ignoriert mögliche Drittvariablen, die den Zusammenhang beeinflussen könnten.

- **Intervenierende Variable**: Ernährung könnte eine Voraussetzung sein, damit Sport überhaupt zu einem niedrigeren BMI führt.
- **Mediatorvariable**: Kalorienverbrauch vermittelt den Effekt von Sport auf den BMI.
- **Moderatorvariable**: Das Alter könnte die Wirkung von Sport auf den BMI verstärken oder abschwächen.
- **Störvariable**: Genetische Faktoren könnten den Zusammenhang verfälschen.

Dadurch ist die Annahme potenziell irreführend. Eine bessere Formulierung könnte lauten:

✓ **$H_{I\ good}$** (inhaltlich, gerichtet, Überprüfung über Mittelwertsvergleich):

Wenn Personen mindestens zweimal pro Woche eine Stunde Sport treiben, dann haben sie – unter Berücksichtigung von Ernährungsgewohnheiten, Kalorienverbrauch, Alter und genetischen Faktoren – einen niedrigeren durchschnittlichen BMI als Personen, die seltener oder keinen Sport treiben.

Diese $H_{I\ good}$ berücksichtigt relevante Drittvariablen: Ernährung wird als **intervenierende Variable** kontrolliert, um sicherzustellen, dass die Wirkung von Sport nicht von unkontrollierter Ernährung abhängt. Kalorienverbrauch dient als **Mediatorvariable** und vermittelt den Zusammenhang zwischen Sport und BMI. Alter wird als Moderatorvariable einbezogen, um zu prüfen, ob der Effekt von Sport je nach Altersgruppe variiert. Genetische Faktoren werden als **Störvariablen** erkannt und im Studiendesign ausgeschlossen oder kontrolliert.

Coachingtipp:

Prüfen Sie Ihre Hypothesen auf mögliche Drittvariablen, die den Zusammenhang zwischen UV und AV beeinflussen könnten: Ermitteln Sie, ob diese Variablen intervenieren, vermitteln, modifizieren oder stören. Berücksichtigen Sie Drittvariablen im Studiendesign (z.B. durch Kontrollgruppen) oder bei der statistischen Datenanalyse (z.B. mit und ohne Einbezug der Drittvariable). Dokumentieren Sie, wie Sie Drittvariablen identifiziert und kontrolliert haben, um Ihre Ergebnisse wissenschaftlich zu untermauern.

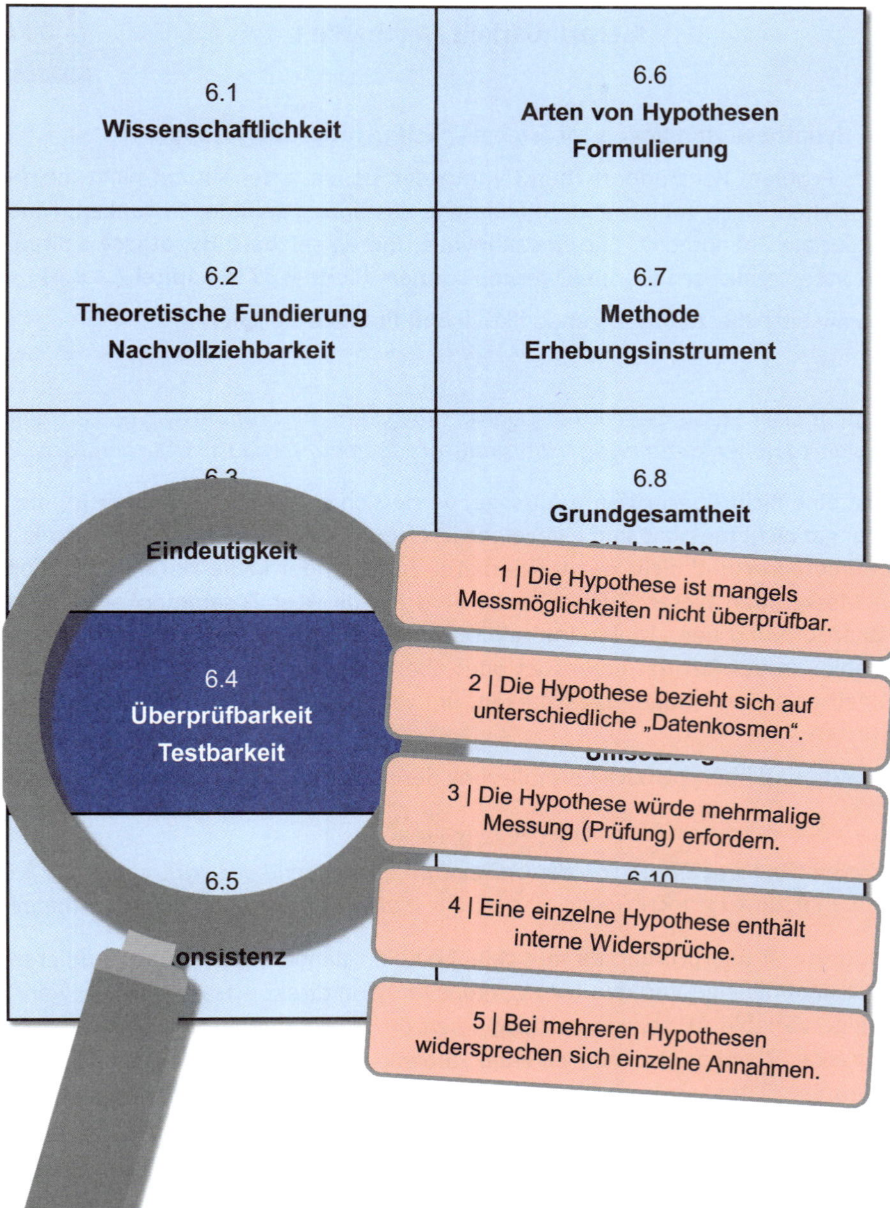

www.utb.de/do/10.36198/9783838565026-m12

Audioabstract

hypothesen.at/audio/kapitel-6-4.mp3

Abbildung 6: 6.4 | Überprüfbarkeit, Testbarkeit

6.4 Überprüfbarkeit, Testbarkeit

6.4.1 | Die Hypothese ist mangels Messmöglichkeiten nicht überprüfbar.

Ein häufiges Problem bei studentischen Hypothesen ist, dass sie sich auf nicht messbare Themen beziehen. Dazu zählen etwa biologische Zustände (Gefühle, Gedanken, Motive) oder auch soziale Phänomene. Für eine sinnvolle und umsetzbare Hypothese sollten die relevanten Daten realistisch erhoben werden können. [Seite ⏩37 in Kapitel 2.3.3.4]

Betrachten Sie bitte hierzu das folgende fiktive **Bad-Practice-Beispiel**:

✘ **$H_{I\ bad}$**:

Je mehr Obst Studierende an der Universität [...] in der Prüfungswoche konsumieren, desto näher kommen sich Jahrgangsgruppen auf freundschaftlicher Basis.

Die $H_{I\ bad}$ ist eine nicht überprüfbare Aussage, da sie sich auf Phänomene bezieht, die nur schwer oder gar nicht messbar sind. Zum einen ist „freundschaftliche Nähe" ein subjektiver, schwer definierbarer und nicht quantifizierbarer Zustand, der keine klaren, operationalisierbaren Messgrößen bietet. Zum anderen wird ein direkter Zusammenhang zwischen dem Obstkonsum und der sozialen Interaktion unterstellt, ohne klar zu beschreiben, wie diese Variablen in der Realität gemessen oder überprüft werden könnten. Der Formulierung mangelt es an der nötigen Messbarkeit, um valide Daten zu erheben und die Hypothese zu testen.

Eine präzisierte und überprüfbare Formulierung der Hypothese könnte stattdessen lauten:

✔ **$H_{I\ good}$** (inhaltlich, gerichtet, Überprüfung über Korrelation):

Je mehr Obst Studierende an der Universität [...] während der Prüfungswoche konsumieren, desto stärker fühlen sie sich dem eigenen Studiengang sozial verbunden.

Diese Hypothese ist überprüfbar, da sie sich auf eine erreichbare Stichprobe (Studierende) bezieht. Die unabhängige Variable UV *Obstkonsum* kann direkt erfragt werden, während die abhängige Variable AV *soziale Verbundenheit* durch ein standardisiertes Messmodell (z.B. die Kurzskala Zugehörigkeit zum eigenen Studiengang, ZeS, Bahmani et al., 2022) gemessen werden kann. Die Datenerhebung ist mit den für studentische Arbeiten typischen Ressourcen machbar, und die Variablen sind klar messbar gemacht.

Coachingtipp:

Achten Sie darauf, dass Ihre Hypothesen messbar sind. Stellen Sie sicher, dass die zur Hypothesenprüfung relevanten unabhängigen UND abhängigen Variablen klar definiert, operationalisierbar und durch geeignete Methoden empirisch umsetzbar (= messbar) sind. Nutzen Sie im Bedarfsfall (für latente Merkmale) etablierte Testverfahren. Ohne überprüfbare Messgrößen ist Ihre Datenerhebung nicht fundiert und besitzt fehlerhafte oder im schlimmsten Fall gar keine Aussagekraft.

6.4.2 | Die Hypothese bezieht sich auf unterschiedliche „Datenkosmen".

Bei der Formulierung von Hypothesen ist es entscheidend, dass alle Variablen auf einer Ebene – entweder individuell oder kollektiv – bleiben. Werden unterschiedliche „Datenkosmen" vermischt, wie individuelles Verhalten und globale Trends, entstehen methodische Unklarheiten, die die Hypothese schwer oder gar nicht überprüfbar machen. **[Seite ⏩ 26 in Kapitel 2.3.2]**

Betrachten Sie bitte hierzu das folgende fiktive **Bad-Practice-Beispiel**:

✗ **$H_{I\ bad}$**:

Je öfter Personen in Deutschland auf den Konsum von Avocados verzichten, desto nachhaltiger wird die weltweite Landwirtschaft.

Die $H_{I\ bad}$ vermischt individuelles Verhalten (*Avocado-Konsumverzicht*) mit einem globalen, kollektiven Merkmal (*Nachhaltigkeit der Landwirtschaft weltweit*). Sie unterstellt, dass individuelles Konsumverhalten einen direkten und messbaren Einfluss auf die gesamte globale Landwirtschaft hat, ohne andere Faktoren zu berücksichtigen, wie etwa internationale Handelsstrukturen, Produktionspraktiken oder klimatische Bedingungen. Dadurch bleibt die Hypothese methodisch unklar und kaum überprüfbar. Wird beispielsweise auf den individuellen Kontext Bezug genommen, könnte eine besser formulierte Hypothese lauten:

✓ **$H_{I\ good}$** (inhaltlich, gerichtet, Überprüfung über Korrelation):

Je öfter Personen in Deutschland auf den Konsum von Avocados verzichten, desto größer ist ihr persönliches Gefühl, zum Klimaschutz beizutragen.

Die $H_{I\ good}$ bleibt auf der individuellen Ebene und fokussiert auf einen klaren Zusammenhang: den *persönlichen Verzicht auf Avocados* und dessen Einfluss auf das *individuelle Gefühl*, einen Beitrag zum Klimaschutz zu leisten. Die Variablen sind direkt miteinander verknüpft und methodisch überprüfbar, da sie aus demselben „Datenkosmos" stammen: dem persönlichen Verhalten und dessen wahrgenommenem Einfluss auf den Klimaschutz.

Coachingtipp:

Überlegen Sie, ob die Variablen auf derselben Datenebene liegen und sich direkt beeinflussen können. Falls Ihre Hypothese unterschiedliche Welten vermischt, passen Sie die UV oder AV an, indem Sie klare und vor allem auf derselben Ebene zusammenhängende Variablen wählen, die direkt miteinander in Beziehung stehen und sich beeinflussen können. Ziehen Sie Literatur heran, um sich darüber zu informieren, wie Ihre Variablen in den Hypothesen anderer Studien eingesetzt wurden.

6.4.3 | Die Hypothese würde mehrmalige Messung (Prüfung) erfordern.

Ein Problem vieler studentischer Hypothesen ist, dass sie oftmals langfristig angelegt sind und eine wiederholte Überprüfung in späteren Studien erfordern würden, um verlässliche Aussagen zu treffen. Solche Hypothesen basieren dann auf Annahmen, die nicht innerhalb einer einzigen Untersuchung vollständig getestet werden können. Dadurch wird die Forschung unnötig komplex und die Aussagekraft der Ergebnisse eingeschränkt. Um die Hypothese praktikabel zu machen, sollte sie so formuliert werden, dass sie innerhalb der geplanten Studie getestet werden kann, ohne dass eine erneute Untersuchung notwendig ist. **[Seite ⏩ 37 in Kapitel 2.3.3.4]**

Betrachten Sie bitte hierzu das folgende fiktive **Bad-Practice-Beispiel**:

✘ **H**$_{I\ bad}$:

Je konsequenter Menschen während einer sechswöchigen Diät auf Süßigkeiten verzichten, desto größer ist ihr Gewichtsverlust auch ein Jahr nach Ende der Diät.

Diese Hypothese setzt voraus, dass die Auswirkungen des Verzichts auf Süßigkeiten über einen langen Zeitraum hinweg beobachtet werden und zusätzlich noch einmal nach einem Jahr überprüft werden. Hierfür wären mehrere Messungen des Gewichts während der sechs Wochen und ein Jahr nach Ende der Diät erforderlich.

Die folgende Version der Hypothese reduziert die erforderlichen Messungen auf einen klar definierten Zeitraum nach der Diät und verknüpft den Verzicht auf Süßigkeiten direkt mit der Diät.

✓ **H**$_{I\ good}$ (inhaltlich, gerichtet, Überprüfung über Korrelation):

Je konsequenter Menschen während einer sechswöchigen Diät auf Süßigkeiten verzichtet haben, desto höher ist ihr Gesamtgewichtsverlust am Ende dieses Zeitraums.

Die H$_{I\ good}$ erfordert keine langfristige Nachbeobachtung und liefert trotzdem relevante Ergebnisse, die in späteren Studien weiterentwickelt werden könnten, ohne dass dies für die aktuelle Forschung erforderlich ist.

Coachingtipp:

Formulieren Sie Ihre Hypothese so, dass sie vollständig innerhalb der geplanten Forschung überprüfbar ist. Vermeiden Sie Aussagen, die eine langfristige Nachverfolgung oder spätere Untersuchung erfordern. Eine klare Fokussierung auf den aktuellen Untersuchungszeitraum sorgt für aussagekräftige Ergebnisse und vereinfacht die Umsetzung. Falls Sie Interesse an weiterführenden Fragestellungen haben, können diese im Fazit oder in der Diskussion ihrer empirischen Arbeit angemerkt werden, ohne die Hypothese zu überfrachten.

6.4.4 | Eine einzelne Hypothese enthält interne Widersprüche.

Hypothesen müssen logisch und widerspruchsfrei formuliert sein, da interne Widersprüche die Datenanalyse erschweren und potenziell falsche Schlussfolgerungen fördern. Eine Hypothese sollte semantisch und logisch konsistent sein, sodass der Zusammenhang zwischen unabhängiger und abhängiger Variable nachvollziehbar ist. Interne Widersprüche deuten oft darauf hin, dass die zugrunde liegende theoretische Annahme unklar oder fehlerhaft ist. [Seite ⏩38 in Kapitel 2.3.3.4]

Betrachten Sie bitte hierzu das folgende fiktive **Bad-Practice-Beispiel**:

✗ **$H_{I\ bad}$**:

Wenn Personen in den letzten 12 Monaten an einem Kurs für gesunde Ernährung teilgenommen haben, dann haben sie die Zubereitung nährstoffreicher Gerichte seltener im Bewusstsein als Personen, die an keinem diesbezüglichen Kurs teilgenommen haben.

Die $H_{I\ bad}$ ist intern widersprüchlich, da ein Kurs für gesunde Ernährung wohl darauf abzielt, Kenntnisse und Fähigkeiten im Umgang mit gesunden, nährstoffreichen Lebensmitteln zu verbessern. Die Annahme, dass diese Maßnahme eine Bewusstseinsreduktion der Zubereitung nährstoffreicher Gerichte bewirken könnte, widerspricht den grundlegenden Zielen eines solchen Kurses. Dieser Widerspruch macht die Hypothese methodisch zweifelhaft.

Eine widerspruchsfreie Formulierung könnte lauten:

✓ **$H_{I\ good}$** (inhaltlich, gerichtet, Überprüfung über Mittelwertsvergleich):

Wenn Personen in den letzten 12 Monaten an einem Kurs für gesunde Ernährung teilgenommen haben, dann haben sie die Zubereitung nährstoffreicher Gerichte öfter im Bewusstsein als Personen, die an keinem diesbezüglichen Kurs teilgenommen haben.

Die $H_{I\ good}$ ist nun widerspruchsfrei – sie steht im Einklang mit den Zielen eines Kurses für gesunde Ernährung, der darauf abzielt, die Fähigkeiten der Teilnehmenden, nährstoffreiche Gerichte zuzubereiten, zu fördern. Der Zusammenhang zwischen Ursache (*Teilnahme am Kurs*) und Wirkung (*Bewusstsein über die Zubereitung nährstoffreicher Gerichte*) ist nachvollziehbar und theoretisch plausibel.

Coachingtipp:

Prüfen Sie genau, ob der „Wenn"-Teil der Hypothese plausibel zum „Dann"-Teil führt, bzw. der „Je"-Teil zum „Desto" unwidersprüchlich ist. Eine widerspruchsfreie Hypothese sollte eine klare und nachvollziehbare Beziehung zwischen der vermuteten Ursache und der erwarteten Wirkung herstellen. Deshalb ist es notwendig (und hilfreich), Ihre Hypothese auf theoretischen Grundlagen oder bestehenden Forschungsergebnissen aufzubauen. Das stellt sicher, dass sie mit den Erwartungen in diesem Bereich übereinstimmt.

6.4.5 | Bei mehreren Hypothesen widersprechen sich einzelne Annahmen.

Ein häufiges Problem in studentischen Forschungsarbeiten ist, dass sich mehrere Hypothesen innerhalb einer Arbeit widersprechen. Hypothesen sollten jedoch in ihrer GESAMTHEIT logisch konsistent sein, um eine klare methodische Umsetzung und Interpretation der Ergebnisse zu ermöglichen. Wenn einzelne Hypothesen sich gegenseitig ausschließen oder widersprüchliche Annahmen treffen, entstehen methodische und theoretische Inkonsistenzen, die die Aussagekraft der Forschung beeinträchtigen können. **[Seite ⏩38 in Kapitel 2.3.3.4]**

Betrachten Sie bitte hierzu das folgende fiktive **Bad-Practice-Beispiel**:

✗ **$H_{I\,bad}$** und **$H_{II\,bad}$**:

$H_{I\,bad}$: *Je häufiger Personen an Kochkursen für gesunde Ernährung teilnehmen, desto größer ist ihr Konsum von frischem Gemüse.*

$H_{II\,bad}$: *Je häufiger Personen an Kochkursen für gesunde Ernährung teilnehmen, desto geringer ist ihr Konsum von naturbelassenem Gemüse.*

Diese beiden Hypothesen widersprechen sich direkt. Während die $H_{I\,bad}$ annimmt, dass die Teilnahme an Kochkursen den Frischgemüsekonsum steigert, behauptet die $H_{II\,bad}$ (fast) das Gegenteil. Beide Annahmen können nicht gleichzeitig wahr sein, da sie sich mehr oder weniger ausschließen. Ein solcher Widerspruch deutet auf Unklarheiten in der theoretischen Grundlage oder der Zielsetzung der Studie hin.

✓ **$H_{I\,good}$** und **$H_{II\,good}$** (inhaltlich, gerichtet, Überprüfung über Korrelation):

$H_{I\,good}$: *Je häufiger Personen an Kochkursen für gesunde Ernährung teilnehmen, desto größer ist ihr Konsum von frischem Gemüse.*

$H_{II\,good}$: *Je häufiger Personen an Kochkursen für gesunde Ernährung teilnehmen, desto geringer ist ihr Konsum von verarbeiteten Lebensmitteln.*

Diese Hypothesen sind zueinander konsistent und ergänzen sich gegenseitig. Beide bauen auf der Annahme auf, dass die Teilnahme an Kochkursen für gesunde Ernährung ähnlich gelagerte Auswirkungen auf das Essverhalten hat. Die $H_{I\,good}$ fokussiert auf die Steigerung des Gemüsekonsums, während die $H_{II\,good}$ den Rückgang bei der Verwendung ungesunder Lebensmittel untersucht. Die gemeinsame Grundlage erleichtert die methodische Umsetzung und liefert ein klares Bild über den Einfluss der Kochkurse.

Coachingtipp:

Achten Sie bei der Formulierung mehrerer Hypothesen darauf, dass diese nicht in Konflikt zueinander stehen. Es ist ratsam, sicherzustellen, dass Ihre Hypothesen ein kohärentes Gesamtbild ergeben und sich nicht gegenseitig ausschließen. Wenn Sie unsicher sind, können Pretests oder ein kritisches Gegenlesen durch andere Personen helfen, potenzielle Widersprüche frühzeitig zu erkennen.

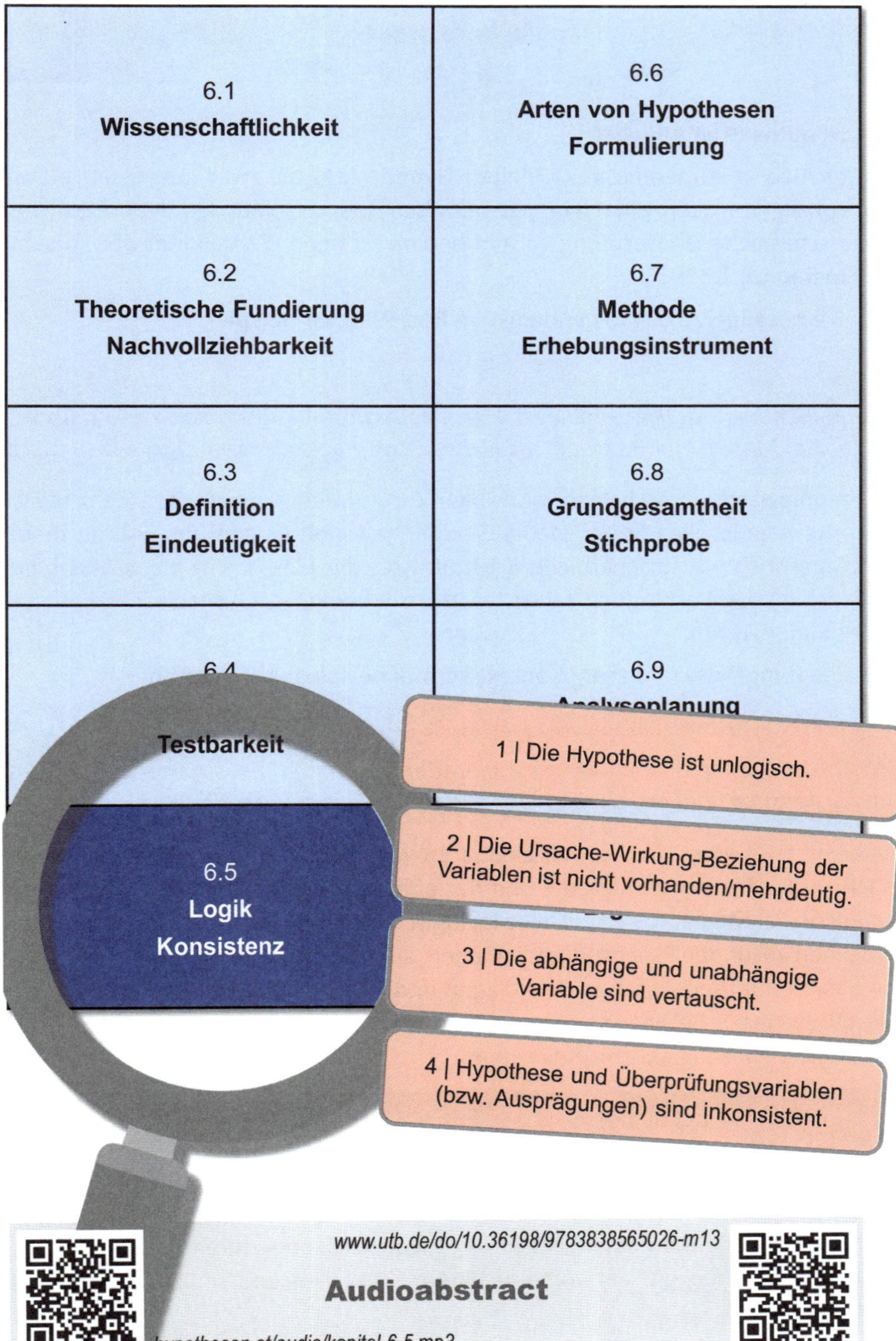

Abbildung 7: 6.5 | Logik, Konsistenz

6.5 Logik, Konsistenz

6.5.1 | Die Hypothese ist unlogisch.

Oft begegnet man in studentischen Arbeiten Hypothesen, die zwar interessante Zusammenhänge aufzeigen wollen, jedoch in sich unlogisch sind. Unschlüssige Hypothesen lassen keine wissenschaftliche Überprüfung zu und beeinträchtigen die Validität der Forschung. [Seite ⏩ 39 in Kapitel 2.3.3.5]

Betrachten Sie bitte hierzu das folgende fiktive **Bad-Practice-Beispiel**:

✗ **$H_{I\ bad}$**:

Wenn Personen täglich zumindest eine Obstmahlzeit konsumieren, dann liken sie auf Social Media eher Beiträge, als wenn sie weniger oder kein Obst konsumieren.

Die $H_{I\ bad}$ ist unlogisch, da es keinen plausiblen Zusammenhang zwischen dem täglichen Obstkonsum und generellen Social-Media-Gewohnheit gibt. Es gibt weder eine theoretische Grundlage noch wissenschaftliche Erkenntnisse, die eine solche Kausalität belegen könnten. Die logische Verbindung fehlt: Obstkonsum und Social-Media-Aktivität haben nichts miteinander zu tun.

Eine schlüssige Hypothese in diesem Kontext könnte beispielsweise lauten:

✓ **$H_{I\ good}$** (inhaltlich, gerichtet, Überprüfung über Kreuztabelle):

Wenn sich Personen bewusst gesund ernähren, dann folgen sie eher Gesundheits- und Ernährungsinfluencer:innen auf Social Media, als wenn sie das nicht tun.

Die $H_{I\ good}$ basiert auf einer klar nachvollziehbaren Verbindung zwischen der unabhängigen Variable (UV) – *Ernährungsverhalten* – und der abhängigen Variable (AV) – *Informationsverhalten* auf Social Media. Die Hypothese ist logisch fundiert, da es plausibel ist, dass Personen, die einen gesunden Ernährungsstil pflegen, auch Information darüber suchen. Diese Annahme basiert auf theoretischen Grundlagen und Ansätzen, die aus der Sekundärliteratur als Hypothesenbasis herangezogen werden könnten. Die Hypothese könnte auch gut in einem empirischen Setting überprüft werden.

Coachingtipp:

Achten Sie bei der Formulierung von Hypothesen darauf, dass die Beziehung zwischen den Variablen logisch und theoretisch fundiert ist: Gibt es eine plausible Verbindung zwischen den beiden Variablen? Ist die Beziehung theoretisch oder durch Forschungsergebnisse belegbar? Können die Variablen in einem sinnvollen und realistischen Kontext überprüft werden?

6.5.2 | Die Ursache-Wirkung-Beziehung der Variablen ist nicht vorhanden oder mehrdeutig.

Es kommt häufig vor, dass Hypothesen so formuliert werden, dass nicht eindeutig oder gar nicht erkennbar ist, welche Variable die Ursache und welche die Wirkung darstellt. Um eine klare und nachvollziehbare Beziehung zwischen unabhängiger (UV) und abhängiger Variable (AV) sicherzustellen, ist eine präzise Formulierung entscheidend. Die Kausalitätsrichtung lässt sich beispielsweise durch die Auswertung vorhandener Forschungsergebnisse oder durch gut durchdachte theoretische Überlegungen ableiten. **[Seite ⏩ 39 in Kapitel 2.3.3.5]**

Betrachten Sie bitte hierzu das folgende fiktive **Bad-Practice-Beispiel**:

✗ **H**$_{I\,bad}$:

Je mehr Brot Menschen essen, desto hungriger fühlen sie sich.

Die theoretische Ursache-Wirkung-Beziehung ist in dieser Hypothese unklar. Es bleibt offen, ob (ein ausschließlicher?) Brotverzehr Hunger verursacht oder ob die Hypothese – einfach umgekehrt formuliert – auch vermuten könnte, dass Menschen mit stärkerem Hungergefühl mehr Brot essen. Beide Richtungen sind denkbar, was die Interpretation der Hypothesenprüfung sowie Verwertbarkeit der Resultate mindert.

✓ **H**$_{I\,good}$ (inhaltlich, gerichtet, Überprüfung über Korrelation):

Je weniger Brot Menschen zu einer Mahlzeit essen, von einem desto früheren Hungergefühl nach der Mahlzeit berichten sie.

Diese Hypothese definiert eine klare Ursache-Wirkung-Beziehung: Der geringere *Konsum von Brot* (UV) führt zu einem früheren *zeitlichen Auftreten von Hunger* (AV). Beide Variablen können präzise operationalisiert werden (z.B. Brot in Gramm und erstes Hungergefühl nach Mahlzeit in Minuten), wodurch die Hypothese logisch nachvollziehbar und empirisch überprüfbar ist. Die Annahme basiert zudem auf der theoretischen Grundlage, dass kohlenhydratreiche Lebensmittel wie Brot länger sättigen können.

Coachingtipp:

Bevor Sie eine Hypothese formulieren, klären Sie die Kausalitätsrichtung zwischen den Variablen sorgfältig. Überlegen Sie, welche Variable als Ursache und welche als Wirkung gilt, und fundieren Sie diese Annahme auf bestehenden Theorien oder wissenschaftlichen Befunden. Vermeiden Sie mehrdeutige Formulierungen, die Interpretationsspielräume lassen, und achten Sie darauf, dass Ihre Variablen präzise definiert und messbar sind. Um logische Konsistenz und Eindeutigkeit von Hypothesen zu gewährleisten, kann es neben der Nutzung von Sekundärliteratur hilfreich sein, Feedback von Expert:innen oder Kolleg:innen aus dem jeweiligen Forschungsbereich einzuholen, etwa im Rahmen eines Peer-Reviews.

6.5.3 | Die abhängige und unabhängige Variable sind vertauscht.

Wenn die unabhängige und die abhängige Variable vertauscht werden, entsteht ein unlogischer Zusammenhang, der die Kausalität verzerrt und die wissenschaftliche Aussagekraft der Hypothese beeinträchtigt. Die Ursache (UV) muss klar auf die Wirkung (AV) verweisen und nicht umgekehrt. Für eine wissenschaftliche Hypothesenformulierung ist es notwendig, die Richtung des Zusammenhangs vorab zu definieren – fundiert durch bestehende Forschung oder zumindest durch theoretische Überlegungen. Das ist noch wichtiger, wenn die Rollen der UV(s) und AV nicht logisch fixiert und auch Wechselwirkungen zwischen ihnen theoretisch möglich sind. **[Seite ⏩ 39 in Kapitel 2.3.3.5]**

Betrachten Sie bitte hierzu das folgende fiktive **Bad-Practice-Beispiel**:

✘ **H**$_{\text{I bad}}$:

Je höher der durchschnittliche BMI von Menschen ist, desto häufiger konsumieren sie kalorienreiche Lebensmittel.

In dieser Hypothese sind UV und AV vertauscht. Der *BMI* (Körpermasseindex) ist ein Ergebnis des Ernährungsverhaltens und anderer Faktoren wie Bewegung oder Stoffwechsel. Es ist unlogisch, den BMI als Ursache und den *Konsum kalorienreicher Lebensmittel* als Wirkung zu definieren, da der BMI nicht direkt das Verhalten beeinflusst, sondern eher davon beeinflusst wird.

✔ **H**$_{\text{I good}}$ (inhaltlich, gerichtet, Überprüfung über Korrelation):

Je häufiger Menschen kalorienreiche Lebensmittel konsumieren, desto höher ist ihr durchschnittlicher BMI.

In dieser überarbeiteten Version ist die Ursache-Wirkung-Beziehung korrekt definiert. Der *Konsum kalorienreicher Lebensmittel* (UV) beeinflusst den *BMI* (AV), was logisch nachvollziehbar und theoretisch fundiert ist. Beide Variablen sind messbar: Der Konsum kalorienreicher Lebensmittel kann durch Ernährungstagebücher erfasst werden und der BMI lässt sich durch Gewicht und Größe berechnen.

Coachingtipp:

Die folgenden Praktiken können Ihnen dabei helfen, sicherzustellen, dass Sie die unabhängige (UV) und die abhängige Variable (AV) korrekt zuordnen:

1. Fragen Sie sich, welche Variable das Ergebnis beeinflussen soll: Die Ursache ist immer die UV, die Wirkung die AV. Beispiel: Beeinflusst der Konsum kalorienreicher Lebensmittel den BMI oder beeinflusst der BMI den Konsum kalorienreicher Lebensmittel?
2. Denken Sie in zeitlicher Reihenfolge: Die UV tritt vor der AV auf. Überlegen Sie, was zuerst passiert. Beispiel: Der Konsum kalorienreicher Lebensmittel (UV) findet vor einer potenziellen Veränderung des BMI (AV) statt, nicht umgekehrt.

6.5.4 | Die Hypothese und ihre Überprüfungsvariablen (bzw. deren Ausprägungen) sind inkonsistent.

Inkonsistenzen zwischen Hypothese und Erhebungsvariablen entstehen häufig durch ungenaue Definitionen oder schlechte bzw. gar fehlende Abstimmung mit dem Erhebungsinstrument. Solche Abweichungen beeinträchtigen die Aussagekraft der Ergebnisse, da die gemessenen Daten nicht exakt die Hypothese widerspiegeln. So müssen etwa latente Konstrukte Indikatoren (= Listen von Zustimmungsaussagen oder Eigenschaftsitems) verwenden, die auch wirklich genau DAS definieren, was gemessen werden soll, damit die Ergebnisse die Hypothese tatsächlich abbilden. Und auch dann, wenn die BEIDEN Zusammenhangsvariablen einer Hypothese durch MEHRERE Variablen (z.B. Fragen in einem Fragebogen) abgebildet werden, treten Konsistenzprobleme auf. Eine sorgfältige, begriffsgenau definierte, unmissverständliche Abstimmung zwischen Hypothese, Variablen und Erhebungsinstrument ist unerlässlich. **[Seite ⏩40 in Kapitel 2.3.3.5]**

Betrachten Sie bitte hierzu das folgende fiktive **Beispiel**:

~ **H_I**:

Je häufiger Personen vegetarische Mahlzeiten essen, desto größer ist ihr umweltbezogenes Interesse.

Operationalisiert (messbar gemacht) wird diese Hypothese mit der unabhängigen Variable UV *Häufigkeit vegetarischer Mahlzeiten* und einem in der Literatur vorbildlich recherchierten Messinstrument, das *Umweltwissen* misst (Frick, 2003, S. 153–162). WISSEN ist jedoch nicht mit INTERESSE gleichzusetzen – Hypothese und Überprüfungsvariablen sind inkonsistent. Die Hypothesenprüfung wird dadurch ungenau oder sogar unbrauchbar.

Zum angesprochenen Messinstrument würde folgende Hypothese besser matchen:

✓ **$H_{I\ good}$** (inhaltlich, gerichtet, Überprüfung über Korrelation):

Je häufiger Personen vegetarische Mahlzeiten essen, desto größer ist ihr umweltbezogenes Wissen.

Für DIESE Hypothese muss *WISSEN über die Umwelt* operationalisiert werden. Nun sind UV UND AV stimmig zur Hypothese, wodurch die Überprüfung konsistent wird.

Coachingtipp:

Überlegen Sie, was Ihre Begriffe (z.B. „Interesse" versus „Wissen") konkret bedeuten und wie diese messbar gemacht werden können. Stimmen Sie Ihre Hypothese unbedingt mit Ihrem Erhebungsinstrument ab, um sicherzustellen, dass die gemessenen Daten exakt die Variablen und Ausprägungen der Hypothese abbilden. Operationalisieren Sie nicht EINE Hypothese durch MEHRERE Variablen (z.B. ähnliche Fragen in einem Fragebogen)! Welche Variablen- bzw. Antwortkombinationen stützen oder widerlegen sie dann in jedem einzelnen Fall? Jeder einzelne Erhebungsfall muss klar FÜR oder GEGEN die Hypothese sprechen können. Hypothesenprüfungen sind nur über eindeutige Ergebnisse (einzelner Variablen oder passender Konstrukte) möglich.

Diese H_0 spricht zwar die operationalisierende Skala und das Analyseverfahren an, bringt aber auch einen „ähnlichen" Mittelwert mit ins Spiel. Derartige Formulierungen werden zwar in der Literatur diskutiert, die klassische Testtheorie geht aber bei der Nullhypothese ausschließlich von identen Prozent- oder Mittelwerten (bei gerichteten Hypothesen auch gegenläufigen Unterschieden) bzw. keinem Variablenzusammenhang – hier also, weil die inhaltliche Hypothese ungerichtet ist, von Mittelwertsgleichheit – aus.

Auch die folgende Formulierung einer Nullhypothese wäre nicht völlig korrekt:

✗ **$H_{0\,\text{bad}\,|\,\text{c}}$** (statistische Nullhypothese):

*Personen, die sich rein vegetarisch oder vegan ernähren, weisen keinen **signifikanten** Mittelwertsunterschied der ernährungsbezogene Akzeptanzwahrnehmungsskala (VAS) ihres sozialen Umfelds zu Personen mit anderer Ernährungsweise auf.*

Hypothesen beinhalten keine Aussagen zu Signifikanz – das bleibt den Ergebnissen der jeweiligen Datenanalyseverfahren vorbehalten.

Gut und üblich formuliert könnte eine H_0 zum diskutierten Beispiel lauten:

✓ **$H_{0\,\text{good}}$** (statistische Nullhypothese, ungerichtet):

*Zwischen Personen, die sich vegetarisch oder vegan ernähren, und Personen mit einer anderen Ernährungsweise gibt es **Mittelwertsgleichheit** der ernährungsbezogenen Akzeptanzwahrnehmungsskala (**VAS**)[26].*

Prüflogik: $\varnothing_{\text{VAS(vegetarisch/vegan)}} = \varnothing_{\text{VAS(andere)}}$[27]

Coachingtipp:

Die Nullhypothese (H_0) ist zentral für jede statistische Hypothesenprüfung. Sie benötigen sie als Grundlage für den Signifikanztest. Formulieren Sie die H_0 vor der Datenanalyse und als Gegenteil zur Alternativhypothese (H_1), die von ihrem Bedeutungsgehalt her der inhaltlichen Hypothese folgt. Anders als inhaltliche Hypothesen konzentrieren sich die H_0 (und auch die H_1) auf konkrete Maßzahlen konkreter Variablen(ausprägungen) und das jeweilige Auswertungsverfahren. Die H_0 drückt Wertegleichheit bzw. einen der H_1 entgegengesetzten Unterschied (bei Prozent- oder Mittelwertsvergleichen) oder Zusammenhangslosigkeit (bei Korrelationen) aus. Vermeiden Sie (nur) bei der H_0 „Wenn-Dann"- oder „Je-Desto"-Formulierungen. Die Kernaussage der H_0 lautet: Unterschiede zwischen Gruppen oder Zusammenhänge zwischen Variablen in der Stichprobe sind rein zufällig und existieren nicht tatsächlich – oder sind anders als vermutet. Vermeiden Sie jedoch (Nicht-)Signifikanzaussagen in Hypothesen. Signifikanz von Prozent- oder Mittelwertsunterschieden oder anderen Variablenzusammenhängen ergibt sich erst bei der Datenanalyse, für deren Ergebnisse. Wenn Sie zusätzlich zu den Hypothesenformulierungen auch gleich die entsprechende Prüflogik anführen, entsteht für das analysetechnische Procedere jeder einzelnen Hypothesenprüfung größere Klarheit.

---

[26] Vgl. Fußnote 23 auf Seite 111.

[27] Vgl. Fußnote 22 auf Seite 66.

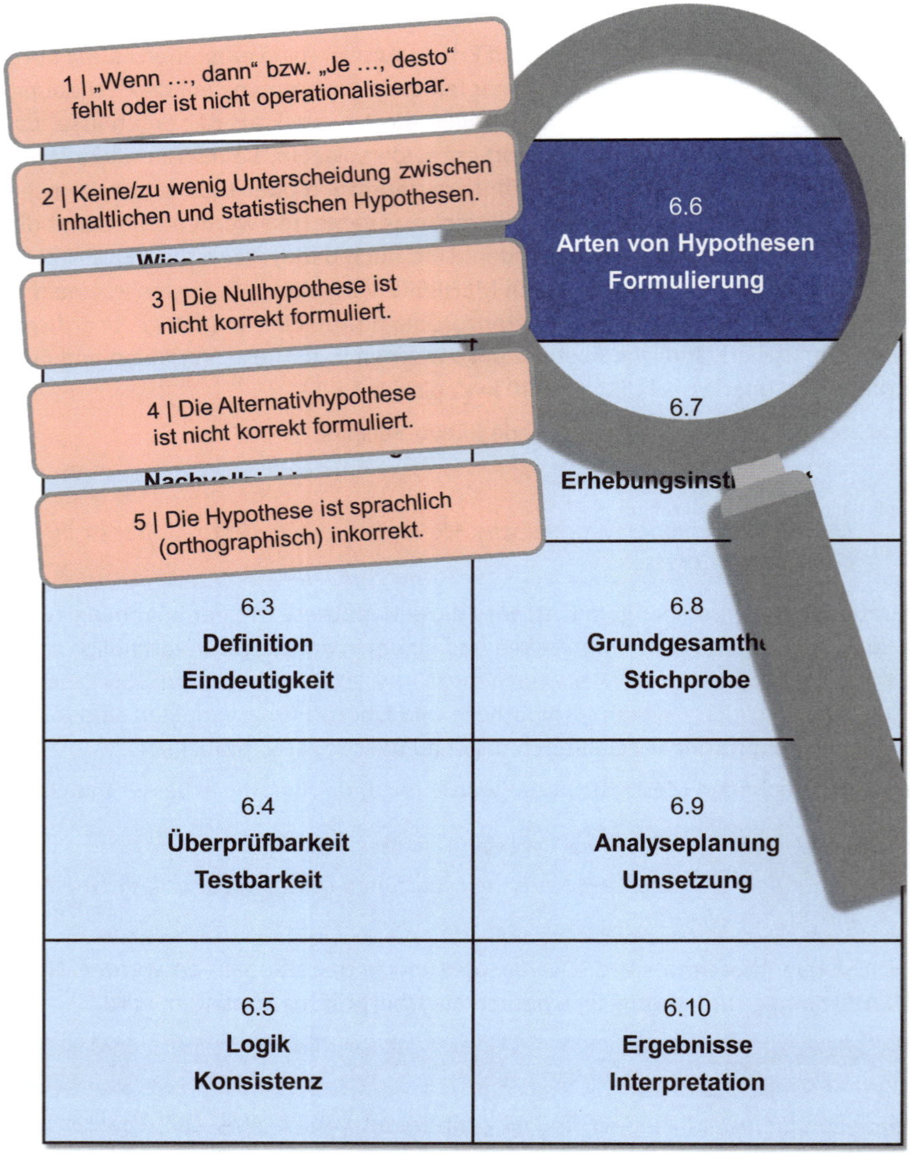

www.utb.de/do/10.36198/9783838565026-m14

Audioabstract

hypothesen.at/audio/kapitel-6-6.mp3

Abbildung 8: 6.6 | Arten von Hypothesen, Formulierung

6.6 Arten von Hypothesen, Formulierung

6.6.1 | Eine Formulierung „Wenn ..., dann“ bzw. „Je ..., desto“ fehlt oder ist nicht operationalisierbar.

Hypothesen sollten klare Zusammenhänge zwischen unabhängigen (UV) und abhängigen Variablen (AV) aufzeigen. „Wenn-Dann“-Formulierungen eignen sich besonders dazu, die Wahrscheinlichkeit des Auftretens oder Nicht-Auftretens einer AV bei den gegebenen Ausprägungen einer UV zu präzisieren. Gut geeignet sind sie auch dann, wenn es unterschiedliche (mittlere) Stärken der AV bei bestimmten UV-Ausprägungen gibt. Für graduelle Beziehungen von metrischen oder rangskalierten Variablen sind „Je-Desto“-Aussagen gut geeignet. Beide Formulierungen bieten mehr Klarheit, um den Zusammenhang zwischen UV und AV verlässlich zu überprüfen. Sie sollten deshalb nach Möglichkeit bevorzugt angewendet werden. Im Wesentlichen geht es um folgende Szenarien: *„Wenn die UV auftritt, dann ist die AV wahrscheinlicher (oder stärker) als ohne deren Auftreten.“* Oder: *„Je höher die UV, desto höher ist die AV.“* Damit werden Hypothesen nachvollziehbarer, besser messbar, in einem Erhebungsinstrument deutlich abbildbar und am Ende zweifelsfrei überprüfbar. **[Seite ⏩43 in Kapitel 3.3]**

Betrachten Sie dazu bitte das folgende fiktive **Bad-Practice-Beispiel**:

✗ **H$_{I}$** $_{\text{bad}}$:

Personen mit einfachem Zugang zu Kaffee am Arbeitsplatz weisen bessere Arbeitszufriedenheit auf.

Die H$_{I\ \text{bad}}$ referenziert zwar auf einen Zusammenhang zwischen *Zugang zu Kaffee am Arbeitsplatz* (UV) und *Arbeitszufriedenheit* (AV). Hier fehlt es aber an einigen Präzisierungen: Was ist „einfacher Zugang“ zu Kaffee: Kaffeeladen im Bürogebäude? Kaffeemaschine in Arbeitsplatznähe? Worin besteht „bessere“ Arbeitszufriedenheit: Sind es (anteilig) mehr Personen, die zufrieden sind, oder ist die Arbeitszufriedenheit größer (höher)? Womit wird verglichen? Mit Personen, die KEINEN Zugang zu Kaffee haben, keinen einfachen (was ist „einfach“?), oder vielleicht mit Personen, die (bloß) Zugang zu Tee besitzen?

Die Lösung besteht hier darin, einerseits die Messgrößen und Vergleichsgruppen zu präzisieren, andererseits klar darzustellen, worin die Variablenbeziehung genau besteht: In einem „Entweder-Oder“, einem „Mehr“ gegenüber einem „Weniger“ oder einem gemeinsamen Zu- bzw. Abnehmen.

Drei klarer und exakter formulierte **Good-Practice-Beispiele**:

✓ **H$_{I}$** $_{\text{good | a}}$ (inhaltlich, gerichtet, überprüfbar durch Kreuztabelle):

*Wenn Personen an ihrem Arbeitsplatz kostenfreien Direktzugang zu Kaffee besitzen, dann sind sie **eher** mit ihrem Arbeitgeber zufrieden als Personen, die derartigen Zugang nicht besitzen.*

✓ **$H_{I\ good\ |\ b}$** (inhaltlich, gerichtet, überprüfbar durch Mittelwertsvergleich):

*Wenn Personen an ihrem Arbeitsplatz kostenfreien Direktzugang zu Kaffee besitzen, dann sind sie mit ihrem Arbeitgeber **zufriedener** als Personen, die derartigen Zugang nicht besitzen.*

✓ **$H_{I\ good\ |\ c}$** (inhaltlich, gerichtet, überprüfbar durch Korrelation):

***Je** örtlich **näher** zu ihrem Arbeitsplatz Personen kostenfreien Direktzugang zu Kaffee besitzen, **desto größer** ist ihre Zufriedenheit mit dem Arbeitgeber.*

Die drei Hypothesen $H_{I\ good\ |\ a}$ bis $H_{I\ good\ |\ c}$ präzisieren die Messgrößen, Vergleichsgruppen und Art der Variablenbeziehungen und definieren damit auch gleich klar die Analyseverfahren zur statistischen Überprüfung. $H_{I\ good\ |\ a}$ und $H_{I\ good\ |\ b}$ verweisen in der AV auf eine Entweder-Oder-Verfügbarkeit, $H_{I\ good\ |\ c}$ bringt eine Entfernungskomponente (abbildbar z.B. in m) ins Spiel. Arbeitgeberzufriedenheit ließe sich in Form einer einfachen quasi-metrischen Skalierung oder eines empirischen Konstrukts (mit metrischem Output) abbilden.

In diesem Sinn GAR nicht operationalisierbar wäre folgendes **Bad-Practice-Beispiel**:

✗ **$H_{II\ bad}$**:

Zugang zu Kaffee führt zu besserer Arbeitszufriedenheit.

Diese Hypothese entbehrt wissenschaftlicher Grundlagen: Die unabhängige Variable UV und abhängige Variable AV fehlen, auch bloß ansatzweise. Was ist mit „Zugang zu Kaffee" gemeint? Verfügbarkeit im Handel, in Lokalen (in Nähe eines Arbeitsplatzes), seine (kostenfreie) Bereitstellung usw.? Worauf bezieht sich die Aussage (der „Zugang") überhaupt? Für Arbeitgeber:innen, von Arbeitnehmer:innen, aufgrund von Firmeninfrastruktur etc.?

Coachingtipp:

Erstellen Sie Ihre Hypothesen in „Wenn-Dann" oder „Je-Desto"-Form. Das hilft Ihnen dabei, bereits in der Formulierung – und das ist wirklich essenziell – zu präzisieren: WAS genau wollen sie überprüfen? Denken Sie unbedingt schon an dieser Stelle daran, (zuerst gedanklich und dann explizit) festzulegen, mit welchen Variablen Ihres Erhebungsinstruments (und welchen von deren Ausprägungen) Sie die Hypothesenprüfung vornehmen werden. Und danach: Was kennzeichnet Ihre Vergleichsgruppen? Oder überhaupt: Wer SIND Ihre Vergleichsgruppen? Bauen Sie alle diese Überlegungen unbedingt in das Wording Ihrer Hypothesen ein!

6.6.2 | Der Unterschied zwischen inhaltlichen und statistischen Hypothesen wird beim Formulieren vermischt (missachtet).

Inhaltliche Hypothesen beschreiben vermutete Zusammenhänge und dienen als Grundlage der empirischen Forschung. Statistische Hypothesen hingegen formulieren zu den inhaltlichen Hypothesen passend die konkreten Maßzahlen für die spezifischen statistischen Prüfverfahren, um diese Zusammenhänge (auf Signifikanz) zu testen. Sie bestehen aus einer Nullhypothese H_0 – diese vermutet KEINEN Variablenzusammenhang und stellt die Prüfbasis dar – und einer Alternativhypothese H_1 (oder H_a), die der H_0 EINEN angenommenen Variablenzusammenhang entgegenstellt. Wegen ihrer unterschiedlichen Funktionalitäten ist eine klare Trennung zwischen inhaltlichen und statistischen Hypothesen ratsam. Inhaltliche Hypothesen sollten zuerst entwickelt werden, bevor statistische Hypothesen folgen – beide noch vor der Datenerhebung. Studierende vermischen bzw. verwechseln gerne die Hypothesenarten, vernachlässigen eine davon oder formulieren sie in falscher Reihenfolge. Das erschwert eine saubere Analyse oder kann sie sogar unrichtig machen. **[Seite ⏩ 25 in Kapitel 2.3.1.2, Seite ⏩ 45 in Kapitel 3.3.2]**

Betrachten Sie dazu bitte das folgende fiktive **Bad-Practice-Beispiel**. Zu Beginn einer empirischen Arbeit werden zwei Hypothesen ausschließlich folgendermaßen formuliert: [23]

✘ **H_{I}** bad | a:

H_0: Wenn sich Personen rein vegetarisch oder vegan ernähren, dann ist bei ihnen der Mittelwert der ernährungsbezogenen Akzeptanzwahrnehmungsskala (VAS) ihres sozialen Umfelds ident zu dem von Personen mit anderer Ernährungsweise.

✘ **H_{I}** bad | b:

H_1: Wenn sich Personen rein vegetarisch oder vegan ernähren, dann ist bei ihnen der Mittelwert der ernährungsbezogenen Akzeptanzwahrnehmungsskala (VAS) ihres sozialen Umfelds höher als bei Personen mit anderer Ernährungsweise.

Diese beiden Hypothesen entsprechen in ihren grundsätzlichen Zügen eher der statistischen Null- und Alternativhypothese. Sie ausschließlich und allein zu formulieren, ist für ein wissenschaftlich korrektes Vorgehen nicht ratsam. Auch im Wording der H_0 findet eine Vermischung mit den eher inhaltlichen Hypothesen vorbehaltenen Wenn-Dann-Formulierungen statt – die H_0 drückt ja keine Zusammenhangseffekte aus. Ein exakteres Vorgehen würde eine explizite inhaltliche Hypothese mit dazu passender H_0 und H_1 beinhalten:

✔ **H_{I}** good (inhaltlich, gerichtet, überprüfbar durch Mittelwertsvergleich):

*Wenn sich Personen rein vegetarisch oder vegan ernähren, dann nehmen sie die Akzeptanz ihres sozialen Umfelds in Bezug auf ihre Ernährungsweise als **höher** wahr als Personen mit anderer Ernährungsweise.*

✔ **H_0** good (statistische Nullhypothese, gerichtet):

*Der **Mittelwert der** ernährungsbezogenen Akzeptanzwahrnehmungsskala **(VAS)***

[23] Mit Akzeptanzwahrnehmungsskala könnte eine Visuelle Analogskala (VAS) gemeint sein (Gorrall et al., 2016).

*des sozialen Umfelds ist bei Personen, die sich rein vegetarisch oder vegan ernähren, **gleich dem oder kleiner als** der Mittelwert bei Personen mit anderer Ernährungsweise.*

Prüflogik: $\varnothing_{VAS(vegetarisch/vegan)} \leq \varnothing_{VAS(andere)}$[24]

✓ $H_{1\ good\ |\ a}$ (statistische Alternativhypothese, gerichtet):

*Der **Mittelwert der** ernährungsbezogenen Akzeptanzwahrnehmungsskala **(VAS)** des sozialen Umfelds ist bei Personen, die sich rein vegetarisch oder vegan ernähren, **größer** als der Mittelwert bei Personen mit anderer Ernährungsweise.*

Prüflogik: $\varnothing_{VAS(vegetarisch/vegan)} > \varnothing_{VAS(andere)}$

Oder:

✓ $H_{1\ good\ |\ b}$ (statistische Alternativhypothese, gerichtet):

*Wenn sich Personen rein vegetarisch oder vegan ernähren, dann ist ihr **Mittelwert der** ernährungsbezogenen Akzeptanzwahrnehmungsskala **(VAS) höher** als bei Personen mit anderer Ernährungsweise.*

Prüflogik: $\varnothing_{VAS(vegetarisch/vegan)} > \varnothing_{VAS(andere)}$

Diese drei Hypothesen stellen einen klar formulierten Mix aus – von Sekundärforschung abzuleitenden – inhaltlichen Vermutungen (H_I) und statistisch – per Mittelwertsvergleich – prüfbaren Hypothesen (H_0 und H_1) dar. Die beiden statistischen Hypothesen sprechen den intendierten Mittelwertsvergleich an. Sie referenzieren auch auf die zur Hypothesenprüfung notwendige Prüflogik: Da die inhaltliche Hypothese und H_1 – einseitig – gerichtet „höher" bzw. „größer" formulieren, muss ein in der H_0 artikuliertes korrektes Gegenteil in einem „Gleich" oder „Kleiner" bestehen. Wird ein signifikant höherer Mittelwertsunterschied auf der ernährungsbezogenen Akzeptanzwahrnehmungsskala (VAS) bei den Personengruppen mit vegetarischer bzw. veganer Ernährungsform festgestellt, dann – und nur dann(!) – wird die Nullhypothese verworfen und der Alternativhypothese der Vorzug eingeräumt.

Coachingtipp:

Unterscheiden Sie zwischen inhaltlichen und statistischen Hypothesen. Entwickeln Sie zuerst aus der Sekundärforschung abgeleitet die inhaltlichen Hypothesen und leiten erst dann daraus die statistischen Hypothesen ab – beides vor der Datenerhebung. Die H_0 – gegen sie wird geprüft – postuliert das Gegenteil der H_1: keinen Variablenzusammenhang bzw. keinen (oder einen entgegengesetzten) Prozent- oder Mittelwertsunterschied. Formulieren Sie in den beiden statistischen Hypothesen jeweils explizit, welche Ausprägungen welcher Variablen Sie mit welchem Testverfahren überprüfen wollen – sehr oft sind das Kreuztabelle, Mittelwertsvergleich oder Korrelation. Wenn Sie zusätzlich auch die entsprechende Prüflogik konkretisieren, werden die technischen Prüfnotwendigkeiten jedes Einzelfalls klarer. Vermeiden Sie es, inhaltliche und statistische Hypothesen zu vermischen, das erschwert oder verunmöglicht gar die Hypothesenprüfung.

[24] Vgl. Fußnote 22 auf Seite 66.

6.6.3 | Die Nullhypothese ist nicht korrekt formuliert.

Neben jeder inhaltlichen Hypothese ist die Nullhypothese (H_0) eine der beiden „zugehörigen“ statistischen Hypothesen. Sie geht von zufälligen, real nicht-existierenden Ergebnisunterschieden von Vergleichsgruppen bzw. Variablenzusammenhängen in der Stichprobe aus. Ihr steht die Alternativhypothese H_1 gegenüber, die das Gegenteil behauptet. Die Nullhypothese bildet bei der Hypothesenprüfung die zentrale Basis der datenanalytischen Signifikanzprüfung. Nicht zuletzt wegen ihrer großen Bedeutung sollte sie noch vor der Datenanalyse formuliert werden. Im Gegensatz zum inhaltlichen Wording inhaltlicher Hypothesen sollte die H_0 die konkreten Maßzahlen – und somit (implizit) das Auswertungsverfahren – ansprechen, die zur Prüfung verwendet werden. Ohne signifikantes Prüfergebnis lässt sich die Nullhypothese (vorläufig) nicht widerlegen, die Vermutung der inhaltlichen Hypothese bleibt auf die Stichprobe beschränkt. [Seite ⏩45 in Kapitel 3.3.2]

Betrachten Sie dazu bitte die **Bad-Practice-Beispiele** unkorrekt formulierter Nullhypothesen zu folgender fiktiver inhaltlicher Hypothese:

✓ **H_I** good (inhaltlich, ungerichtet, überprüfbar durch Mittelwertsvergleich):

__Wenn__ sich Personen rein vegetarisch oder vegan ernähren, __dann__ nehmen sie die Akzeptanz ihres sozialen Umfelds in Bezug auf ihre Ernährungsweise __als anders__ wahr als Personen mit anderer Ernährungsweise.

✗ **H_0** bad | a (statistische Nullhypothese):

__Wenn__ sich Personen rein vegetarisch oder vegan ernähren, __dann__ nehmen sie die Akzeptanz ihres sozialen Umfelds in Bezug auf ihre Ernährungsweise __als gleich__ wahr wie Personen mit anderer Ernährungsweise.

Diese H_0 ist insofern inkorrekt, als sie keine messbare abhängige Variable definiert: Worin besteht „Wahrnehmen“? Damit sind keine messbaren, definierten, operationalisierten Größen festgelegt, was wiederum kein Hypothesenprüfverfahren wie Kreuztabelle, Mittelwertsvergleich oder Korrelation bedingt. Statistische Hypothesen wie die H_0 sollten sich – zumindest implizit – darauf beziehen, was in den Daten tatsächlich gemessen wird. Außerdem kommt es im Wording zu einer Vermischung mit den in inhaltlichen Hypothesen verwendeten Wenn-Dann-Formulierungen, obwohl die H_0 keine Zusammenhangseffekte beschreibt.

Die folgende Formulierung korrigiert die angesprochenen Fehler, ist aber dennoch nicht ganz korrekt:

✗ **H_0** bad | b (statistische Nullhypothese):

Personen, die sich rein vegetarisch oder vegan ernähren, weisen einen __ähnlichen oder identen Mittelwert der__ ernährungsbezogenen Akzeptanzwahrnehmungsskala (__VAS__)[25] ihres sozialen Umfelds auf wie Personen mit anderer Ernährungsweise.

---

[25] Vgl. Fußnote 23 auf Seite 111.

6.8.3 | Die Zielgruppe(n) und/oder Stichprobe(n) ist (sind) nicht (mehr) erreichbar.

Hypothesen sind ohne Stichproben nicht überprüfbar. Für eine statistisch abgesicherte Hypothesenprüfung müssen ausreichend Stichprobenelemente vorhanden sein, auch in eventuell durch die unabhängige(n) Variable(n) definierten Teilgruppen, deren Ergebnisse vergleichend in die Datenanalyse einfließen. Besonders bei kleinen Grundgesamtheiten kann es schwierig sein, ausreichend große Stichproben zu erhalten. Demgegenüber wird es auch bei (sehr) großen und heterogenen Grundgesamtheiten herausfordernd, diese vollständig zu erfassen. Auch bei vergänglichen oder nicht (mehr) existierenden Elementen (z.B. bei wiederholter Messnotwendigkeit), bei sensiblen Themen, für die geeignete Erhebungselemente nur (mehr) schwer oder gar nicht zugänglich sind oder aufgrund von Datenschutzbestimmungen treten oft Erreichbarkeitsprobleme auf. [Seite ⏩53 in Kapitel 4.1.2.3]

Betrachten Sie dazu bitte die folgenden **Bad-Practice-Beispiele**:

✘ **$H_{I\ bad}$**:

Wenn berufsbegleitende Studierende regelmäßig Iced Matcha Tee zur Büroarbeit mitnehmen, dann beurteilen Sie das Angebot in den Getränkeautomaten der [Bildungseinrichtung XYZ] kritischer als andere berufsbegleitende Studierende.

Lassen sich Matcha Tee mitnehmende Zielpersonen in ausreichender Anzahl auffinden?

✘ **$H_{II\ bad}$**:

Besucher:innen an der [Bildungseinrichtung XYZ], die in der dortigen Mensa vor fünf Jahren zu Mittag gegessen haben, waren mit der Angebotsqualität zufriedener als aktuelle Besucher:innen.

Für eine – menschenbezogene – Hypothese, die sich auf einen länger zurückliegenden Zeitpunkt bezieht, wird es wohl schwer, Erhebungselemente von damals zu kontaktieren.

✘ **$H_{III\ bad}$**:

Wenn Studierende täglich Alkohol konsumieren, dann weisen sie einen schlechteren Notendurchschnitt auf als Studierende, die nicht täglich Alkohol konsumieren.

Die (tatsächliche) Menge von Alkoholkonsum stellt ein in der Gesellschaft sozial heikles Thema dar. Offen bekennend Vielkonsumierende lassen sich nicht repräsentativ abbilden.

Coachingtipp:

Um Hypothesen valide prüfen zu können, benötigen Sie ausreichend große und repräsentative Stichproben: mindestens 100, besser 200 Fälle, ideal sind 400. Auch alle Teilgruppen, die durch die abhängigen Variablen definiert werden, müssen genügend Elemente enthalten (mindestens 100)! Definieren Sie Ihre Grundgesamtheit nicht ZU klein, aber auch nicht zu groß: In beiden Fällen kann es schwierig werden, ausreichend Zielgruppenelemente zu finden. Vermeiden Sie Hypothesen, die Mehrfachmessungen erfordern, sich auf nicht (mehr) existierende Elemente beziehen, sensible Themen betreffen oder den Datenschutz (Kontaktverbot) verletzten: All das macht's Ihnen schwerer.

6.6.4 | Die Alternativhypothese ist nicht korrekt formuliert.

Die Alternativhypothese (H_1 oder H_a) ist eine der beiden statistischen Hypothesen, die idealerweise zusätzlich zu jeder inhaltlichen Hypothese formuliert werden. Sie ist das Pendant zur inhaltlichen Hypothese und geht von realen Ergebnisunterschieden von Vergleichsgruppen aus (ein „Anders“, „Größer“ oder „Kleiner“) bzw. von Variablenzusammenhängen in der Stichprobe, die wirklich existieren. Ihr steht die Nullhypothese H_0 gegenüber, die das Gegenteil behauptet. NICHT aber die inhaltliche Hypothese oder die Alternativhypothese, sondern die Nullhypothese bildet bei der Hypothesenprüfung die zentrale Basis der datenanalytischen Signifikanzprüfung. Beide statistischen Hypothesen sollten noch vor der Datenanalyse formuliert werden. Im Gegensatz zum inhaltlichen Wording inhaltlicher Hypothesen spricht die H_1 – wie die H_0 – am besten die konkreten Maßzahlen – und somit (implizit) das Auswertungsverfahren – an, die zur Prüfung (der H_0) verwendet werden. Bei einem signifikanten Prüfergebnis wird die Nullhypothese verworfen und die Alternativhypothese vorläufig akzeptiert. [Seite ⏩45 in Kapitel 3.3.2]

Betrachten Sie dazu bitte die **Bad-Practice-Beispiele** unkorrekt formulierter Alternativhypothesen zu folgender fiktiver inhaltlicher Hypothese:

✓ **$H_{I\ good}$** (inhaltlich, ungerichtet, überprüfbar durch Mittelwertsvergleich):

*Wenn sich Personen rein vegetarisch oder vegan ernähren, dann nehmen sie **eine andere** Akzeptanz ihres sozialen Umfelds in Bezug auf ihre Ernährungsweise wahr als Personen mit anderer Ernährungsweise.*

✗ **$H_{1\ bad\ |\ a}$** (statistische Alternativhypothese, gerichtet):

*Wenn sich Personen rein vegetarisch oder vegan ernähren, dann nehmen sie **eine bessere** Akzeptanz ihres sozialen Umfelds in Bezug auf ihre Ernährungsweise wahr als Personen mit anderer Ernährungsweise.*

Diese H_1 ist ungenau und steht der inhaltlichen Hypothese nicht zur Seite: Während die inhaltliche Hypothese UNGERICHTET formuliert ist – „anders“ –, besitzt die Alternativhypothese eine Richtung – ein „als besser Wahrnehmen“. Außerdem spricht diese H_1 weder an, was genau, noch, womit geprüft bzw. gemessen wird: Wie wird „als besser wahrnehmen“ z.B. in einem Fragebogen abgebildet (operationalisiert), wie (mit welchem Analyseverfahren) werden die vermuteten Differenzen zwischen vegetarischen/veganen Personen und anderen hypothesenprüfend gemessen?

✗ **$H_{1\ bad\ |\ b}$** (statistische Alternativhypothese, gerichtet):

*Wenn sich Personen rein vegetarisch oder vegan ernähren, dann ist ihr Mittelwert der ernährungsbezogenen Akzeptanzwahrnehmungsskala (VAS) **signifikant höher** als bei Personen mit anderer Ernährungsweise.*

Diese Formulierung ist nun statistischer und bildet Variablen und Messverfahren ab. Allerdings stimmt sie – weil gerichtet – noch immer nicht mit der ursprünglichen inhaltlichen Hypothese überein. Außerdem beinhalten Hypothesen keine Aussagen zu Signifikanz – das bleibt den Ergebnissen der jeweiligen Datenanalyseverfahren vorbehalten.

Gut und üblich formuliert könnte eine H_1 zum diskutierten Beispiel lauten:

✓ **H_1** good (statistische Alternativhypothese, ungerichtet):

*Wenn sich Personen rein vegetarisch oder vegan ernähren, dann ist ihr **Mittelwert der** ernährungsbezogenen Akzeptanzwahrnehmungsskala **(VAS)**[28] **ungleich** dem von Personen mit anderer Ernährungsweise.*

Prüflogik: $Ø_{VAS(vegetarisch/vegan)} \neq Ø_{VAS(andere)}$

Diese Alternativhypothese vermeidet nun die oben angesprochenen Forderungen: Zur inhaltlichen Hypothese passende Richtung(slosigkeit) sowie konkrete Thematisierung des anzuwendenden Wertevergleichs (Analyseverfahrens). Die Prüflogik hilft zusätzlich bei der technischen Festlegung der Hypothesenprüfung.

Wäre bereits die inhaltliche Hypothese gerichtet formuliert ...

✓ **H_{II}** good (inhaltlich, gerichtet, überprüfbar durch Mittelwertsvergleich):

*Wenn sich Personen rein vegetarisch oder vegan ernähren, dann nehmen sie **eine bessere** Akzeptanz ihres sozialen Umfelds in Bezug auf ihre Ernährungsweise wahr als Personen mit anderer Ernährungsweise.*

... könnte eine dazu passende statistische Alternativhypothese Wording und Prüflogik wie folgt besitzen:

✓ **H_1** good (statistische Alternativhypothese, gerichtet):

*Wenn sich Personen rein vegetarisch oder vegan ernähren, dann ist ihr **Mittelwert der** ernährungsbezogenen Akzeptanzwahrnehmungsskala **(VAS) größer** als bei Personen mit anderer Ernährungsweise.*

Prüflogik: $Ø_{VAS(vegetarisch/vegan)} > Ø_{VAS(andere)}$

Coachingtipp:

Formulieren Sie die statistische Alternativhypothese (H_1) präzise und klar, passend zur inhaltlichen Hypothese. Beachten Sie dabei unbedingt, ob die Alternativhypothese gerichtet oder ungerichtet sein muss. H_1 (und die ihr widersprechende statistische Nullhypothese H_0) sollten die konkreten Variablen und Maßzahlen sowie das jeweilige Auswertungsverfahren einbeziehen und vor der Datenanalyse formuliert werden. Stimmen Sie also die Testausrichtung (gerichtet einseitig oder ungerichtet zweiseitig) darauf ab. Wichtig: Geprüft wird aber immer die Nullhypothese (H_0). Vermeiden Sie Signifikanzaussagen direkt in den Hypothesen – Signifikanz ergibt sich erst aus der Datenanalyse. Ergänzen Sie Ihre Hypothesenformulierungen der H_1 und H_0 idealerweise um die Prüflogik: Das strukturiert den Analyseprozess, vermeidet Missverständnisse und sorgt für Klarheit.

[28] Vgl. Fußnote 23 auf Seite 111.

6.6.5 | Die Hypothese ist sprachlich (orthographisch) inkorrekt.

Hypothesen sollten präzise und korrekt formuliert werden: Sprachliche Fehler können die Verständlichkeit und wissenschaftliche Aussagekraft beeinträchtigen. Eine klare und grammatikalisch richtige Sprache erleichtert das Verständnis und vermeidet Missverständnisse. Es ist empfehlenswert, Hypothesen auf sprachliche Richtigkeit zu überprüfen – idealerweise durch Peer-Review (bzw. Lektorat). Ungeeignet für Hypothesen sind Formulierungen mit „Es gibt"-Sätzen: Diese würden eine Untersuchung aller denkbaren Gegebenheiten erfordern, um sie zu widerlegen. „Kann"-Sätze sind ebenfalls zu vermeiden, auch sie sind nicht falsifizierbar: Etwas, das sein kann, kann auch NICHT sein. Zudem sollte das Wort „signifikant" nicht in Hypothesen auftauchen – dieses ist den Ergebnissen der Hypothesenprüfung vorbehalten und bedeutet deren Gelten für die Grundgesamtheit. **[Seite ⏩45 in Kapitel 3.3.1]**

Betrachten Sie bitte hierzu die folgenden fiktiven **Bad-Practice-Beispiele**:

✘ **H**$_{\text{I bad}}$:

Wenn Personen älter als 40 Jahre sind, dann essen sie eher Schnitzel, weil sie älter sind, gegenüber Jüngeren.

Diese Hypothese ist generell unklar. Sie besitzt einen missverständlichen, zirkulären (tautologischen) bzw. redundanten Satzbau. Außerdem wird der Begriff „Schnitzel" nicht ausreichend definiert.

✘ **H**$_{\text{II bad}}$:

Alte essen mehr Schnitzel als Junge.

Bei dieser Formulierung tauchen ebenso viele Fragen auf: Wer sind „Alte", wer „Junge"? Was ist mit „Schnitzel" gemeint? Was ist „mehr"?

✘ **H**$_{\text{III bad}}$:

Wenn Personen älter als 40 Jahre sind, also ein Alter erreicht haben, das über dem Alter von jüngeren Personen liegt, dann essen sie eher Schnitzel, weil sie möglicherweise andere Essgewohnheiten haben als jüngere Personen, die unter 40 Jahre alt sind und vielleicht aus anderen Gründen weniger Schnitzel essen.

Diese Hypothese ist viel zu verschachtelt und redundant, ihre Komplexität bringt keinen Mehrwert, sondern erschwert es vielmehr, die Inhalte rasch zu fassen. Sie enthält einen schlechten Satzbau, unnötige Wiederholungen und ist zirkulär. „Möglicherweise" ist eine unpräzise, spekulative, unklare Vermutung des Kausalzusammenhangs der beiden Variablen *Alter* und *Schnitzelkonsum*. Eher vage formuliert bleibt auch hier „Schnitzel".

Weitere Beispiele schlechter Hypothesenformulierung:

✘ **H**$_{\text{IV bad}}$:

Es kann sein, dass Personen bestimmter Altersgruppen mehr Schnitzel essen.

✗ **H** $_{V}$ bad:

Es gibt in bestimmten Wohnregionen Personen, die mehr Schnitzel essen als andere Personen.

Diese beiden Formulierungen sind weder überprüfbar noch falsifizierbar. Die Hypothesen enthalten keine klare Positionierung bzw. Behauptung: Wenn es sein kann, kann es auch NICHT sein. Irgendwo kann es immer etwas „geben“. Worin besteht die Vergleichsbasis: Welche Altersgruppen werden miteinander verglichen, welche Wohnregionen? In welche Richtung? Worin besteht Kausalität?

✗ **H** $_{VI}$ bad:

Wenn Personen älter als 40 Jahre sind, dann essen sie signifikant mehr Schnitzel, als wenn sie jünger sind.

Gegenüber den oberen ist dieses Wording besser, kürzer und klarer. Allerdings ist hier der Begriff „signifikant“ unrichtig: Hypothesen können nicht signifikant sein, Signifikanz weisen die Ergebnisse einer Hypothesenprüfung auf.

Eine Hypothesenformulierung, die alle soeben formulierten Kritikpunkte vermeidet, könnte prägnant, klar, präzise und orthographisch richtig formuliert lauten:

✓ **H** $_{I}$ good (inhaltlich, gerichtet, überprüfbar durch Mittelwertsvergleich):

Wenn Personen[29] älter als 40 Jahre alt sind, dann essen sie monatlich im Schnitt mehr Schnitzel (paniertes Fleisch oder paniertes flachgeschnittenes Gemüse) als Jüngere.

Coachingtipp:

Achten Sie bei der Formulierung von Hypothesen auf sprachliche Korrektheit und Präzision. Fehler in diesem Bereich mindern die Verständlichkeit und wissenschaftliche Aussagekraft. Vermeiden Sie „Es gibt“-Sätze, da diese eine vollständige Überprüfung aller Gegebenheiten erfordern würden. Vermeiden Sie „Kann“-Sätze, da diese nicht falsifizierbar sind. Vermeiden Sie auch das Wort „signifikant“: Es gehört nicht in Hypothesen, sondern beschreibt die Ergebnisse einer Hypothesenprüfung, die für die Grundgesamtheit gelten. Eine klare, strukturierte, nicht redundante oder zirkuläre, nicht spekulative, unmissverständliche und vor allem überprüfbare Formulierung vermeidet Missverständnisse und fördert die notwendige wissenschaftliche Präzision. Überprüfen Sie Hypothesen idealerweise durch Peer-Review oder Lektorat.

[29] ... aus einer bestimmten, zu definierenden Grundgesamtheit ...

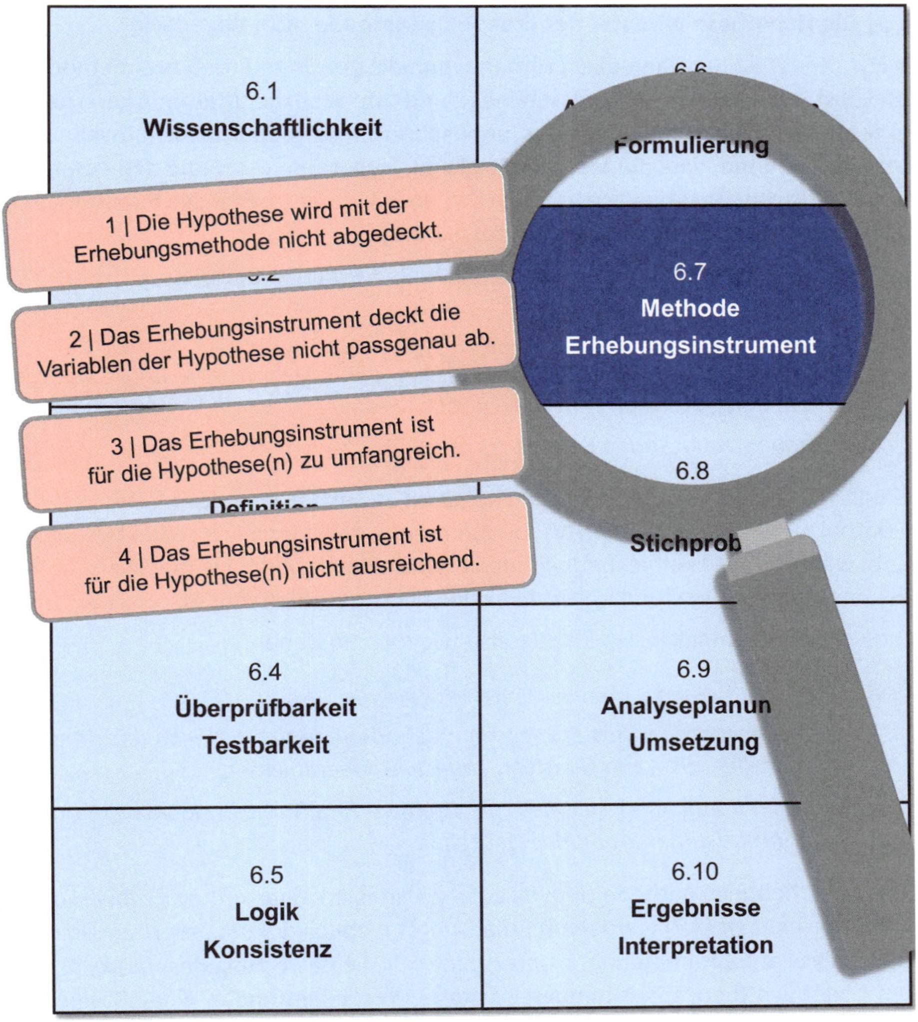

www.utb.de/do/10.36198/9783838565026-m15

Audioabstract

hypothesen.at/audio/kapitel-6-7.mp3

Abbildung 9: 6.7 | Methode, Erhebungsinstrument

6.7 Methode, Erhebungsinstrument

6.7.1 | Die Hypothese wird mit der Erhebungsmethode nicht abgedeckt.

Eine Hypothese ist nur dann überprüfbar, wenn die gewählte Erhebungsmethode die Variablen vollständig und präzise erfasst. Eine fehlerhafte Wahl der Methode kann dazu führen, dass zentrale Aspekte der Hypothese unbeachtet bleiben oder nicht messbar sind. Es ist daher entscheidend, dass die Methode exakt zur Hypothese passt und den Zusammenhang zwischen Ursache (unabhängige Variable UV) und Wirkung (abhängige Variable AV) gut und vollständig abbildet. **[Seite ⏩ 50 in Kapitel 4.1.2.1]**

Betrachten Sie bitte hierzu das folgende fiktive **Bad-Practice-Beispiel**:

✘ **H_I**:

Wenn Menschen täglich Erdbeeren essen, dann verbessert sich ihre Hautgesundheit schneller, als wenn sie NICHT täglich Erdbeeren essen.

Methode: *Quantitative Befragung*

Eine Befragung kann zwar den *Erdbeerkonsum* (UV) erfassen, jedoch liefert sie keine validen Daten zur *Hautgesundheit* (AV). Die Befragung deckt lediglich subjektive Einschätzungen ab, während die Hautgesundheit idealerweise durch objektive medizinische Tests, Fotodokumentation oder standardisierte Skalen erfasst werden müsste.

Ein besseres Forschungsdesign könnte also wie folgt aussehen:

✓ **$H_{I\,good}$** (inhaltlich, gerichtet, Überprüfung über Mittelwertsvergleich):

Wenn Menschen täglich Erdbeeren essen, dann verbessert sich ihre Hautgesundheit schneller, als wenn sie NICHT täglich Erdbeeren essen.

Methode: *Inhaltsanalyse eines zu führenden Ernährungstagebuchs mit darin täglicher Fotodokumentation des Hautbildes*

Hier ist die Erhebungsmethode sinnvoll auf die Variablen abgestimmt. *Erdbeerkonsum* (UV) und *Hautgesundheit* (AV) werden im Ernährungstagebuch dokumentiert und in Form einer Inhaltsanalyse auf Zusammenhang untersucht. Für die Bewertung des Hautbilds werden in einem Codebuch theoretisch fundierte Kriterien festgelegt und in einem Codierschema – gemeinsam mit dem Erdbeerkonsum – abgebildet.

Coachingtipp:

Benutzen Sie für Ihre Hypothese die geeignete Erhebungsmethode. Nutzen Sie dabei vor allem verfügbare Ressourcen: Für objektive Daten wie Hautunreinheiten kann durchaus eine Smartphone-Kamera zur Fotodokumentation verwendet werden. Geben Sie genaue Anleitungen, wie die Daten dokumentiert und bewertet werden müssen. Ein Pretest der Erhebungsmethode kann helfen, Schwachstellen frühzeitig zu erkennen.

6.7.2 | Das Erhebungsinstrument deckt die Variablen(ausprägungen) der Hypothese nicht passgenau ab.

Die Variablen und vor allem auch deren Ausprägungen im Erhebungsinstrument müssen genau zu den Hypothesen passen. Stimmen die zu vergleichenden bzw. analysierenden Untersuchungsgrupp(ierung)en oder Antwortkategorien technisch formal nicht mit den Hypothesenvariablen überein, kann keine adäquate Überprüfung erfolgen. [Seite ⏩ 54 in Kapitel 4.1.2.4]

Betrachten Sie bitte hierzu das folgende fiktive **Bad-Practice-Beispiel**:

✗ **H$_{I}$** $_{bad}$:

*Wenn Personen üblicherweise wöchentlich **zumindest 100 Euro** für persönliche Freizeit und Genuss ausgeben, dann besuchen sie eher zumindest einmal pro Woche ein Casual Dining-Restaurant als Personen, die für persönliche Freizeit und Genuss weniger oder kein Geld ausgeben.*

*Frage im Fragebogen zur Erfassung der wöchentlichen Freizeit- & Genussausgaben: „Wie viel Geld reservieren Sie üblicherweise wöchentlich für persönliche Freizeit und Genuss?" – 0 € | bis unter 50 € | **bis unter 150 €** | 150 € und mehr*

Die Eurokategorien im Fragebogen stimmen nicht mit den in der Hypothese definierten Gruppen (Ausgaben mindestens 100 € | Ausgaben geringer) überein. Personen mit Ausgaben von mindestens 100 Euro lassen sich nicht eindeutig einer Kategorie zuordnen, da die mittlere Option – bis max. 150 € – sowohl Personen mit zumindest 100 € als auch höher umfasst. Dadurch können die Daten nicht passend zu den Hypothesenvariablen ausgewertet werden und ein Gruppenvergleich wäre unpräzise.

✓ **H$_{I}$** $_{good}$ (inhaltlich, gerichtet, Überprüfung über Kreuztabelle):

Wenn Personen üblicherweise wöchentlich zumindest 100 Euro für persönliche Freizeit und Genuss ausgeben, dann besuchen sie eher zumindest einmal pro Woche ein Casual Dining-Restaurant als Personen, die für persönliche Freizeit und Genuss weniger oder kein Geld ausgeben.

*Frage im Fragebogen zur Erfassung der wöchentlichen Freizeit- & Genussausgaben: „Wie viel Geld reservieren Sie üblicherweise wöchentlich für persönliche Freizeit und Genuss?" – 0 € | bis unter 10 € | bis unter 100 € | **100 € und mehr***

Die Ausgabekategorien im Fragebogen wurden an die Hypothese angepasst. Damit sind präzise Gruppenvergleiche und eine valide Überprüfung der Hypothese möglich.

Coachingtipp:

Vergleichen Sie Ihre Hypothesen genau mit Ihrem Erhebungsinstrument. Achten Sie auf konsistente Kategorien: Überprüfen Sie, ob die Ausprägungen, Gruppierungen oder Kategorien im Messinstrument exakt den Hypothesenvariablen und -ausprägungen entsprechen. Falls Unterschiede bestehen, passen Sie das Erhebungsinstrument an, sonst können Sie nicht präzise testen.

6.7.3 | Das Erhebungsinstrument ist für die Hypothese(n) zu umfangreich.

Das Erhebungsinstrument sollte vom Umfang her genau auf die Hypothese(n) abgestimmt sein. Ein weit verbreiteter Fehler besteht darin, zu viele Fragen oder Messpunkte aufzunehmen, die für die Beantwortung der Hypothesen nicht notwendig sind. Das kann einerseits die Teilnahmebereitschaft an Befragungen senken, andererseits durch einander eventuell widersprechende Parallelergebnisse zu Analyseproblemen bei der Hypothesenprüfung führen. Idealerweise enthält ein Erhebungsinstrument nur GENAU DIEJENIGEN Elemente, die für die Analyse erforderlich sind – also Screening-Fragen, Eisbrecherfragen, zentrale Variablen sowie (falls nötig) Daten zur Repräsentativitätsbewertung. Das gilt ebenso für Inhaltsanalysen und andere empirische Methoden. **[Seite ⏩ 54 in Kapitel 4.1.2.4]**

Betrachten Sie hierzu bitte das folgende **Beispiel**:

~ **$H_{I\ good}$** (inhaltlich, gerichtet, überprüfbar über Korrelation (Rangkorrelation)):

Je besser die Servicequalität in einem Restaurant bewertet wird, desto höher fällt die Gesamtbewertung aus.

Zur Überprüfung dieser Hypothese wird ein umfangreicher Fragebogen erstellt, der nicht nur die Servicequalität und die Gesamtbewertung abfragt, sondern auch zahlreiche zusätzliche Themen wie die Raumtemperatur, die Musikauswahl, die Beleuchtung, die Herkunft der Zutaten und die Parkmöglichkeiten. Viele dieser Aspekte haben keinen direkten Bezug zur Hypothese, sondern könnten allenfalls als Zusatzvariablen in einer komplexeren Analyse relevant sein. Die überflüssigen Fragen verlängern die Befragung unnötig. Dies kann das Antwortverhalten beeinflussen und die statistische Auswertung erschweren.

Stattdessen sollte der Fragebogen gezielt auf die Hypothese abgestimmt sein. Die **Kernfragen** könnten lauten:

- Wie bewerten Sie die Servicequalität? (z. B. auf einer Skala von 1 bis 5)
- Wie bewerten Sie das Restaurant insgesamt? (z. B. auf einer Skala von 1 bis 5)

Zusätzlich könnten einige gezielt ausgewählte Zusatzinformationen erfasst werden, wenn sie theoretisch begründet sind – beispielsweise Informationen zu Art oder Lage des Lokals. Dadurch bleibt der Fragebogen effizient und die Analyse kann sich auf die relevanten Zusammenhänge konzentrieren.

Coachingtipp:

Ob Fragebogen oder Inhaltsanalyse – vermeiden Sie unnötige Komplexität! Wenn Sie Ihren Fragebogen entwickeln, fragen Sie sich bei jeder einzelnen Frage: Ist diese Information wirklich notwendig, um meine Hypothesen zu überprüfen? Wenn nicht, streichen Sie sie. Ein schlanker, zielgerichteter Fragebogen sorgt nicht nur für eine bessere Datenqualität, sondern auch für mehr Teilnahmebereitschaft. Bei einer Inhaltsanalyse gilt dasselbe für Ihr Codebuch: Zu viele Kategorien verlängern die Codierzeit, erhöhen die Fehleranfälligkeit und können die Intercoder-Reliabilität beeinträchtigen. Konzentrieren Sie sich daher auf die wirklich relevanten Merkmale, um verlässliche und aussagekräftige Ergebnisse zu erhalten.

6.7.4 | Das Erhebungsinstrument ist für die Hypothese(n) nicht ausreichend.

Das Erhebungsinstrument muss die relevanten Informationen in ausreichendem Umfang erheben, damit die Hypothese sinnvoll geprüft werden kann. Ein zu kurzer Fragebogen kann dazu führen, dass zentrale Einflussfaktoren nicht berücksichtigt werden. Ein unzureichendes Codebuch bei der Inhaltsanalyse lässt es nicht zu, wichtige Unterschiede zwischen Texten oder Kommunikationsmaterialien zu erfassen. Die Anwendbarkeit eines Erhebungsinstruments wird erheblich eingeschränkt, wenn unzureichende Daten zu verzerrten Ergebnissen führen oder Datenlücken die Hypothesenprüfung gar unmöglich machen. **[Seite ⏩ 54 in Kapitel 4.1.2.4]**

Betrachten Sie hierzu bitte das folgende **Beispiel** einer Inhaltsanalyse von Artikeln in Mitarbeitermagazinen, die der Darstellung von Personen gewidmet sind:

> ~ **H_I** good (inhaltlich, gerichtet, überprüfbar über Korrelation (Rangkorrelation)):
>
> *Je höher die Hierarchieebene der dargestellten Person(en), desto mehr unterschiedliche Themenbereiche von Zukunftsstrategien werden angesprochen.*

Das Codebuch zur Überprüfung dieser Hypothese legt jedoch nur zwei Kategorien fest: *Zukunftsstrategie (erwähnt | nicht erwähnt)* und *Führungskraft (ja | nein)*. Diese grobe Einteilung reicht nicht aus, um Zusammenhänge zwischen Hierarchieebenen und der Anzahl von Strategieaspekten herauszuarbeiten. Unklar bleibt, welche Aspekte von Zukunftsstrategien thematisiert werden (z.B. Innovationen, Markttrends oder interne Veränderungsprozesse). Auch die Hierarchieebene der dargestellten Personen wird nicht systematisch erfasst, da keine genaueren Klassifizierungen vorliegen. Eine Analyse im Sinne der Hypothese ist also nicht möglich.

Um die Hypothese sinnvoll zu testen, sollte das Codebuch differenzierter, aber dennoch fokussiert sein. Sinnvolle Kategorien wären zum Beispiel:

- **Hierarchieebene der dargestellten Personen**: Gehören die abgebildeten oder zitierten Personen zum Aufsichtsrat, zur Geschäftsführung, zum mittleren Management, zur Teamleitung oder zur operativen Mitarbeiterebene?
- **Themenbereiche der Zukunftsstrategie**: Worüber wird gesprochen – über Innovationen, Markttrends, interne Veränderungen, neue Geschäftsmodelle usw.?

Mit Codierkategorien dieser Art wird ersichtlich, ob und wie sich die Kommunikation über Zukunftsstrategien je nach Hierarchieebene unterscheidet – so kann eine Prüfung erfolgen.

Coachingtipp:

Behalten Sie das Ganze im Blick – aber richten Sie alles auf Ihre Hypothese aus. Überlegen Sie sich genau: Welche Merkmale sind notwendig, um meine Hypothese GENAU zu testen? Zu grobe Kategorien (Fragen in einem Fragebogen) lassen keine präzise Analyse zu und zu viele Detailkategorien erschweren („verwässern") die Auswertung. Finden Sie ein Gleichgewicht zwischen Differenzierung und Overkill. Auch die generelle Umsetzbarkeit (Praktikabilität) des Erhebungsinstruments muss natürlich gegeben sein.

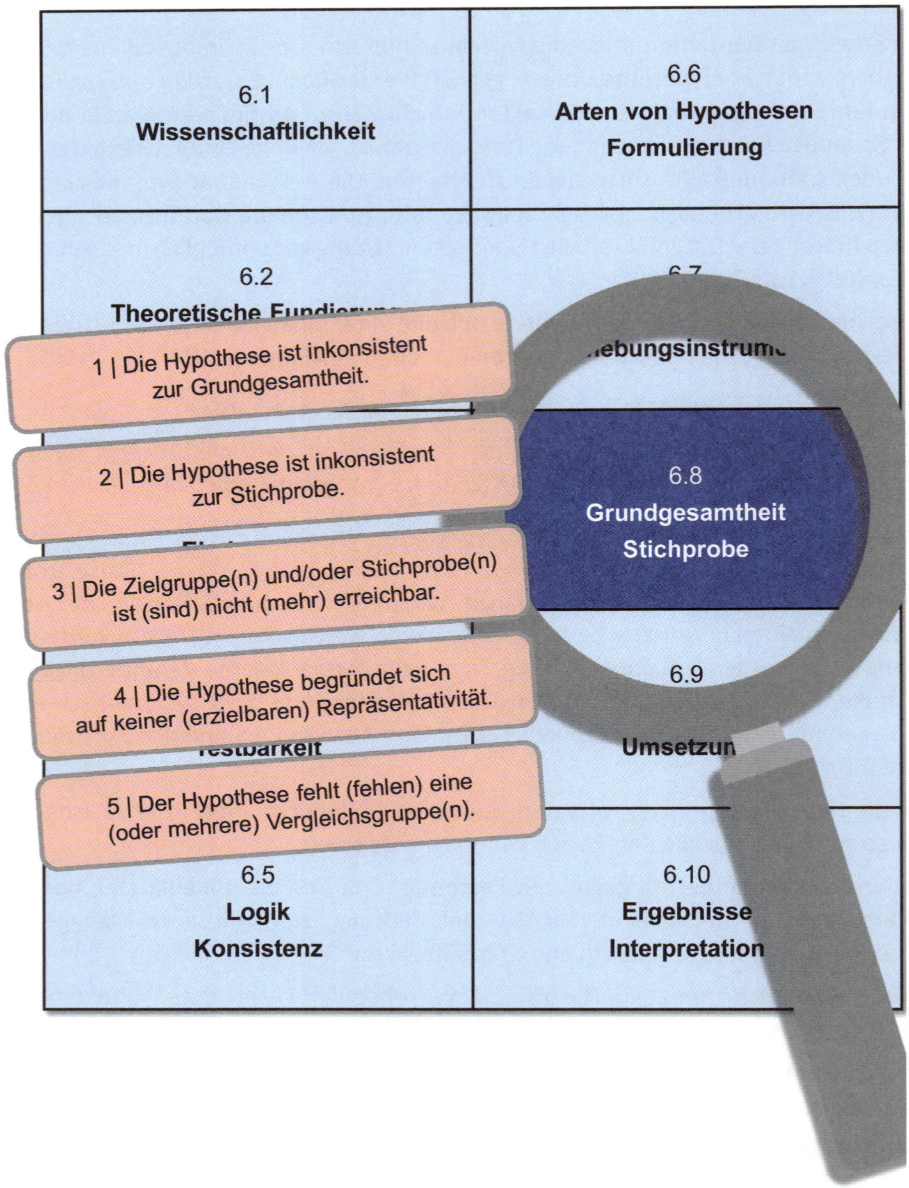

www.utb.de/do/10.36198/9783838565026-m16

Audioabstract

hypothesen.at/audio/kapitel-6-8.mp3

Abbildung 10: 6.8 | Grundgesamtheit, Stichprobe

6.8 Grundgesamtheit, Stichprobe

6.8.1 | Die Hypothese ist inkonsistent zur Grundgesamtheit.

Für die Überprüfbarkeit jeder Hypothese ist es entscheidend, dass die Grundgesamtheit (Population) – also jene Menschen, Inhalte, Objekte etc., auf die sie sich bezieht –, klar definiert und ihr angemessen ist. Erst eine exakte Abgrenzung der Population ermöglicht zielgenaue, empirische Erhebungen mit gültigen und verlässlichen Ergebnissen. Je breiter eine Population gefasst ist, desto größer ist der praktische Aufwand, sie abzudecken. Eine Grundgesamtheit kann individuell sein, z.B. Personen oder Social-Media-Postings, oder kollektiv, z.B. Vereine. [Seite ⏩ 51 in Kapitel 4.1.2.2]

Betrachten Sie dazu bitte die folgenden **Beispiele**: Für die Hypothese ...

~ **H**$_{\mathrm{I\ good}}$ (inhaltlich, gerichtet, überprüfbar durch Mittelwertsvergleich):

Wenn Arbeitszeiten flexibel gestaltbar sind, dann ist die Zufriedenheit von Mitarbeitenden mit Betreuungspflichten höher als bei starr festgelegten Arbeitszeiten.

... wird folgende Grundgesamtheit definiert: Alle Mitarbeitenden in einem österreichischen Großunternehmen. Diese Population ist für die angeführte Hypothese zu breit angelegt. Besser wäre es, diese Hypothese ausschließlich unter Mitarbeitenden mit Betreuungspflichten (in einem definierten Mindestausmaß pro Tag oder Woche) zu überprüfen.

Ein weiteres Beispiel, bei dem Population und Hypothese nicht passgenau zueinander sind:

~ **H**$_{\mathrm{II\ good}}$ (inhaltlich, gerichtet, überprüfbar durch Korrelation):

Je größer das Angebot an öffentlichen Verkehrsmitteln auf Pendlerstrecken ist, desto mehr Fahrten werden im öffentlichen Verkehr unternommen.

Geprüft werden soll diese Vermutung in einer Stichprobe von Pendler:innen, die regelmäßig auf einer Pendlerstrecke unterwegs sind. Das wird zu keinen im Sinne der Hypothese gut verwertbaren Daten führen, weil hier Individuen befragt werden, die Hypothese sich aber auch auf kollektive Merkmale – das gesamte Verkehrsangebot und (teilweise) Fahrten – bezieht. Einzelpersonen können nur über ihr persönliches Verhalten Auskunft geben und ihre WAHRNEHMUNG des Angebots schildern, aber nicht das TATSÄCHLICHE Verkehrsaufkommen. Zielführender könnte hier eine Erhebung unter Verantwortlichen von Verkehrsbetrieben sein – sie haben einen Gesamtüberblick über bediente Strecken und die Marktaufteilung der einzelnen Verkehrsmittel.

Ein anderes **Bad-Practice-Beispiel**:

✘ **H**$_{\mathrm{III\ bad}}$:

Wenn Social-Media-Werbung zu [Kosmetikprodukt XYZ] von Influencer:innen präsentiert wird, dann ist die Absatzmenge unter Konsument:innen höher, als wenn die Werbung durch die produzierende Firma selbst erfolgt.

Diese Hypothese soll in Form einer Onlinebefragung unter Social-Media Nutzer:innen überprüft werden. Das ist nicht zielführend, weil die Vermutung zwei verschiedene Perspektiven besitzt: Eine Person kauft das hier bestimmte, angesprochene Produkt oder nicht, kann jedoch keine Auskunft über Absatzmengen geben. Hier wäre es wohl besser, auf die bisherigen Erfahrungen der Produkt-, Marketing- bzw. Werbeverantwortlichen des betreffenden Einzelprodukts zu setzen. Damit wird dann aber das Prinzip der Allgemeingültigkeit, das für Hypothesen notwendige Procedere des Generalisierens von Stichproben auf durch sie repräsentierte Grundgesamtheiten, aufgegeben. Ein Einzelprodukt stellt keine Population dar. Besser formuliert – auch im Sinne einer allgemeinen Aussage über Konsument:innenverhalten – könnte eine Hypothese in sehr ähnlichem Konnex lauten:

✓ **H_{III}** good (inhaltlich, gerichtet, überprüfbar durch Mittelwertsvergleich):

Sehen Social-Media-Nutzer:innen im Alter zwischen 18 und 26 Jahren erstmals Werbung zu einem Kosmetikprodukt [der Warengruppe XYZ], dann ist ihre potenzielle Kaufbereitschaft höher, wenn diese Werbung von Influencer:innen abgesetzt wurde, als wenn diese Werbung durch die produzierende Firma selbst erfolgte.

Eine derartige Vermutung KÖNNTE nun mittels einer Befragung unter 18- bis 26-jährigen Social-Media-Nutzer:innen ihrer Überprüfung zugeführt werden. Durch die Aufhebung der Beschränkung auf EIN bestimmtes Produkt wird jetzt auch der Allgemeingültigkeitsanspruch erfüllt.

Coachingtipp:

Achten Sie darauf, dass die Grundgesamtheit Ihrer Hypothese exakt definiert ist und zu ihrer Fragestellung passt. Nur so können hypothesengesteuerte empirische Erhebungen verlässliche und zielgenaue Ergebnisse liefern. Je breiter die Population gefasst ist, desto aufwendiger ist die praktische Umsetzung. Für studentische Arbeiten empfiehlt es sich, die Grundgesamtheit möglichst überschaubar und erreichbar zu halten. Beachten Sie zudem, dass Grundgesamtheiten individuell (z.B. Personen oder Social-Media-Postings) oder kollektiv (z.B. Vereine) sein können. Vermengen Sie Merkmale unterschiedlicher Grundgesamtheiten nicht in EINER Hypothese. Und: Vergessen Sie nicht auf den Allgemeingültigkeitsanspruch Ihrer Formulierungen!

6.8.2 | Die Hypothese ist inkonsistent zur Stichprobe.

Stichprobenerhebungen bilden die Grundlage der „Hypothesenlogik", die Ergebnisse aus einer Stichprobe auf die zugrunde liegende Grundgesamtheit zu übertragen (schließende Statistik). Den Idealfall bilden hier – methodisch gefordert, praktisch selten realisierbar – Zufallsstichproben ausreichender Größe. Jede nicht zufällige Stichprobe erfordert dagegen eine kontrollierte Passgenauigkeit (Konsistenz) zur Hypothese. Das bedeutet Repräsentativität – durch Übereinstimmung der Verteilung relevanter Merkmale zwischen Stichprobe und Grundgesamtheit. Die relevanten Repräsentativitätskriterien müssen für die Verallgemeinerbarkeit der Ergebnisse sinnvoll sein und dürfen nicht im Widerspruch zur Hypothese stehen oder gar dem Erkenntnisinteresse zuwiderlaufen. Im Idealfall liefern Sekundärquellen hier Entscheidungshilfen. [Seite ⏩51 in Kapitel 4.1.2.3]

Betrachten Sie dazu bitte die folgenden **Beispiele**: Für die Hypothese ...

~ **H**$_{\text{I good}}$ (inhaltlich, gerichtet, überprüfbar durch Mittelwertsvergleich):

Wenn Personen außerhalb des städtischen Ballungsraums wohnen, gehen sie öfter im Freien joggen als Personen, die im städtischen Ballungsraum wohnen.

... wird eine Stichprobe nach den Kriterien Wohnort (städtischer Ballungsraum | außerhalb) und Schuhgröße definiert. Während das erste Kriterium wohl Hypothesenkonsistenz besitzt, ist das beim zweiten (Schuhgröße) wohl eher fraglich.

Völlige Inkonsistenz zwischen Hypothese und Stichprobe besteht bei diesem Beispiel:

~ **H**$_{\text{II good}}$ (inhaltlich, gerichtet, überprüfbar durch Mittelwertsvergleich):

Wenn deutsche 18- bis 26-Jährige im Schnitt zumindest ein Mal wöchentlich im Freien joggen, dann fühlen sie sich weniger gestresst als Personen derselben Altersgruppe, die das seltener oder gar nicht tun.

Als Stichprobenkriterien aus der Grundgesamtheit „Deutsche zwischen 18 und 26 Jahren" werden – weil die Erhebung via Streulink erfolgen soll – Social-Media-Nutzungsverhalten und Stressempfinden definiert. Ersterem fehlt der Hypothesenbezug, das zweite Kriterium wird ja selbst gemessen und darf deshalb nicht die Erhebungselemente definieren.

Coachingtipp:

Sorgen Sie dafür, dass Ihre Stichprobe mit Ihrer Hypothese konsistent ist. Ziel jeder Hypothese ist es, Ergebnisse aus Stichprobendaten auf die durch sie repräsentierte Grundgesamtheit zu übertragen (schließende Statistik). Das macht nur bei einer repräsentativen Stichprobe Sinn, die in den hypothesenrelevanten Merkmalen mit der Grundgesamtheit übereinstimmt. Repräsentativitätskriterien sollten durch Sekundärforschung abgesichert oder zumindest logisch und sinnvoll sein. Vermeiden Sie es, Attribute einzubeziehen, die nicht zur Hypothese passen oder ihr sogar zuwiderlaufen. Das wäre z.B. der Fall, wenn die abhängige Variable (AV) ein Repräsentativitätskriterium darstellt. Wenn Sie die Möglichkeit haben, setzen Sie auf eine ausreichend große Zufallsstichprobe aus einer hypothesenkonform definierten Grundgesamtheit.

6.8.4 | Die Hypothese begründet sich auf keiner (erzielbaren) Repräsentativität.

Hypothesenlogik zielt darauf ab, Stichprobenergebnisse auf ihre Grundgesamtheit zu übertragen. Dazu muss die Stichprobe repräsentativ sein, also die identen Merkmalsverteilungen wie die Grundgesamtheit aufweisen. Ist die Merkmalsverteilung der Grundgesamtheit unbekannt, kann Repräsentativität nicht sichergestellt werden: Der Stichprobe fehlt eine anzustrebende Zielstruktur. In derartigen Fällen kann durch eine möglichst breite Mischung (Diversität) der Erhebungen lediglich eine vermutete, jedoch nicht überprüfbare „Quasi-Repräsentativität" erreicht werden. (Auch) deshalb fordert die Methodenlehre Zufallsstichproben, die bei ausreichender Größe durch ihre zufällige Variabilität automatisch repräsentativ sind – ohne Vorkenntnisse über die Grundgesamtheit. In der Praxis sind zufällige Samples jedoch meist nur schwer oder gar nicht realisierbar. **[Seite ⏩ 52 in Kapitel 4.1.2.3]**

Betrachten Sie dazu bitte das folgende **Beispiel**: Zur Prüfung der Hypothese ...

~ **H**$_{I\ good}$ (inhaltlich, gerichtet, überprüfbar durch Mittelwertsvergleich):

Wenn Besucher:innen von Einkaufszentren [der Stadt XYZ] dort ein Essen oder Getränk konsumieren, dann dauert ihr Besuch länger, als wenn sie kein Essen oder Getränk konsumieren.

... wird eine einmalige Befragung unter Besucher:innen eines Einkaufszentrums [der Stadt XYZ] durchgeführt. An einem Wochentag werden zwischen 8:00 Uhr und 19:00 Uhr immer wieder willkürlich Personen angesprochen und zu ihrem Konsumverhalten und ihrer Aufenthaltsdauer befragt. Diese Stichprobe führt nicht zum Ziel. Weder ist sie zufällig, noch weist sie durch die Beschränkung auf EINEN einzelnen Ort und Tag die notwendige Mischung von Erhebungen auf.

Ein deutlich besseres Vorgehen: Die Grundgesamtheit der Besuchenden der Einkaufszentren ist unbekannt, Einzugsbereiche und Frequenzen der einzelnen Standorte sind nirgendwo definiert. Durch zufällige und breite Streuung von Vor-Ort-Befragungen nach Befragungsorten (unterschiedliche Einkaufszentren), ausgewählten Wochentagen und Tageszeitabschnitten (jeweils stundenweise, im Idealfall mehrere Wochen lang, Befragung z.B. jeweils jeder 10. eintreffenden Person) wird hier zumindest eine Quasi-Repräsentativität möglich. Wissenschaftliche, argumentierbare Repräsentativität durch Strukturvergleich Stichprobe : Grundgesamtheit bleibt in jedem Fall unerreichbar.

Coachingtipp:

Ein zentraler Aspekt von Hypothesen ist die Übertragung von Stichprobenergebnissen auf die zugrundeliegende Grundgesamtheit. Hierfür ist Repräsentativität essenziell, bei unbekanntem Merkmalsspektrum der Grundgesamtheit jedoch nicht beweisbar. In solchen Fällen bleibt aber die Möglichkeit, durch eine breite Mischung der Erhebungen (unüberprüfbare) „Quasi-Repräsentativität" zu erreichen. Streuen Sie Ihre Erhebungen möglichst breit! Bauen Sie ein Mindestmaß an Zufälligkeit ein – seien Sie dabei kreativ: Auch bereits eine Vorab-Zufallsauswahl von Erhebungsplätzen (physische Orte oder virtuelle Onlinebereiche) und breite zeitliche Streuung wirken methodisch verbessernd.

6.8.5 | Der Hypothese fehlt (fehlen) eine (oder mehrere) Vergleichsgruppe(n).

Hypothesen in den Sozial- und Wirtschaftswissenschaften basieren auf Wahrscheinlichkeiten. Sie sollten daher keine bloßen Vorhersagen über konkrete Zahlen liefern. Falls dennoch, dann höchstens als univariate Hypothese, dass etwas MEHRHEITLICH zu erwarten ist. Aber auch das bedeutet keinen besonderen wissenschaftlichen Erkenntnisgewinn. In Literatur und (studentischer) Anwendungspraxis herrscht Uneinigkeit darüber, ob Hypothesen den Zusammenhang zwischen mindestens zwei Merkmalen untersuchen MÜSSEN, also die Wirkung von unabhängigen auf abhängige Variablen. Manche halten auch Aussagen über einzelne Merkmale für ausreichend. [Seite ⏩31 in Kapitel 2.3.3.1]

Betrachten Sie dazu bitte das folgende **Bad-Practice-Beispiel**:

✗ **$H_{I\ bad}$**:

Personen, die regelmäßig in Firmenkantinen zu Mittag essen, tun dies zu drei Viertel aus Preisüberlegungen.

Diese Hypothese besitzt keine Vergleichsgruppe und vermutet eine konkrete Zahl: 75%. Das ist keine Wahrscheinlichkeitsaussage. Etwas besser formuliert könnte sie lauten:

~ **H_I** (inhaltlich, überprüfbar durch Häufigkeitszählung):

Personen, die regelmäßig in Firmenkantinen zu Mittag essen, tun dies mehrheitlich aus Preisüberlegungen.

Hier wird jetzt zwar eine Mehrheitsvermutung ausgedrückt, immer noch fehlt aber eine Vergleichsgruppe. Vielleicht liegt ja das Hauptmotiv auch jener Personen, die NICHT regelmäßig in Firmenkantinen essen, ebenfalls im Preis begründet.

Ebenso in die Kerbe fehlender Vergleichsgruppen schlägt die folgende Hypothese:

✗ **$H_{II\ bad}$**:

Wenn Besucher:innen die Qualität des Essens in der Mensa besser bewerten würden, dann würden mehr Personen die Mensa besuchen.

Die Qualität beurteilen können nur jene, die das Essen konsumieren. Sie besuchen aber bereits die Mensa. Die Vergleichsgruppe der Nichtbesucher:innen („mehr Personen“ = andere, neue Personen) ist empirisch nicht abdeckbar. Prüfbar wäre folgende Formulierung:

✓ **$H_{II\ good}$** (inhaltlich, gerichtet, überprüfbar durch Mittelwertsvergleich):

Wenn Besucher:innen die Qualität des Essens in der Mensa gut bewerten, dann besuchen sie die Mensa öfter als Personen, die die Qualität schlecht bewerten.

Coachingtipp:

Vermeiden Sie rein zahlenbasierte Aussagen! Hypothesen müssen zumindest mehrheitliche Richtungen ausdrücken. Formulieren Sie Vermutungen besser als Unterschiede zwischen Vergleichsgruppen oder als Zusammenhänge zwischen Variablen: Dadurch erfüllen Sie wissenschaftliche Anforderungen an „gute“ und klar prüfbare Hypothesen.

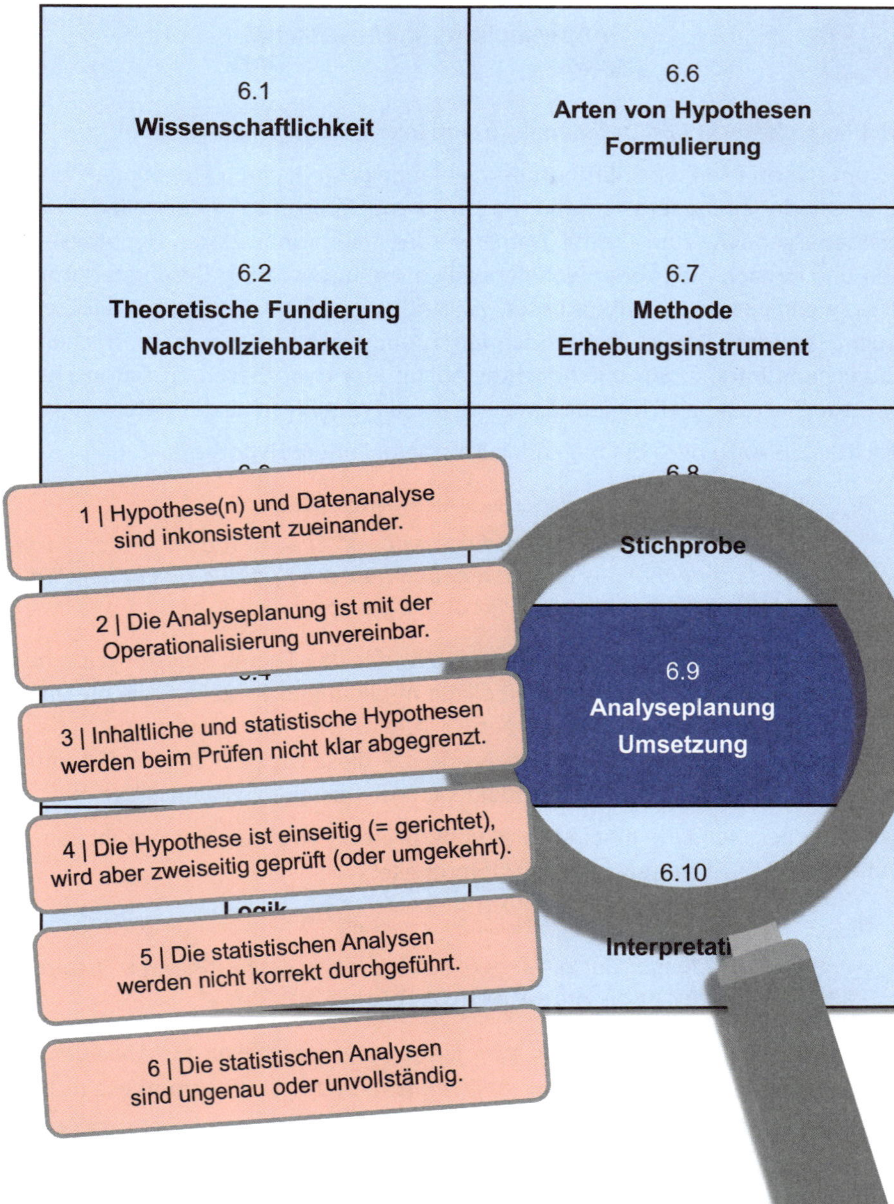

www.utb.de/do/10.36198/9783838565026-m17

Audioabstract

hypothesen.at/audio/kapitel-6-9.mp3

Abbildung 11: 6.9 | Analyseplanung, Umsetzung

6.9 Analyseplanung, Umsetzung

6.9.1 | Hypothese(n) und Datenanalyse sind inkonsistent zueinander.

Rund um Hypothesen wird SEHR oft der Fehler begangen, einen Fragebogen, ein Kategorienschema oder ein anderes Erhebungsinstrument „einfach so“ zu erstellen – Hauptsache, sie passen irgendwie zum Thema. Damit werden Daten ohne klaren Hypothesenbezug erhoben und danach mehr oder weniger willkürlich ausgewertet. Besonders problematisch wird es, wenn „passende“ Hypothesen gar NACH der Erhebung, erst bei der Datenanalyse „gesucht“ werden. Das ist methodisch falsch und stellt den wissenschaftlichen Wert der Untersuchung infrage. Ein durchdachter Ablauf von Hypothesen zu Datenerhebung und Auswertung ist essenziell für jede fundierte empirische Forschung! **[Seite ⏩ 57 in Kapitel 5]**

Betrachten Sie dazu bitte die folgenden **Beispiele**: Für die Hypothese ...

> ~ **H**$_{I\ good}$ (inhaltlich, gerichtet, überprüfbar durch Mittelwertsvergleich):
>
> *Wenn ein Werbesujet [der Produktgruppe XYZ] ein Produkt in dessen Verwendungszusammenhang zeigt, dann geben [Personen] dafür eine höhere Kaufwahrscheinlichkeit an, als wenn das Produkt bloß abgebildet wird.*

... wird ein umfangreicher Fragebogen erstellt, der das Thema facettenreich beleuchtet. Den Befragten werden zwar unterschiedliche Abbildungen vorgelegt, die die unabhängige Variable (UV) *Präsentationsart* verkörpern. Nirgends wird jedoch explizit nach der abhängigen Variable (AV) *Kaufwahrscheinlichkeit* gefragt – diese wäre z.B. mit der Skalenfrage „Wie wahrscheinlich würden Sie dieses Produkt kaufen?“ problemlos abdeckbar.

Ein anderes Beispiel: Eine Inhaltsanalyse überprüft die Wirkung der Anzahl von Abbildungen auf Social Media mittels folgender Hypothese:

> ~ **H**$_{II\ good}$ (inhaltlich, gerichtet, überprüfbar durch Korrelation):
>
> *Je mehr Abbildungen Social-Media-Postings [zu einem bestimmten Thema] aufweisen, desto höher ist die Anzahl an Reaktionen.*

Das Kategorienschema enthält zwar eine Eintragungsmöglichkeit für *Abbildung ja | nein*, nicht jedoch eine Variable *Anzahl der Abbildungen*. Damit ist die Hypothese nicht prüfbar.

Coachingtipp:

Stimmen Sie Ihr Erhebungsinstrument immer genau auf Ihre Hypothesen ab! Nur dann ist eine passgenaue Datenanalyse möglich. Erstellen Sie keinen Fragebogen, kein Kategorienschema etc. „einfach so“. Vermeiden Sie unbedingt, Hypothesen erst nach der Datenerhebung für bereits vorhandene Daten zu suchen – das ist unwissenschaftlich. Ganz wichtig: Hypothesen sind ZUERST da, DANN kommt die Datenerhebung und DANACH die Auswertung. Alle drei Prozessschritte müssen sinnvoll aufeinander aufbauen!

6.9.2 | Die Analyseplanung ist mit der Operationalisierung unvereinbar.

Auch gut definierte und präzise messbar im Erhebungsinstrument umgesetzte (operationalisierte) Hypothesen können zu mangelhaften Prüfergebnissen führen. Ein möglicher Grund dafür kann in einer fehlerhaften Analyseplanung liegen: Wird der zu prüfende Zusammenhang zwischen unabhängigen und abhängigen Variablen nicht mit den richtigen statistischen Auswertungsmethoden analysiert, entstehen Ergebnisse ohne klaren Hypothesenbezug. Damit sind sie für die Hypothesenprüfung unbrauchbar. Eine sorgfältige Abstimmung von Hypothese, Erhebungsinstrument UND Datenanalyse ist für nachvollziehbare Testergebnisse unerlässlich. **[Seite ⏩62 in Kapitel 5.2.3]**

Betrachten Sie dazu bitte das folgende **Beispiel**: Die Hypothese ...

~ **H$_{I}$** good (inhaltlich, gerichtet, überprüfbar durch Korrelation (Rangkorrelation)):

Je mehr positive Internetbewertungen Personen bei ärztlichen Fachkräften [einer bestimmten Fachrichtung in einer bestimmten Region] vorfinden, desto mehr Vertrauen sprechen sie ihnen zu.

... wird in einem Fragebogen nachfolgend operationalisiert: Unabhängige Variable UV *Anzahl beobachteter Positivbewertungen* (rein metrisch), abhängige Variable AV *Vertrauenszuschreibung* (7-stufige Likert-Skala, 1 = *„sehr wenig Vertrauen“* | 7 = *„sehr viel Vertrauen“*). Die Datenanalyse erfolgt mittels Kreuztabelle. Da in der Kreuztabelle bei hohen Ausprägungen von *Positivbewertungen* durchgehend auch die höchsten Prozentsätze bei *Vertrauenszuschreibung – „sehr viel Vertrauen“* auftreten, wird die Hypothese als gestützt bewertet.

Diese Datenanalyse und Interpretation sind fehlerhaft: Ein Mehr an Prozent hoher Vertrauensausprägungen bedeutet ein Mehr AN Personen, aber nicht ein individuell ausgeprägtes Mehr BEI Personen, wie es die Hypothese vermutet. Richtig im Sinne der Hypothesenprüfung wären hier die Berechnung einer Rangkorrelation (Spearman) und Interpretation des Korrelationskoeffizienten. Für eine Kreuztabelle müssten die Ausprägungen beider Variablen zunächst gruppiert werden. Aber auch dann wäre die Je-desto-Formulierung der Hypothese nicht gut abgebildet. Passgenauer zu einer Kreuztabelle wäre folgende Hypothese:

~ **H$_{II}$** good (inhaltlich, gerichtet, überprüfbar durch Kreuztabelle):

Wenn Personen bei ärztlichen Fachkräften positive Bewertungen vorfinden, dann sprechen sie ihnen eher Vertrauen zu als ohne Positivbewertungen.

Hier müssten dann vorab beide Variablen – *Positivbewertungen* und *Vertrauenszuschreibung* – nominal, z.B. in Form eines *„Ja“* | *„Nein“*, operationalisiert worden sein.

Coachingtipp:

Auch die Prüfung klar definierter Hypothesen kann scheitern, wenn Erhebungsform und Datenanalyse nicht sauber aufeinander abgestimmt sind. Achten Sie darauf, dass die Analyseplanung den Zusammenhang der Variablen korrekt miteinbezieht. Falsche Analysemethoden – z.B. Kreuztabellen statt Korrelationen oder Mittelwertsvergleiche anstelle von Kreuztabellen – führen zu unbrauchbaren Prüfergebnissen.

6.9.3 | Inhaltliche und statistische Hypothesen werden bei der Hypothesenprüfung nicht klar voneinander abgegrenzt.

Aus dem Allgemeingültigkeitsanspruch von Hypothesen leitet sich Generalisierbarkeit ab, die mittels Signifikanzcheck im Hypothesentest überprüft wird. Hypothesentests basieren immer auf einer statistischen Nullhypothese H_0: Sie nimmt an, dass zwischen der unabhängigen (UV) und der abhängigen Variable (AV) kein wirklicher (bzw. vermuteter) Zusammenhang besteht. Der H_0 widerspricht die statistische Alternativhypothese H_1, die in der Regel der inhaltlichen Hypothese folgt (und von einem realen Variablenzusammenhang ausgeht). Beide statistischen Hypothesen sprechen die konkreten Maßzahlen an, die den korrekten Hypothesentest festlegen. Aus diesem Grund und weil sich die Ergebnisse von Hypothesenprüfungen immer auf die STATISTISCHE Nullhypothese beziehen, ist es notwendig, inhaltliche und statistische Hypothesen getrennt aufzustellen und bei der Prüfung klar voneinander abzugrenzen. [Seite ⏩58 in Kapitel 5.2.1]

Betrachten Sie dazu bitte das folgende fiktive **Beispiel**: Die Hypothese ...

~ **$H_{I\,good}$** (inhaltlich, ungerichtet):

Wenn sich Personen rein vegetarisch oder vegan ernähren, dann nehmen sie eine andere Akzeptanz ihres sozialen Umfelds in Bezug auf ihre Ernährungsweise wahr als Personen mit anderer Ernährungsweise.

... wird – ohne auf eine statistische Nullhypothese zu referenzieren – mittels einer ernährungsbezogenen Akzeptanzwahrnehmungsskala (VAS)[30] überprüft. Der Mittelwertsunterschied zwischen den beiden zu vergleichenden Ernährungsgruppen ist signifikant (p-Wert unter 5%). Die Hypothese wird als vorläufig akzeptiert interpretiert.

Wissenschaftlich korrekter wäre hier das zusätzliche Aufstellen zumindest einer Nullhypothese, die das Vorgehen bei der Hypothesenprüfung festlegt:

✓ **$H_{0\,good}$** (statistische Nullhypothese, ungerichtet, überprüfbar durch Mittelwertsvergleich):

Zwischen Personen, die sich vegetarisch oder vegan ernähren, und Personen mit einer anderen Ernährungsweise gibt es Mittelwertsgleichheit der ernährungsbezogenen Akzeptanzwahrnehmungsskala (VAS).

Coachingtipp:

Zentrale Merkmale von Hypothesen sind Allgemeingültigkeit und Generalisierbarkeit. Hypothesentests basieren auf der statistischen Nullhypothese (H_0), die keinen Realzusammenhang zwischen unabhängiger (UV) und abhängiger Variable (AV) annimmt. Die statistische Alternativhypothese (H_1) folgt meist der inhaltlichen Hypothese und widerspricht der H_0. Statistische Hypothesen referenzieren konkret auf die zu prüfenden Maßzahlen – grenzen Sie sie deshalb von inhaltlichen Hypothesen klar ab. Dann können Sie den p-Wert des Hypothesentests gut interpretieren – unter 5% spricht für Signifikanz (je kleiner, desto mehr spricht der p-Wert gegen die Null- und für die Alternativhypothese).

---

30 Mit Akzeptanzwahrnehmungsskala könnte eine Visuelle Analogskala (VAS) gemeint sein (Gorrall et al., 2016).

6.9.4 | Die Hypothese ist einseitig (= gerichtet), wird aber zweiseitig geprüft (oder umgekehrt).

Gerichtete Hypothesen nehmen an, dass ein Zusammenhang zwischen zwei Variablen in eine bestimmte Richtung verläuft. Es wird vermutet, dass sich der Prozentanteil einer Merkmalsausprägung oder der Mittelwert einer Variablen vergrößert (oder verkleinert), wenn eine andere Variable verändert wird. Es könnte auch sein, dass die Werte einer Variablen steigen, wenn die Werte einer anderen ebenfalls steigen. Oder ein Steigen bei der einen Variable führt zu einem Sinken bei der anderen. Gerichtete Zusammenhangsvermutungen werden einseitig geprüft.

Ungerichtete Hypothesen vermuten zwar einen Zusammenhang zwischen Variablen, legen sich aber im Vorhinein noch auf keine Richtung fest – also auf keine konkrete Vergrößerung ODER Verkleinerung, sondern bloß auf eine VERÄNDERUNG von Werten. Sie werden zweiseitig geprüft.

Neben den Prüfmethoden unterscheidet sich auch die Ergebnisinterpretation je nach Hypothesenart. Studierende übergehen oft den Unterschied zwischen ein- und zweiseitigen Hypothesen. **[Seite ⏩46 in Kapitel 3.3.3, Seite ⏩64 in Kapitel 5.2.3.2]**

Betrachten Sie dazu bitte das folgende **Beispiel**: Die Prüfung der Hypothese ...

~ **H**$_{I\ good\ |\ a}$ (inhaltlich, gerichtet, überprüfbar durch (abhängigen) Mittelwertsvergleich):

*Personen, die Energy-Drinks konsumieren, motiviert zur Markenwahl **stärker** das Verhalten ihres sozialen Umfelds als Social-Media-Postings von Influencer:innen.*

... ergibt einen signifikant HÖHEREN Motivationsmittelwert (gemessen auf einer 5-stufigen Likert-Skala) durch Social-Media-Postings, also genau umgekehrt zur Hypothese. Die Ergebnisinterpretation verweist auf den signifikanten Unterschied und stellt das Mehrgewicht der Influencer:innen explizit in den Vordergrund. Das ist hier nicht richtig: Korrekt wäre, die Hypothese, die ja ein Mehr im SOZIALEN UMFELD vermutet, bloß zu widerlegen. Signifikante Ergebnisse können nur bei zweiseitigen, ungerichteten Hypothesen in „beliebige Richtung" interpretiert werden, bei einseitigen wie im Beispiel nicht. Dazu hätte die Hypothese folgendermaßen lauten müssen:

✓ **H**$_{I\ good\ |\ b}$ (inhaltlich, ungerichtet, überprüfbar durch (abhängigen) Mittelwertsvergleich):

*Personen, die Energy-Drinks konsumieren, motiviert zur Markenwahl das Verhalten ihres sozialen Umfelds **anders** als Social-Media-Postings von Influencer:innen.*

Coachingtipp:

Achten Sie darauf, ob Ihre Hypothese gerichtet oder ungerichtet formuliert ist! Diese Wahl beeinflusst Prüfmethoden und Ergebnisinterpretation. Wenn Sie gerichtet formulieren und unter bestimmten Bedingungen ein Mehr vermuten, ist die Hypothese trotz signifikanter Ergebnisunterschiede zu widerlegen, wenn diese ein Weniger ergeben. Und umgekehrt. Auch bei Korrelationen: Wenn „je mehr, desto mehr" vermutet wird und die Ergebnisse „je mehr, desto weniger" ergeben, muss widerlegt werden.

6.9.6 | Die statistischen Analysen sind ungenau oder unvollständig.

Datenanalysen (oder die Interpretation von Ergebnissen) müssen gar nicht technisch fehlerhaft sein, es kann ihnen aber dennoch an Präzision oder Vollständigkeit mangeln. Beispielsweise stellen das ungenaue Identifizieren relevanter Vergleichsgruppen oder das Vernachlässigen wichtiger Drittvariablen Schwächen in der hypothesenprüfenden Analyse dar. **[Seite ⏩ 67 in Kapitel 5.2.3.7]**

Betrachten Sie dazu bitte das folgende **Beispiel**: Für die Hypothese ...

~ **H**$_{I\ good}$ (inhaltlich, gerichtet, überprüfbar durch Mittelwertsvergleich):

Wenn Personen zuletzt ein T-Shirt einer Designermarke [X, Y, Z] gekauft haben, dann bewerten sie dessen Tragekomfort hochwertiger als Personen, die zuletzt ein T-Shirt einer Fast-Fashion-Marke [A, B, C] gekauft haben, dessen Tragekomfort bewerten.

... wird im Fragebogen zwar die Frage gestellt: *„Haben Sie innerhalb der letzten 12 Monate zuletzt ein T-Shirt der Marken [X, Y, Z] oder der Marken [A, B, C] gekauft? – [X, Y, Z] | [A, B, C] | weder noch"*. Danach wird der Tragekomfort jeder der beiden Markengruppen mittels zwei 5-stufiger Likert-Skala bei allen Befragten gemessen. Beim Mittelwertsvergleich werden die Tragekomfort-Beurteilungen der beiden Markengruppen [X, Y, Z] und [A, B, C] miteinander verglichen, ohne – gemäß der unabhängigen Hypothesenvariable – zwischen den Käufer:innen von Designermarken und Fast-Fashion-Marken zu differenzieren. Auch die Beurteilungen der Weder-Noch-Kaufenden werden damit fälschlich miteinbezogen.

Ein weiteres (Bad-Practice?-)**Beispiel** unklar definierter Vergleichsgruppen:

~ **H**$_{III}$ (inhaltlich, gerichtet, überprüfbar durch Mittelwertsvergleich):

Wenn Personen in den letzten Monaten zumindest ein T-Shirt der Designermarken X und Y gekauft haben, dann besitzen sie eine höhere monatliche Ausgabebereitschaft für Mode als andere Personen.

Für die Prüfung dieser Hypothese wäre klar festzulegen, ob Designermarkenbezug im Kauf der Marken X UND Y begründet wird (die Vergleichsgruppe zu den „anderen Personen" bilden nur Kaufende BEIDER Marken), oder im Kauf der Marke X ODER der Marke Y (die Vergleichsgruppe zu den „anderen Personen" bilden Kaufende EINER der beiden Marken).

Der oben angesprochenen Problematik des Nichtbeachtens von Drittvariablen widmet sich sich Hypothesencoaching-Punkt [⏩ 6.3.9 auf Seite 96].

Coachingtipp:

Schaffen Sie sich vor jeder Hypothesenprüfung einen Überblick über die relevanten abhängigen und unabhängigen Variablen sowie deren Ausprägungen. Bauen Sie die Hypothesenprüfung auf den RICHTIGEN Variablen mit den richtigen Ausprägungen auf. Vergewissern Sie sich, dass alle hypothesenrelevanten Daten (Vergleichsgruppen bzw. Prüfvariablen) klar definiert, korrekt, vollständig und widerspruchsfrei in den Daten vorliegen und für den Hypothesentest fertig codiert abgelegt sind.

6.9.5 | Die statistischen Analysen werden nicht korrekt durchgeführt.

Vor jeder Hypothesenprüfung ist es notwendig, sich einen Überblick über die Prüfdaten zu verschaffen: Welche hypothesenspezifischen Variablen werden zum Hypothesentest herangezogen, welche Codierungen treten dabei (wie oft) auf, welche sind vorgesehen und passgenau zur Hypothese, welche inkonsistent, unplausibel oder gar fehlerhaft? Dies verhindert inkorrekte Auswertungen, Fehlinterpretationen und dadurch bedingte fälschliche Hypothesenprüfungen. **[Seite ⏩ 67 in Kapitel 5.2.3.7]**

Betrachten Sie dazu bitte das folgende **Beispiel**: Für die Prüfdaten zur Hypothese ...

> ~ **$H_{I\ good}$** (inhaltlich, gerichtet, überprüfbar durch (abhängigen) Mittelwertsvergleich):
>
> *Personen, die T-Shirts [der Designermarken ...] kaufen, werden durch das Verhalten ihres sozialen Umfelds stärker dazu motiviert als durch Social-Media-Postings von Influencer:innen.*

... wird in einem Fragebogen durch die beiden Variablen *Motivation durch soziales Umfeld* und *Motivation durch Influencer:innen-Postings* – jeweils auf einer 5-stufigen Likert-Skala – operationalisiert. Für *„kann ich nicht beurteilen"* wird Code 6 vergeben und fälschlich in die vergleichende Mittelwertsberechnung einbezogen. Das vergrößert die Mittelwerte durch hypothesenirrelevante Nichtbeurteilungen und macht den Vergleich völlig unbrauchbar.

Ein weiteres **Beispiel**:

> ~ **$H_{II\ good}$** (inhaltlich, gerichtet, überprüfbar durch (unabhängigen) Mittelwertsvergleich):
>
> *Wenn Personen in den letzten Monaten zumindest ein T-Shirt der Designermarken [X, Y, Z] gekauft haben, dann besitzen sie eine höhere monatliche Ausgabebereitschaft für Mode als andere Personen.*

Mit den Prüfdaten zu $H_{II\ good}$ wird ein unabhängiger Mittelwertsvergleich berechnet, ohne die Datenlage vorab genau zu sichten (zu plausibilisieren). Die Ausgabebereitschaft aller 100 befragten Personen bewegt sich – unabhängig vom Designermarkenkauf – zwischen 80 und 100 Euro. Zwei „andere" Personen, die keine Designermarken kaufen, geben unplausible 1.500 EUR an: Damit sorgt der in weiterer Folge daraus resultierende Mittelwert dieser Gruppe dafür, dass die Hypothese unrichtigerweise einen Widerspruch erhält.

Coachingtipp:

Schaffen Sie sich vor jeder Hypothesenprüfung einen Überblick über die relevanten Prüfdaten (abhängige Variable AV und unabhängige Variablen UV sowie deren jeweilige Ausprägungen). Definieren Sie genau, welche Variablen mit welchen Ausprägungen (Wertebereichen) die unabhängige Variable UV kennzeichnet, welche mit welchen Ausprägungen (Wertebereichen) die abhängige Variable AV. Eliminieren Sie Fehlcodierungen und Extremwerte, da diese die Prüfergebnisse verfälschen oder verändern.

egal	Nr.	Check	OK
☐	4	Die Hypothese muss eindeutig sein, vage, mehrdeutige Annahmen sind nicht empirisch testbar. (90)	☐
☐	5	Die Hypothese darf nicht mehrdimensional sein, sie muss sich auf einen klar abgegrenzten Aspekt beziehen (Aussagekraft der Ergebnisse). (91)	☐
☐	6	Die Hypothese sollte nicht zu breit (zu wenig konkret) formuliert sein, präzise Detailaspekte helfen, den Erhebungsrahmen klar abzustecken. (92)	☐
☐	7	Mehrere Hypothesen hintereinander sollten eine thematische Struktur besitzen (Haupt- und Sub-Hypothesen für die Themenbereiche). (93)	☐
☐	8	Latente Merkmale (Einstellungen, Denkweisen) dürfen nicht selbstformuliert (unwissenschaftlich fundiert) messbar gemacht werden. (95)	☐
☐	9	Mögliche Drittvariablen (Einflussgrößen zwischen UV und AV) müssen beachtet werden, sonst kann die Ergebnisinterpretation fehllaufen. (96)	☐

egal	6.4	*Check:* **Überprüfbarkeit, Testbarkeit**	OK
☐	1	Es muss Möglichkeiten geben, die Hypothese zu überprüfen, biologische (Gefühle, Motive) und soziale Phänomene sind nicht messbar. (98)	☐
☐	2	Die Hypothese darf sich nicht auf unterschiedliche „Datenkosmen" beziehen, alle Variablen müssen entweder individuell oder kollektiv sein. (99)	☐
☐	3	Wenn die Hypothese mehrmalige Messung erfordert, kann sie nicht in einer Einzeluntersuchung vollständig getestet werden. (100)	☐
☐	4	Die Hypothese darf keine internen Widersprüche enthalten, semantische oder logische Inkonsistenz fördert die Ergebnis-Fehlinterpretation. (101)	☐
☐	5	Wenn sich mehrere Hypothesen innerhalb einer Arbeit widersprechen, kann die Aussagekraft der Forschung beeinträchtigt werden. (102)	☐

egal	6.5	*Check:* **Logik, Konsistenz**	OK
☐	1	Die Hypothese muss in sich logisch sein, unschlüssige Hypothesen lassen keine wissenschaftliche Überprüfung zu. (104)	☐
☐	2	Es muss eine eindeutig und klar erkennbare Ursache-Wirkung-Beziehung zwischen unabhängiger UV und abhängiger Variable AV vorliegen. (105)	☐
☐	3	Die unabhängige und abhängige Variable dürfen nicht vertauscht sein, die Ursache UV muss klar auf die Wirkung AV verweisen. (106)	☐
☐	4	Hypothese und Erhebungsvariablen müssen konsistent sein (passende Konstrukte, nicht MEHRERE Aspekte für EINE Variable UV oder AV). (107)	☐

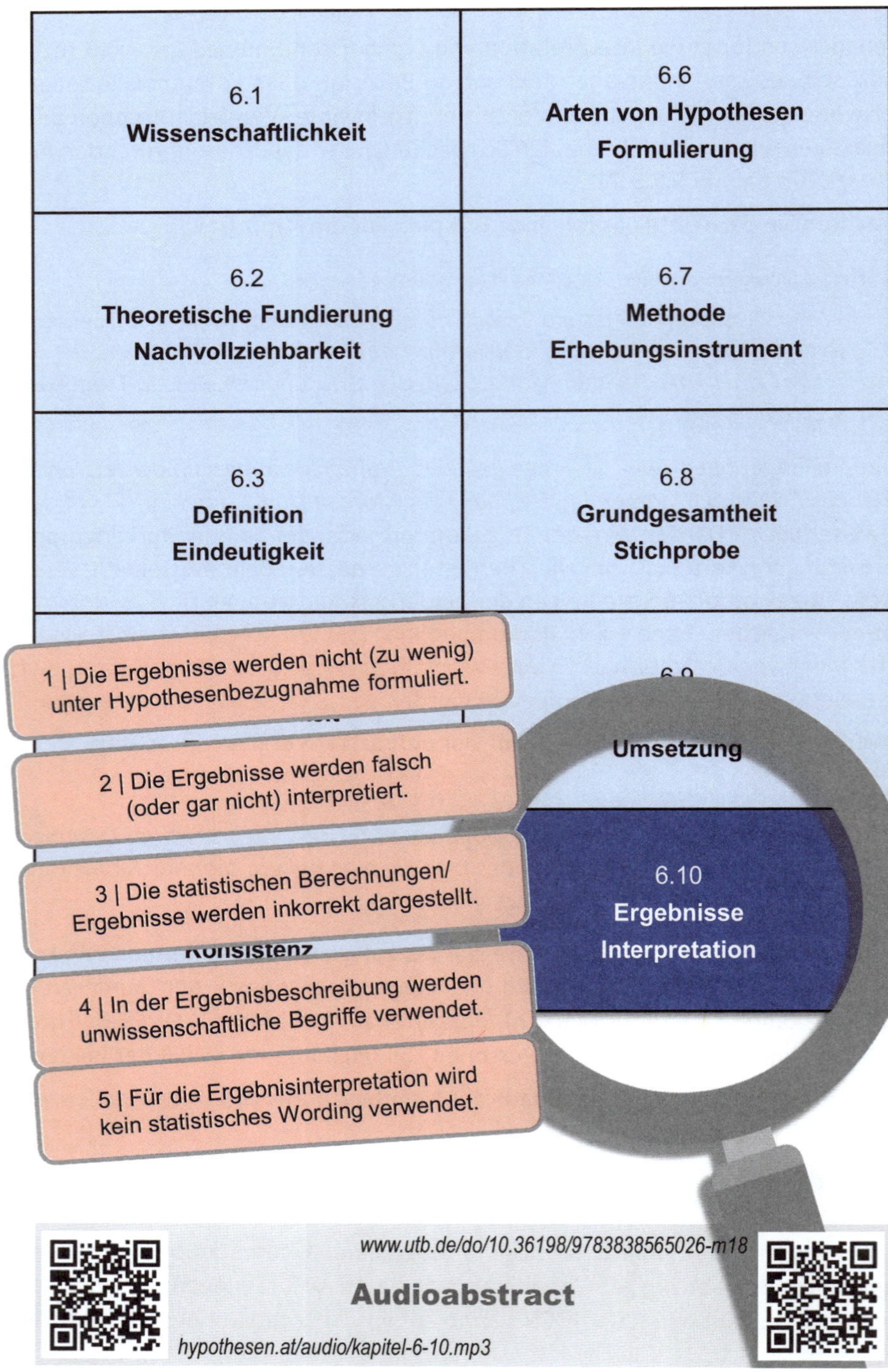

Abbildung 12: 6.10 | Ergebnisse, Interpretation

6.10 Ergebnisse, Interpretation

6.10.1 | Die Ergebnisse werden nicht (zu wenig) unter Hypothesenbezugnahme formuliert.

Immer wieder kommt es vor, dass bei der Datenanalyse Ergebnisse nicht oder zu wenig im Hinblick auf die aufgestellten Hypothesen interpretiert werden. Vor der Datenerhebung werden zwar Hypothesen formuliert, jedoch bleiben sie bei der Auswertung unberücksichtigt oder werden in der Ergebnisdarstellung nicht weiter thematisiert. Das kann daraus resultieren, dass die Daten die Vermutungen der Hypothese gar nicht abbilden und eine Hypothesenbezugnahme gar nicht erlauben. In anderen Fällen existieren zwar Prüfdaten, die Auswertung beschränkt sich jedoch dennoch auf die Darstellung von Prozent- und Mittelwerten (oder andere deskriptive Kennzahlen), anstatt die in den Hypothesen angenommenen Variablenzusammenhänge zu analysieren. **[Seite ⏩68 in Kapitel 5.2.3.7]**

Betrachten Sie dazu bitte das folgende **Beispiel**: Für die Hypothese ...

~ **$H_{I\,\text{good}}$** (inhaltlich, gerichtet, überprüfbar durch Mittelwertsvergleich):

Wenn ein Werbesujet für Fair-Trade-Kaffee ein Nachhaltigkeitssiegel enthält, dann schätzen Personen der Zielgruppe [...] dessen Produktqualität höher ein, als wenn das Sujet kein Nachhaltigkeitssiegel enthält.

... liegen korrekte Prüfdaten vor: *Qualitätseinschätzung* auf einer 5-stufigen Likert-Skala, je der Hälfte der Personen wurde ein *Sujet mit und ohne Nachhaltigkeitssiegel* gezeigt.

Die Ergebnisdarstellung gibt jedoch bloß an, wie viele Prozent der Befragten welches Sujet gesehen haben und wie die Beurteilungen der Qualität mit und ohne Siegel ausgefallen sind (Prozentverteilung der Beurteilungen, Mittelwerte). Richtiger wäre hier eine Gegenüberstellung der Mittelwerte der beiden Vergleichsgruppen mit Interpretation der Mittelwert-Konfidenzintervalle oder die Anwendung eines Hypothesentests (T-Test oder U-Test) und Interpretation des p-Werts im Hinblick auf die folgende Prüflogik:
Nullhypothese H_0: $\varnothing_{\text{Qualitätswahrnehmung mit Siegel}} \leq \varnothing_{\text{Qualitätswahrnehmung ohne Siegel}}$ gegen die Alternativhypothese H_1: $\varnothing_{\text{Qualitätswahrnehmung mit Siegel}} > \varnothing_{\text{Qualitätswahrnehmung ohne Siegel}}$

Coachingtipp:

Achten Sie darauf, dass Ihre (Datenanalyse und) Ergebnisinterpretation Bezug zu ALLEN aufgestellten Hypothesen nimmt. Lassen Sie nicht (einzelne) Hypothesen unberücksichtigt. Führen Sie – für jede einzelne Hypothese – gezielt Analysen zu den angenommenen Variablenzusammenhängen durch. Hypothesen zielen ab auf Ergebnisgeneralisierung, auf die schließende Statistik mit Prüfung der statistischen Nullhypothese H_0. Vermeiden Sie deshalb eine bloße Beschränkung auf deskriptive Ergebnisdarstellungen, arbeiten Sie mit statistischen Schwankungsbreiten oder inferenzstatistischen Hypothesentests. Nur so werden Datenanalyse und Resultate hypothesenbezogen durchgeführt und gedeutet.

6.10.2 | Die Ergebnisse werden falsch (oder gar nicht) interpretiert.

Immer wieder werden Ergebnisse von Datenanalysen falsch interpretiert. Daran können unplausible Daten schuld sein – wenn beispielsweise Ausreißer oder Extremwerte nicht bereinigt und uneingeschränkt in die Analyse einbezogen werden. Hypothesenprüfungen verfälschen können aber auch methodische Unstimmigkeiten wie die unrichtige Verwendung absoluter statt relativer Zahlen, das Verwechseln von Zeilen- und Spaltenprozenten oder falsche Bezugsgrößen bei der Deutung von Prozentwerten. Auch eine mangelhafte Einordnung anderer statistischer Kennwerte kann zu irreführenden Schlussfolgerungen führen. [Seite ⏩ 67 in Kapitel 5.2.3.7]

Betrachten Sie dazu bitte das folgende **Beispiel**: Für die Hypothese ...

~ **$H_{I\,good}$** (inhaltlich, gerichtet, überprüfbar durch Mittelwertsvergleich):

Wenn Personen zwischen 19 und 35 Jahren alt sind, dann schätzen sie die Qualität eines Produkts der Gruppe [...], das mit Nachhaltigkeitssiegel am Werbesujet beworben wird, eher als hochwertig ein als ältere Personen.

... liegen korrekte Prüfdaten vor: *Qualitätseinschätzung* (in Prozent, *hochwertig* | *normal*), zwei Drittel der befragten 300 Personen entsprechen der *Altersgruppe* 19 bis 35, ein Drittel ist älter.

Die Ergebnisinterpretation zieht absolute Zahlenverteilungen heran: Von den 200 jüngeren befragten Personen schätzen 100 die Qualität als hochwertig ein, von den 100 Älteren bloß 70. $H_{I\,good}$ wird deshalb als „vorläufig akzeptiert" bewertet. Das ist unrichtig: Sozial- und wirtschaftswissenschaftliche Hypothesen basieren auf Wahrscheinlichkeiten, die nicht über absolute Mengen, sondern über anteilige Verhältnisse – also Prozentwerte – Vermutungen ausdrücken. 100 von 200 jüngeren Personen bedeuten 50% hochwertigen Qualitätszuspruch innerhalb dieser Gruppe der Jüngeren, 70 von 100 Älteren 70%, also deutlich mehr. Dementsprechend kann in diesem Fall die statistische Nullhypothese mit der Prüflogik Nullhypothese H_0: $\%_{\text{Qualitätseinschätzung hoch Jüngere}} \leq \%_{\text{Qualitätseinschätzung hoch Ältere}}$ (gegen die Alternativhypothese H_1: $\%_{\text{Qualitätseinschätzung hoch Jüngere}} > \%_{\text{Qualitätseinschätzung hoch Ältere}}$) nicht verworfen werden, die inhaltliche Hypothese wäre also zu widerlegen.

Coachingtipp:

Sorgen Sie dafür, dass Ihre Analysen nicht durch unplausible Daten wie z.B. unbereinigte Extremwerte verfälscht werden. Eine sorgfältige Prüfung der Datengrundlagen verhindert diesbezüglich irreführende Ergebnisse. Auch methodische Fehler wie die Nutzung absoluter anstelle relativer Zahlen führen schnell zu Fehlinterpretationen: Sozial- und wirtschaftswissenschaftliche Hypothesen beruhen auf Wahrscheinlichkeiten, nicht auf absoluten Mengen. Nutzen Sie daher immer Prozentwerte oder andere geeignete Verhältnisgrößen für fundierte Schlussfolgerungen. Beachten Sie immer die Bezugsgrößen Ihrer Ergebniszahlen – etwa die Basis von Prozentzahlen. Auch das Vertauschen von Zeilen- und Spaltenprozenten in Kreuztabellen führt zu Missverständnissen – damit machen Sie rasch die unabhängige Variable zur abhängigen und „drehen" die Hypothese.

6.10.3 | Die statistischen Berechnungen und Ergebnisse werden nicht korrekt dargestellt.

Eine aussagekräftige Ergebnisdarstellung erfordert mehrere wichtige Angaben: Neben der klaren Benennung der Datenquelle ist die der Abbildung zugrunde liegenden Datenbasis (Stichprobengröße oder Anzahl der Datensätze) besonders relevant. Zur korrekten Einordnung der Werte müssen auch Skaleninformationen (z.B. „Absolutzahlen“, „Prozent- oder Mittelwerte“, oder „Index eines empirischen Konstrukts“ etc.) angegeben werden. Auch der exakte Wortlaut des Fragebogens bzw. eine präzise Beschreibung, was die Daten darstellen, sollte niemals fehlen. Bedeutsam sind auch technische Aspekte: Software skaliert Diagramme auf Basis der in den Daten vorhandenen Werte statt aller theoretisch möglichen. Bei Vergleichen führt das schnell zu Fehlinterpretation. **[Seite ⏩ 69 in Kapitel 5.2.4]**

Zur Hypothese ...

~ **$H_{I\ good}$** (inhaltlich, gerichtet, überprüfbar durch Mittelwertsvergleich):

Wenn Personen üblicherweise zumindest ein Mal täglich Obst essen, dann nehmen sie sich gesundheitsbewusster wahr als Personen, die seltener oder nie Obst essen.

... könnte eine gute Darstellung der Prüfergebnisse wie nebenstehend gestaltet sein:

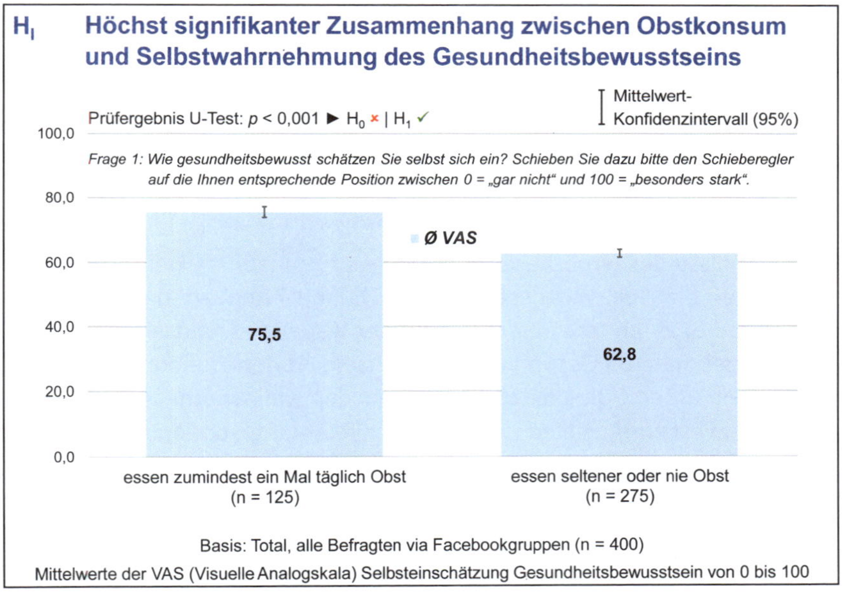

Abbildung 13: Prüfergebnis-Darstellung

Coachingtipp:

Präsentieren Sie Ihre Ergebnisse übersichtlich, klar und vollständig – in selbst gestalteter Form! Kopieren Sie nicht einfach den Output einer Analysesoftware mit vielen für ein rasches Erfassen unnötigen Werten. Nennen Sie die Datenquelle, Stichprobengröße (Datenbasis) und geben Sie an, was die Werte darstellen (Prozent, Mittelwerte ...). Auch der genaue Wortlaut der Fragestellung(en) (bzw. was die Abbildung zeigt) darf nicht fehlen. Achten Sie auf vollumfängliche, einheitliche Skalierung. Stellen Sie gerne auch einen Kurzbezug zur Hypothese her, detaillierte Erläuterungen haben ihren Platz aber im Text.

6.10.4 | In der Ergebnisbeschreibung werden unwissenschaftliche Begriffe verwendet.
6.10.5 | Für die Ergebnisinterpretation wird kein statistisches Wording verwendet.

Hypothesen beziehen sich in der Regel auf eine große Grundgesamtheit von Merkmalsträgern, werden jedoch demgegenüber anhand einer meist kleinen Stichprobe überprüft. Daher können Hypothesen nicht durch empirische Ergebnisse als (immer) gültig „bestätigt“ werden, sondern lediglich durch die Ergebnisdaten gestützt bzw. (vorläufig) akzeptiert werden: Schließlich könnte eine andere Stichprobe ein abweichendes Ergebnis liefern. Wird die Nullhypothese H_0 – sie stellt ja die Basis der Hypothesenprüfung dar – JETZT aufgrund der Datenlage abgelehnt, könnte sie ja in einer Folgeuntersuchung möglicherweise SPÄTER oder woanders doch durch dann neue Daten Stützung erlangen, oder umgekehrt: jetzt Stützung, später vielleicht doch Ablehnung. **[Seite ⏩68 und ⏩69 in Kapitel 5.2.4]**

Klare Vorgaben dazu, Ergebnisinterpretationen in wissenschaftlichem Stil zu formulieren (statistisches Wording), macht der APA-Stil.

Ein mögliches Prüfergebnis der Hypothese ...

~ **$H_{I\ good}$** (inhaltlich, gerichtet, überprüfbar durch Mittelwertsvergleich):

Wenn Personen üblicherweise zumindest ein Mal täglich Obst essen, dann nehmen sie sich gesundheitsbewusster wahr als Personen, die seltener oder nie Obst essen.

... könnte folgendermaßen lauten, wenn der p-Wert des Hypothesentests (im Beispielfall ein U-Test) unter 0,001, die Mittelwerte der Visuellen Analogskala zur Selbsteinschätzung des Gesundheitsbewusstseins bei 75,5 (Obstessende) und 62,8 (andere Personen) liegen (vgl. dazu auch die Darstellung beim vorigen Hypothesencoaching-Punkt [⏩6.10.3 auf Seite 141]):[31]

Die Ergebnisse des Hypothesentests (U-Test für unabhängige Mittelwertsvergleiche) sprechen gegen die Nullhypothese ($p < 0{,}001$). Ein Mittelwertsunterschied von 75,5 (Obstessende) und 62,8 (andere Personen) auf der Visuellen Analogskala (VAS von 0 bis 100) zum selbsteingeschätzten Gesundheitsbewusstsein – oder ein noch größerer – ist in der Grundgesamtheit unter Gültigkeitsbedingungen der Nullhypothese äußerst unwahrscheinlich. Der Mittelwertsunterschied ist höchst signifikant. Personen, die zumindest ein Mal täglich Obst essen, nehmen sich deutlich gesundheitsbewusster wahr als Personen, die seltener oder nie Obst essen. Das zeigen auch die überschneidungsfreien Mittelwert-Konfidenzintervalle. Die Nullhypothese – H_0: $\varnothing_{\text{VAS Obstessende}} \leq \varnothing_{\text{VAS Nicht-Obstessende}}$ – wird verworfen, die Alternativhypothese – H_1: $\varnothing_{\text{VAS Obstessende}} > \varnothing_{\text{VAS Nicht-Obstessende}}$ – wird vorläufig akzeptiert.

Diese Ergebnisbeschreibung ließe sich noch durch folgendes statistisches Wording (im APA-Style) ergänzen:

Wegen fehlender Normalverteilung der VAS-Werte je Vergleichsgruppe wurde zur Hypothesenprüfung der parameterfreie U-Test verwendet. Die Selbsteinschätzung zum Gesundheitsbewusstsein wurde auf einer Visuellen Analogskala (1 = gar kein Gesundheitsbewusstsein; 100 = besonders starkes Gesundheitsbewusstsein) abgefragt und mittels parameterfreiem U-Test auf Unterschiede zwischen täglich Obstkonsumierenden und nicht täglich

[31] Die in diesem und dem vorherigen Kapitel beschriebenen Deskriptivstatistiken, Mittelwert-Konfidenzintervalle und U-Hypothesentests wurden – im Buch nicht dargestellt – mit der Analysesoftware SPSS berechnet.

Obstkonsumierenden geprüft. Die Mittelwertsdifferenz von täglich Obstkonsumierenden (M = 75,5, SD = 9,58) zu anderen Personen (M = 62,8, SD = 10,38) erwies sich als höchst signifikant ($U(n_1 = 125, n_2 = 275) = 6.963{,}5$, $p < 0{,}001$).

Würde der Mittelwertsunterschied NICHT signifikant ausfallen (z.B. angenommener p-Wert von 0,178, VAS-Mittelwerte von 75,4 bei den Obstessenden und 76,2 bei den anderen Personen), könnte das Wording der Ergebnisbeschreibung wie folgt aussehen:

Die Ergebnisse des Hypothesentests sprechen gegen ein Verwerfen der Nullhypothese (p = 0,178). Ein Mittelwertsunterschied von 0,8 Punkten (75,4 vs. 76,2) ist klein und angesichts der Stichprobenvariabilität unter der Nullhypothese plausibel. Es gibt keinen statistisch signifikanten Mittelwertsunterschied im selbst eingeschätzten Gesundheitsbewusstsein zwischen Obstessenden und Nicht-Obstessenden. Das zeigen auch die Mittelwert-Konfidenzintervalle, die sich überlappen. Die Nullhypothese – H_0: $\varnothing_{\text{VAS Obstessende}} \leq \varnothing_{\text{VAS Nicht-Obstessende}}$ – kann auf einem Signifikanzniveau von 5% nicht verworfen werden, es gibt keine ausreichenden Belege für die Alternativhypothese – H_1: $\varnothing_{\text{VAS Obstessende}} > \varnothing_{\text{VAS Nicht-Obstessende}}$.

Auch diese Ergebnisbeschreibung ließe sich noch durch folgendes statistisches Wording (im APA-Style) ergänzen:

Wegen fehlender Normalverteilung der VAS-Werte je Vergleichsgruppe wurde zur Hypothesenprüfung der parameterfreie U-Test verwendet. Die Selbsteinschätzung zum Gesundheitsbewusstsein wurde auf einer Visuellen Analogskala (1 = gar kein Gesundheitsbewusstsein; 100 = besonders starkes Gesundheitsbewusstsein) abgefragt und mittels parameterfreiem U-Test auf Unterschiede zwischen täglich Obstkonsumierenden und nicht täglich Obstkonsumierenden geprüft. Die Mittelwertsdifferenz von täglich Obstkonsumierenden (M = 75,4, SD = 8,38) zu anderen Personen (M = 76,2, SD = 9,92) erwies sich als nicht signifikant ($U(n_1 = 125, n_2 = 275) = 15.747$, $p = 0{,}178$).

Coachingtipp:

Hypothesen werden nicht „bestätigt“. Sie selbst sind auch nicht „signifikant“ – das sind die Ergebniszusammenhänge.

Wenn der p-Wert einer Signifikanzprüfung gegen die Nullhypothese spricht, also kleiner als 5% ($p < 0{,}05$) ist, wird die Nullhypothese H_0 *verworfen* oder *abgelehnt*. Sie kann jedoch nicht als *widerlegt* oder *falsifiziert* betrachtet werden. Die Alternativhypothese H_1 (H_a) wird durch die Daten gestützt und kann *vorläufig akzeptiert* oder *vorläufig angenommen* werden. Sie wird aber nicht *verifiziert.*

Wenn der p-Wert einer Signifikanzprüfung NICHT gegen die Nullhypothese spricht, also 5% oder größer ist ($p \geq 0{,}05$), wird die Nullhypothese H_0 *nicht verworfen* oder *nicht widerlegt*. Sie kann jedoch nicht als *bestätigt* oder *verifiziert* betrachtet werden. Die Alternativhypothese H_1 (H_a) wird mangels ausreichender Evidenz *nicht unterstützt*, sie wird aber nicht als *widerlegt* oder *falsifiziert* betrachtet.

Falsifiziert wird die INHALTLICHE Hypothese, wenn die Ergebnisdaten nicht zu den theoretischen Erwartungen gepasst haben (wenn der p-Wert NICHT gegen die H_0 spricht).

Coaching-Checkliste

Abschließend finden Sie hier die 10 Hauptdimensionen (potenzielle Fehlerquellen, 50 spezifische Aspekte) der zweiten Hälfte dieses Buchs (Hypothesencoaching) in Form einer Checkliste stark komprimiert zusammengefasst.

Die Farbgebung ist analog zu den Ausführungen in den Detailkapiteln. „*egal*" bedeutet, dass der einzelne Aspekt bewusst keine Relevanz für das zu checkende Vorhaben besitzt. Seitenangaben zu den jeweiligen Gesamtausführungen finden sich in Klammern.

egal	6.1	*Check:* **Wissenschaftlichkeit**	*OK*
☐	1	Erkenntnisinteresse(n) und Hypothese(n) müssen (exakt) zusammenpassen, sonst bleibt das Forschungsziel unerreichbar. (76)	☐
☐	2	Die Hypothese darf nicht trivial und muss wissenschaftstauglich sein, sie muss – ohne zu werten – auf relevante Zusammenhänge zielen. (78)	☐
☐	3	Die Hypothese muss allgemeingültig sein, die Variablenbeziehungen sind für verschiedene Situationen zu vermuten (nicht für Einzelfälle). (79)	☐
☐	4	Die Hypothese muss eine Wahrscheinlichkeitsaussage sein, sie darf keine konkreten Ergebnisse bzw. Ergebniszahlen vorhersagen. (80)	☐
☐	5	Die Hypothese muss widerlegbar sein, die Möglichkeit, eine Gegenposition formulieren zu können, ist erforderlich. (81)	☐

egal	6.2	*Check:* **Theoretische Fundierung, Nachvollziehbarkeit**	*OK*
☐	1	Die Hypothese muss aus der angeführten Sekundärforschung ableitbar sein (Fachliteratur, frühere Studien, Replikationen, neue Theorien). (83)	☐
☐	2	Der Hypothese müssen Quellen zugrunde liegen, die vertrauenswerte Qualität mit transparenter, nachvollziehbarer Datenbasis besitzen. (85)	☐

egal	6.3	*Check:* **Definition, Eindeutigkeit**	*OK*
☐	1	Die Hypothese muss definierte Begrifflichkeiten enthalten, sonst werden Messbarkeit und Interpretierbarkeit erschwert. (87)	☐
☐	2	Mehrere Hypothesen dürfen nicht Begrifflichkeiten (Variablen, Effekte) variieren, Interpretationsspielraum erschwert ihre Vergleichbarkeit. (88)	☐
☐	3	Die unabhängige(n) (UV) und abhängige Variable (AV) müssen exakt (klar und messbar) sein, um das Erkenntnisinteresse zu präzisieren. (89)	☐

egal	6.6	*Check:* **Arten von Hypothesen, Formulierung**	OK
	1	„Wenn ..., dann"- bzw. „Je ..., desto"-Formulierungen bieten mehr Klarheit, um den UV-AV-Zusammenhang verlässlich zu überprüfen. (109)	
	2	Der Unterschied zwischen inhaltlichen und statistischen Hypothesen (H_0, H_1) darf nicht vermischt oder missachtet werden. (111)	
	3	Die Nullhypothese H_0 muss korrekt formuliert sein, sie bildet die zentrale Basis der datenanalytischen Signifikanzprüfung. (113)	
	4	Die Alternativhypothese H_1 muss korrekt formuliert sein, sie thematisiert als Pendant zur inhaltlichen Hypothese das Auswertungsverfahren. (115)	
	5	Die Hypothese muss sprachlich korrekt sein (auch keine „Kann"- oder „Es gibt"-Sätze, kein „Signifikant"), das vermeidet Missverständnisse. (117)	

egal	6.7	*Check:* **Methode, Erhebungsinstrument**	OK
	1	Eine Hypothese ist nur dann überprüfbar, wenn die Erhebungsmethode exakt zur Hypothese passt und die UV und AV gut abbildet. (120)	
	2	Für adäquate Überprüfbarkeit muss das Erhebungsinstrument genau zur Hypothese passen (Vergleichsgrupp(ierung)en, Antwortkategorien). (121)	
	3	Ein zu umfangreiches Erhebungsinstrument (zu viele Fragen, Messpunkte) kann zu weniger Teilnahme und zu Parallelergebnissen führen. (122)	
	4	Ein unzureichendes (zu kurzes) Erhebungsinstrument schränkt seine Anwendbarkeit zur Hypothesenprüfung erheblich ein. (123)	

egal	6.8	*Check:* **Grundgesamtheit, Stichprobe**	OK
	1	Die zielgenaue, verlässliche Überprüfung einer Hypothese bedingt eine klar definierte und ihr angemessene Grundgesamtheit. (125)	
	2	Stichproben bilden die Grundlage der „Hypothesenlogik", deshalb müssen sie passgenau zur Hypothese (für sie repräsentativ) sein. (127)	
	3	Für eine statistisch abgesicherte Hypothesenprüfung muss die Stichprobe groß genug und auch (noch) in jeder UV-Teilgruppe erreichbar sein. (128)	
	4	Bei unbekannter Zusammensetzung der Grundgesamtheit muss die Stichprobe durch breite Diversität zumindest „quasi-repräsentativ" sein. (129)	
	5	Hypothesen sollten besser Vergleichsgruppen enthalten, allerhöchstens dürfen sie univariat Mehrheitliches (kein Zahlenergebnis) vermuten. (130)	

egal	6.9	*Check:* **Analyseplanung, Umsetzung**	OK
1		Hypothese(n) und Datenerhebung müssen bereits VOR der Erhebung konsistent zueinander sein, sonst wird die Auswertung willkürlich. (132)	☐
2		Der Zusammenhang zwischen UV und AV muss mit den jeweils richtigen Auswertungsverfahren hypothesenbeziehend analysiert werden. (133)	☐
3		Signifikanzprüfungen basieren immer auf der statistischen H_0, inhaltliche und statistische Hypothesen sind deshalb klar abzugrenzen. (134)	☐
4		Einseitige, gerichtete Hypothesen müssen einseitig und zweiseitige, ungerichtete zweiseitig getestet (analysiert und interpretiert) werden. (135)	☐
5		Vor jeder Hypothesenprüfung muss ein Überblick über die hypothesenspezifischen Variablen und ihre Codierungen vorhanden sein. (136)	☐
6		Werden relevante Vergleichsgruppen ungenau identifiziert oder Drittvariablen vernachlässigt, wird die Hypothesenprüfung mangelhaft. (137)	☐

egal	6.10	*Check:* **Ergebnisse, Interpretation**	OK
1		Analyse, Ergebnisdarstellung und Interpretation müssen unter Hypothesenbezugnahme erfolgen (Variablenzusammenhänge fokussieren). (139)	☐
2		Absolut- statt Relativzahlen, Zeilen- statt Spaltenprozent, Extremwerte oder falsche Bezugsgrößen usw. führen zu Fehlinterpretationen. (140)	☐
3		Um aussagekräftig zu sein, muss das Resümee die statistischen Berechnungen und Ergebnisse korrekt, transparent und plakativ darstellen. (141)	☐
4		Hypothesen können nicht „bestätigt“, sondern lediglich „durch die Ergebnisdaten gestützt“ bzw. „(vorläufig) akzeptiert“ werden. (142)	☐
5		Das Resümee sollte in statistischem Wording verfasst werden und bei wissenschaftlichen Begriffen dem APA-Stil folgen. (142)	☐

Eine digitale Version dieser Checkliste findet sich auf **hypothesen.at** sowie **utb.de**:

www.utb.de/do/10.36198/9783838565026-m07

Coaching-Checkliste

hypothesen.at/checkliste

Literaturverzeichnis

American Psychological Association (2020). *Publication manual of the American Psychological Association. The official guide to APA style* (7th edition). American Psychological Association.

Atteslander, P., Ulrich, G.-S., & Hadjar, A. (2023). *Methoden der empirischen Sozialforschung* (14. Auflage). Erich Schmidt.

Bahmani, Y., Gallas, A., Kreisel, J., Merforth, H., Neubauer, E., & Wendelken, A. (2022). Kurzskala Zugehörigkeit zum eigenen Studiengang (ZeS). *Zusammenstellung sozialwissenschaftlicher Items und Skalen (ZIS).* https://doi.org/10.6102/zis318

Beierlein, C., Kovaleva, A., László, Z., Kemper, C. J., & Rammstedt, B. (2015). Kurzskala zur Erfassung der Allgemeinen Lebenszufriedenheit (L-1). *Zusammenstellung sozialwissenschaftlicher Items und Skalen (ZIS).* https://doi.org/10.6102/zis229

Braunecker, C. (2023a). *How to do empirische Sozialforschung. Eine Gebrauchsanleitung* (2. Auflage). facultas/utb.

Braunecker, C. (2023b). *How to do Statistik und SPSS. Eine Gebrauchsanleitung* (2. Auflage). facultas/utb.

Brosius, H.-B., Haas, A., & Unkel, J. (2022). *Methoden der empirischen Kommunikationsforschung: Eine Einführung* (8. Auflage). Springer VS.

Bundesforschungsanstalt für Ernährung Karlsruhe (2003). *Entwicklungstendenzen bei Nahrungsmittelnachfrage und ihre Folgen. Berichte der Bundesforschungsanstalt für Ernährung BFE-R--03-01.* https://www.openagrar.de/servlets/MCRFileNodeServlet/Document_derivate_00000489/W1651.pdf [03.01.2025].

Diekmann, A. (2021). *Empirische Sozialforschung. Grundlagen, Methoden, Anwendungen* (14. Auflage). Rowohlt.

Döring, N. (2023). *Forschungsmethoden und Evaluation in den Sozial- und Humanwissenschaften* (6. Auflage). Springer.

Ebster, C. (2016, 20. August). *Hypothesen formulieren* [Video]. YouTube. https://www.youtube.com/watch?v=o7HGeeOVt7g&t=3s [25.11.2024].

Ebster, C. & Stalzer, L. (2017). *Wissenschaftliches Arbeiten für Wirtschafts- und Sozialwissenschaftler* (5. Auflage). facultas/utb.

Eichbauer, F. (2009). *Testen von Hypothesen. Eine Aufbereitung für den Unterricht* [Diplomarbeit, Universität Salzburg].

Fischer, J. A., Hüttermann, H., & Werther, S. (2021). Employee Experience Questionnaire (EXQ): Fragebogen zur Messung von Zufriedenheit, Commitment und Engagement. *Zusammenstellung sozialwissenschaftlicher Items und Skalen (ZIS).* https://doi.org/10.6102/zis304

Frick, J. (2003). *Umweltbezogenes Wissen: Struktur, Einstellungsrelevanz und Verhaltenswirksamkeit?* [Dissertation, Universität Zürich]. ZORA. https://www.zora.uzh.ch/id/eprint/163134/1/20040022.pdf [27.05.2025].

Friedrichs, J. (1990). *Methoden empirischer Sozialforschung* (14. Auflage). Westdeutscher Verlag.

GESIS – Leibniz-Institut für Sozialwissenschaften e.V. (2025). ZIS. Open Access Repositorium für Messinstrumente. https://zis.gesis.org [14.01.2025].

Gorrall, B. K., Curtis, J. D., Little, T. D., & Panko, P. (2016). Innovations in measurement: Visual analog scales and retrospective pretest self-report designs. *Actualidades en Psicología, 30*(120), 1–6. http://dx.doi.org/10.15517/ap.v30i120.22932

Häder, M. (2019). *Empirische Sozialforschung. Eine Einführung* (4. Auflage). Springer VS.

Hager, W. (2004). *Testplanung zur statistischen Prüfung psychologischer Hypothesen. Die Ableitung von Vorhersagen und die Kontrolle der Determinanten des statistischen Tests.* Hogrefe.

Hartmann, F. G., & Lois, D. (2015). *Hypothesen Testen. Eine Einführung für Bachelorstudierende sozialwissenschaftlicher Fächer.* Springer.

Herczeg, P., & Wippersberg, J. (2021). *Kommunikationswissenschaftliches Arbeiten. Eine Einführung* (2. Auflage). facultas/utb.

Hogrefe Verlag. (n.d.). *Signifikanztest. Dorsch – Lexikon der Psychologie.* https://dorsch.hogrefe.com/stichwort/signifikanztest [01.01.2025].

Hommel, G., Röhrig, B., & Blettner, M. (2009). Confidence Interval or P-Value? Part 4 of a Series on Evaluation of Scientific Publications. In: *Deutsches Ärzteblatt 106*(19), 335–339. https://doi.org/10.3238/arztebl.2009.0335

Hug, T., & Poscheschnik, G. (2020). *Empirisch Forschen. Die Planung und Umsetzung von Projekten im Studium* (3. Auflage). UVK/utb.

Kalt, W., Cassidy, A., Howard L.R., Krikorian R., Stull A.J., Tremblay F., & Zamora-Ros R. (2020). Recent Research on the Health Benefits of Blueberries and Their Anthocyanins. *Advances in nutrition, 11*(2), 224–236. https://doi.org/10.1093/advances/nmz065

Karmasin, M., & Ribing, R. (2025). *Die Gestaltung wissenschaftlicher Arbeiten. Ein Leitfaden für Bachelor-, Master- und Diplomarbeiten sowie Dissertationen* (11. Auflage). facultas/utb.

Kepplinger, D. (2023). *Forschungsfrage und Hypothesenmodell (aktuelle Version).* https://www.academia.edu/99026483/Forschungsfrage_und_Hypothesenmodell_aktuelle_Version_ [20.06.2024].

Kornmeier, M. (2024). *Wissenschaftlich schreiben leicht gemacht. für Bachelor, Master und Dissertation* (10. Auflage). Haupt/utb.

Lenzen, W. (1974). *Theorien der Bestätigung wissenschaftlicher Hypothesen.* Frommann-Holzboog.

Maderthaner, R. (2021). *Psychologie* (3. Auflage). facultas/utb.

OpenAI. (2025). *ChatGPT (Version 4o)* [Large Language Model]. https://chat.openai.com

Ottowitz, M. (2023). *Persönlichkeit und Lesegewohnheiten – Gibt es einen Zusammenhang zwischen unserer Persönlichkeit und wie wir gerne lesen?* [Masterarbeit, Universität Wien]. https://uthesesunivie.uaccess.univie.ac.at/2detail/67380# [29.06.2024].

Rauch, G., & Neumann, K., & Grittner, U., & Herrmann, C., & Kruppa, J., & Burkholder, I. (2019). *Medizinische Statistik für dummies.* Wiley.

Reinders, H., Bergs-Winkels, D., Prochnow, A., & Post, I. (Hrsg.). *Empirische Bildungsforschung. Eine elementare Einführung.* Springer VS.

Reinders, H. & Bergs-Winkels, D. (2022). *Methodische Fehler im Forschungsprozess.* In: Reinders, H., Bergs-Winkels, D., Prochnow, A., & Post, I. (Hrsg.). *Empirische Bildungsforschung. Eine elementare Einführung* (S. 281–313). Springer VS.

Schnell, R., Hill, P. B., & Esser, E. (2018). *Methoden der empirischen Sozialforschung* (11. Auflage). Oldenbourg.

Stangl, W. (2024). *Nullhypothese. Online Lexikon für Psychologie & Pädagogik.* https://lexikon.stangl.eu/62/nullhypothese [08.10.2024].

Abbildungsverzeichnis

Bildnachweis: Alle Abbildungen sind – sofern nicht anders angegeben – eigene Darstellungen von Autorin und Autor.

Stichwortverzeichnis

Seitenangaben zum Theorieteil sind in normalem Text formatiert, Seitenangaben zum Coachingteil sind farbcodiert und in der PDF-Version des Buchs klickbar mit den Seiten verlinkt. Die farbcodierten Seiten verweisen auf die jeweilige Übersicht zu jeder der 10 Hauptdimensionen (potenzielle Fehlerquellen).